2019 개정 누리과정과 제4차 어린이집 표준보육과정을 반영한

아동건강교육

좌승화 · 엄세진 · 이해정
윤정진 · 강현영 · 서현아

창지사

머리말

아동기는 발육과 발달이 동시에 이루어지는 시기로 신체의 구조와 기능이 빠르게 발달하기 때문에 건강하고 안전한 생활습관 형성에 매우 중요한 시기입니다. 아동의 건강은 신체적 성숙이나 성장뿐만 아니라 신체 기본 운동 능력, 적절한 영양 섭취, 청결 및 위생, 규칙적인 생활습관이 형성되고 정신건강이 유지됨으로써 가능한 것입니다. 그러나 요즘 아동들은 예전에 비해 기초체력이 약하고 비만이나 각종 질병으로부터 힘들어하는 경우가 많을 뿐만 아니라 안전사고, 교통사고, 성폭력 등 각종 위험에 노출되어 있습니다. 이러한 현실에서 아동이 보다 적절하게 대처할 수 있도록 아동기부터 발달단계에 맞는 건강교육을 실시할 필요가 있습니다.

최근 급격한 사회 변화 및 여성의 사회 경제적 참여 증가로 인해 유아교육기관에서 생활하는 아동의 비율이 높아지고 있습니다. 또한 영아를 포함한 아동들이 유치원 및 어린이집에 머무는 시간이 과거에 비해 상대적으로 길어졌습니다. 이러한 현상은 아동 건강관리의 일차적 책임이 부모에게 있으나 유치원 및 어린이집에서도 아동의 성장과 발달에 적합한 건강관리 및 균형 잡힌 영양 제공에 대한 책임을 갖고 세심한 주의와 노력을 기울여야 함을 의미합니다. 그러므로 교사는 아동의 건강관리에 대한 내용을 바르게 이해하고 지도방법을 정확히 알고 있어야 할 것입니다.

이에 본서는 유아교육학, 아동학, 보육학, 사회복지학 등을 전공하고 유치원 및 어린이집 현장에서 아동의 건강을 책임지고 교육시켜야 할 예비유아교사들이 아동건강의 중요성을 인식하고, 실제 건강교육을 계획하고 지도할 수 있도록 내용을 구성하였습니다.

아동건강교육은 방대한 내용이지만 책의 내용은 학부 학생들의 수준에 적절하면서 한 학기 강의교재로 사용하기에 적합하도록 구성하였습니다. 본서는 총 12장으로 구성되어 있으며, 제1부는 아동건강교육의 이해(1장)를 건강의 중요성과 건강의 결정요소를 중심으로 설명하였습니다. 제2부는 발달단계별 건강증진 방안(2~4장)을 연령별로 구분하여 설명하였고, 제3부는 건강관리(5~7장)를 일상 건강검진, 신체 및 정신 건강관리, 영양 건강관리로 구분하여 제시하였습니다. 제4부는 영유아교육기관에서의 건강교육 내용 및 실제(8~10장)를 최근 개정된 국가수준의 교육과정, 건강교육 운영 및 교수학습방법, 가정과 지역사회의 연계 등의 내용을 다루고 있습니다. 제5부는 영유아교육기관에서의 질병관리 및 응급처치(11~12장)를 다루었습니다. 공동저자들이 관심 있는 주제별로 나누어서 집필하였는데 제1장, 제8장은 좌승화 교수가, 제2장과 제7장은 엄세진 교수가, 제3장과 제6장은 윤정진 교수가, 제4장과 제5장은 강현영 교수가, 제9장과 제10장은 이해정 교수가, 제11장과 제12장은 서현아 교수가 맡아서 집필하였습니다.

특히 본서는 2019년 개정된 누리과정과 2020년에 개정된 제4차 표준보육과정의 내용을 반영하여 아동이 놀이경험을 하면서 건강한 사람으로 성장하기를 바라는 시대 변화와 학문적 조류에 발맞추어 집필하였습니다. 놀이중심 교육과정 운영에 있어 표준아동의 건강과 영양에 관심을 가지고 있는 유아교육기관의 교사와 부모님들, 그리고 예비유아교사들에게 활용될 수 있기를 바랍니다. 또한 아동의 건강과 안전을 위하여 하루 일과 운영 속에서 아동의 건강교육, 안전교육이 실천될 수 있도록 하는 데 목적을 두었습니다. 가능한 한 교육과정 운영 전반에 대한 변화와 유아교육기관 평가지표를 안내하고자 하였습니다. 유아교육 및 보육 관련 전공 학생들에게 전문도서로서 도움이 되길 바라며, 유아교육기관의 교사 및 유아교육 관련 분야의 모든 분에게 유익한 교재가 되기를 바랍니다.

이 책이 나오기까지 수시로 제공되는 최신 정보와 사진자료, 책 전체의 흐름을 조율하고자 거듭되는 집필의 수정, 보완을 마다 않고 꼼꼼하게 편집해 주신 창지사와 편집부 선생님들의 노고에 진심으로 감사드립니다.

2020년 8월

저자 일동

차례

HEALTH EDUCATION

제1부

아동건강교육의 이해

1장

건강의 중요성과 결정요소

영유아가 건강하고 안전하게 생활할 수 있도록 도와주는 일은 무엇보다 중요하다. 특히 영유아의 신체적 건강과 발달은 인간의 성장과 발달의 기초를 형성하고, 이후 발달의 토대가 된다는 점에서 그 중요성이 크다. 뿐만 아니라 영유아의 건강은 신체적 성장이나 성숙뿐만 아니라 정신 건강이 함께 유지될 때 비로소 가능하다.

본 장에서는 건강의 개념과 중요성, 건강교육의 개념과 중요성, 건강의 결정요소에 대해 살펴보고자 한다.

1 건강의 개념과 중요성

건강이란 질병이 없고, 허약하지 않은 상태일 뿐만 아니라 삶을 즐겁게 영위해 나가는 데 필요한 신체적, 정신적, 사회적인 균형을 유지한 상태라고 할 수 있다. 특히 영유아기의 신체적 건강과 발달은 인간 성장 발달의 기초를 형성하고, 이후 발달의 방향을 제시해 준다는 점에서 중요하다고 볼 수 있다. 영유아의 건강은 신체적인 성숙이나 성장뿐만 아니라 기본 운동 능력, 적절한 영양 섭취와 조절, 휴식, 청결 및 위생, 규칙적인 생활습관, 정신 건강, 안전에 대한 올바른 인식과 대처능력을 기반으로 한다.

여기서는 현대적 의미에서 건강의 개념과 영유아기 건강의 중요성을 살펴보고자 한다.

[사진 1-1] 건강하게 바깥놀이를 하고 있는 아이들

1) 건강의 개념

일반적으로 건강이란 개인의 신체적 상태를 의미하는 말로서 주로 질병이 없는 상태를 의미한다. 그러나 보다 광범위한 의미에서의 건강이란 신체적인 측면뿐만 아니라 정신적인 측면까지도 포함한다.

1950년대 세계 보건기구(WHO) 헌장에 나타난 건강의 정의를 살펴보면 '신체적으로 질병이 없거나 허약하지 않을 뿐만 아니라 정신적, 사회적으로도 문제가 없는 상태'를 의미하고 있다. 오늘날에 와서는 좀 더 넓은 의미에서 건강은 개인이 모든 차원에서 평안한 상태를 유지하기 위해 주변의 내적·외적 환경의 변화에 적응하는 상태를 의미하고 있다(허혜경·김성희, 2003). 따라서 각 개인이 사회에서 주어진 역할과 임무를 효과적으로 수행하여 최적의 상태에 이르렀을 때를 건강한 상태라고 할 수 있다. 이러한 맥락에서 볼 때 현대적 의미의 건강은 신체적인 면과 정신적인 면뿐만 아니라 개인의 사회적 역할 수행 능력까지도 포함한다.

이와 같은 신체적, 정신적, 사회적 건강의 세 가지 측면 이외에 정서적 차원과 직업적 차원의 건강까지 고려하여 건강을 개념화할 수 있다(김연진·송주미, 2009).

(1) 신체적 건강

신체적 건강은 신체적 질병이 없고 신체기능이 정상적이며 양호한 영양상태와 체력을 지닌 것을 의미한다. 이는 건강의 외형적 상태를 판별할 수 있는 안색, 체격, 움직임 등을 포함한다. 신체적 건강은 기본적으로 생명을 유지하고 연장시킬 뿐만 아니라 성장과 발달에 중요한 요소이다. 또한, 정신적, 사회적 건강을 유지할 수 있는 필요조건이라고 할 수 있다.

(2) 정신적 건강

정신적 건강은 인간의 정신적인 측면이 응용되는 모든 면의 건강을 뜻한다. 즉, 인간이 자신의 환경을 바람직하게 조성하고, 적절한 만족과 성공, 능률과 행복을 누릴 수 있는 상태를 의미한다. 이는 단순히 정신적 질병이나 장애가 없는 정신적 건강뿐만 아니라 스스로 독립적인 삶과 조화로운 삶을 원만하게 이끌어 갈 수 있는 상태를 정신적으로 건강하다고 말할 수 있다.

(3) 사회적 건강

사회적 건강이란 다양한 사회적 환경 속에서 적절한 관계를 형성하고 유지할 수 있는 사회적 기술과 태도를 지니고 있는 것을 의미한다. 사회적으로 건강한 사람은 다른 사람과 함께 편안한 관계를 유지할 수 있으며 타인의 입장을 배려할 수 있고, 자신을 사회에 공헌하는 구성원으로 여긴다.

반면에 사회적으로 건강하지 못한 사람은 다른 사람과 함께할 때 편안함을 느끼지 못하고 자신을 지나치게 긍정적 또는 부정적으로 지각하거나 한 부분에만 관심을 가지거나 사회적 관계나 활동에 적응하지 못하여 자신은 물론 주변 사람들에게 부정적인 영향을 미친다. 따라서 개인의 사회적 건강은 전체 사회를 바람직하게 구성할 수 있는 필수요소라고 할 수 있다.

(4) 정서적 건강

정서적 차원에서 건강한 사람이란 자아존중감이 높으며 사회적으로 적절한 방식으로 자신의 정서를 표현할 수 있는 사람이다. 이는 개인의 슬픔이나 분노, 좌절을 겪지 않는다는 것이 아니라 그러한 감정들을 적절한 방식으로 건강하게 표현하고 다스릴 수 있다는 것이다.

(5) 직업적 건강

직업적 차원의 건강은 직업, 지역사회, 그 밖의 사회관계에서 타인과 협력하며 자신에게 주어진 역할과 일을 수행해 나가면서 다른 사람들에게 긍정적인 영향을 미치는 것을 의미한다.

[사진 1-2] 건강한 영아의 모습

완전한 건강상태란 신체적, 정신적, 사회적, 정서적, 직업적 건강을 분리해서 생각할 수 없다. 따라서 각각의 측면들이 모두 밀접하게 관련되어 있어 진정한 건강은 모든 측면의 건강이 균형을 이루는 상태라고 할 수 있다. 그러므로 건강이란 질병이 없고, 허약하지 않은 상태가 기본 요건이지만, 삶을 영위해 나가는 데 필요한 정신적, 정서적, 사회적인 균형을 유지한 상태를 의미한다.

2) 영유아 건강의 개념

미국의 보건사회복지부(2010)는 '건강한 인간(healthy people)' 플랜을 통해 영유아의 건강한 성장과 발달을 위하여 국가와 사회가 함께 개선해야 할 지표를 [그림 1-1]과 같이 제시하였다(이영환 외, 2014).

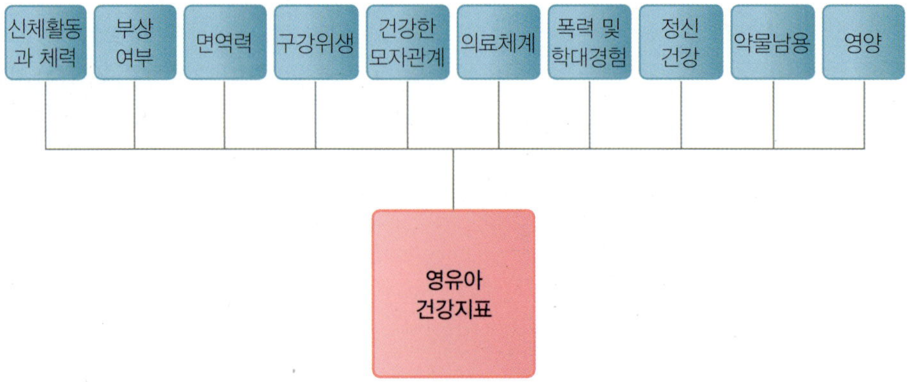

[그림 1-1] 영유아 건강지표

[그림 1-1]에 따르면 영유아의 건강 여부를 확인할 수 있는 지표로는 신체활동과 체력, 부상 여부, 면역력, 구강위생, 건강한 모자관계, 의료체계, 폭력 및 학대경험, 정신 건강, 약물남용, 영양 등을 들 수 있다. 이는 영유아의 건강이 체력, 영양, 위생, 면역력 등 성장과 신체활동에 필요한 요소뿐만 아니라 모자관계, 정신 건강, 폭력 및 학대경험과 같은 정신적, 사회적 측면도 중요한 요소임을 나타내고 있다. 따라서 건강한 영유아라 함은 전인적 성장과 발달을 이루고 있다는 것을 함의한다고 할 수 있다. 이러한 개념을 바탕으로 건강한 영유아의 특징을 영역별로 구분하여 살펴보면 다음 〈표 1-1〉과 같다(Marotz, Cross, & Rush, 1997).

〈표 1-1〉 건강한 영유아의 특징

영역	신체적 영역	사회 · 정서적 영역	행동적 영역
건강한 영유아의 특징	· 민첩함 · 안정되어 보임 · 근육이 단단함 · 키와 체중이 꾸준히 증가함 · 피로를 쉽게 느끼지 않음 · 호흡이 안정적임 · 다리와 등이 곧음 · 치아가 고르고 깨끗하며 충치가 없음 · 입술과 잇몸이 분홍색이며 탄력이 있음 · 피부가 맑고 눈이 빛남 · 자세가 바름 · 대근육 발달이 적절함 · 소근육 발달이 적절함 · 눈과 손의 협응력이 적절함	· 열정적임 · 주변 환경에 대한 호기심이 많음 · 쾌활하고 친절함 · 자신감이 있음 · 책임을 공유함 · 또래와 협력하고 놀이함 · 타인의 물건을 소중히 함 · 타인의 감정을 이해함 · 새로운 상황을 받아들임 · 친구를 좋아함 · 사회적 놀이활동에 적극적임 · 생각과 감정을 적절하게 표현함 · 곤란한 상황에 직면하고 빠르게 적응함 · 자기조절을 잘함	· 활동적인 놀이를 즐김 · 다양한 활동에 적극적으로 참여함 · 집중력과 책임감이 있음 · 주어진 과제를 완수함 · 쉽게 좌절하지 않고 활동을 지속함 · 학습에 관심을 보임 · 독립적으로 활동함 · 독창성, 창의성, 상상력이 풍부함 · 지시와 안내에 신속하고 긍정적으로 반응함 · 협동적 작업에 동참함 · 새로운 도전을 수용함 · 적응력이 높음

[사진 1-3] 친구들과 다양한 신체활동을 하고 있는 아이들

3) 영유아 건강의 중요성

인간의 성장과 발달에 있어 기본적인 틀은 태아기부터 만 12세까지에 이르는 아동기에 거의 완성되므로 영유아기 및 아동기의 건강은 매우 중요하며, 이 시기에 건강을 잘 가꾸는 것은 평생 건강의 기틀이 되기도 한다. 영유아의 건강을 위해 제공되는 보건서비스는 개인이나 가족을 위해서뿐만 아니라 국가의 안녕과 발전을 위한 훌륭한 투자이기도 하다. 이에 영유아 건강의 중요성을 다음의 세 가지 측면에서 살펴보고자 한다.

(1) 평생 건강의 기초

영유아기는 성장과 발달이 급속하게 이루어지는 시기이다. 특히, 출생에서 만 3세까지는 성장과 발육이 왕성한 시기이며, 만 4~5세까지는 인지적·정서적 발달과 함께 대·소근육 활동이 급격히 증가하는 시기이다. 특히 이 시기는 일생동안의 성장과 발달의 기초가 형성되기 때문에 영유아의 건강은 평생 건강의 기초로서 매우 중요하다.

[사진 1-4] 공놀이를 하고 있는 영아

(2) 건강의 누적성

영유아의 건강은 누적성을 가진다. 영유아의 건강은 아동기를 거쳐 성인기에 이르기까지의 건강에 막대한 영향을 주게 된다.

(3) 행복한 삶의 기초

영유아기에 모든 생활습관 및 가치관이 형성되는 시기임을 고려할 때, 이 시기에 건강을 유지하고 개선할 수 있는 생활습관과 태도를 형성하는 일은 무엇보다 중요하다. 왜냐하면 이 시기에 형성된 몸과 마음의 건강은 행복한 삶의 기초가 되며, 평생 동안 생활 전반에 걸쳐 영향을 미치기 때문이다.

또한, 영유아의 건강은 미래의 건강한 시민으로의 성장을 위한 국가적 차원의 건강과 관련이 있다. 건강한 영유아는 정신적으로 보다 안정되고 행복하게 지낼 수 있고, 능률적인 학습을 통하여 생산적이고 사회에 이바지할 수 있는 사회 구성원이 될 수 있다.

2 건강교육의 개념과 중요성

영유아기는 기본적인 생활습관이나 행동양식이 형성되는 시기이다. 이 시기에 영유아들은 건강에 대한 기본적인 정보를 최초로 갖게 되며, 타인의 생활습관을 모방하게 된다. 따라서 영유아 건강교육은 보다 나은 다음 세대와 미래 사회를 만들어가는 데 가장 중요한 요소 중의 하나라고 할 수 있다. 여기서는 영유아 건강교육의 개념과 중요성, 그리고 방향에 대하여 살펴보고자 한다.

1) 영유아 건강교육의 개념

영유아는 내일의 주인공으로 한 가정, 나아가 한 국가의 장래가 이들에게 달려 있다. 인적 자원의 기본은 국민 건강이며, 국민 건강의 기초는 영유아의 건강에서 비롯된다. 그러므로 영유아를 신체적·정신적으로 건강하게 기른다는 것은 개인과 가정의 행복과 함께 국가 발전의 초석이 된다. 영유아기의 건강은 평생 건강의 기초를 이루며, 누적성의 특징이 있어 영유아기의 정상적인 발달과 성장이 아동기와 성인기 건강에 영향을 미치므로, 영유아의 건강을 관리하는 것이 중요하다 할 수 있다.

영유아기는 질병에 대한 감수성이 높아 질병에 감염될 위험이 성인보다 높을 뿐만 아니라 안전사고의 발생률도 높은 시기이다. 왜냐하면 영유아기는 태아기에 모체로부터 받은 면역능력이 소실되어 스스로 면역력을 형성해야 하는 과도기이며, 신체적·정신적으로 미숙하여 자신의 신체를 자유롭게 조절할 수 있는 능력이나 건강을 유지하는 데 필요한 지식, 기술 등이 부족하기 때문이다. 그러므로 영유아기에는 반드시 부모나 영유아교육기관의 교사가 영유아들의 건강을 유지할 수 있도록 도와주어야 한다.

[사진 1-5] 교사의 지도로 철봉놀이에 참여하고 있는 아이들

과거에는 영유아의 보호와 교육이 주로 가정에서 이루어져 영유아의 건강에 대한 책임이 거의 대부분 가정이나 부모에게 있었다. 그러나 현대에 와서 여성의 경제활동 참여율이 증가함에 따라 영유아들이 교육기관에서 보내는 시간이 많아졌다. 이에 따라 영유아의 건강은 가정에서 자녀를 양육해야 하는 부모만의 책임이 아니라 영유아교육기관, 나아가 사회와 국가의 중요한 책임의 하나가 되었다.

영유아교육기관들은 건강하고 안전한 물리적 환경을 제공해야 할 법적·도덕적 책임이 있을 뿐만 아니라 영유아의 건강을 유지하고 향상시킬 책임이 있으며, 이를 위한 교육적 활동도 제공해야 한다. 그러므로 영유아교육기관에서는 영유아의 건강을 위한 배려와 교육이 다른 어떤 교육적 노력보다 우선되어야 한다.

영유아교육기관에서 영유아를 대상으로 하는 건강교육은 예방적인 차원과 치료적인 차원을 병행하여 실시해야 한다. 사실 영유아 건강관리의 일차적인 책임은 부모에게 있으나, 영유아의 건강관리를 위해 영유아교육기관에서는 건강교육, 영양교육, 안전교육, 위생적인 교육환경 제공, 전염병 예방, 병력의 조사, 신체검사, 보건교육 등의 서비스 활동을 지원할 필요가 있다. 이에 미국유아교육협회인 NAEYC(1997)에서도 "영유아기에 자신의 건강과 관련된 경험과 학습을 함으로써 건강에 관한 기본적인 정보를 이해하고, 이를 실천할 수 있는 능력을 기르는 것이 중요하다."라고 밝히고 있다.

2) 영유아 건강교육의 중요성

영유아기에 형성된 건강에 대한 태도와 습관은 성인기까지 지속되며, 영유아기에는 현재와 미래의 건강을 위한 생활태도와 건강에 관련된 지식 및 기술을 습득하므로 건강교육을 실시함에 있어 가장 이상적인 시기라고 할 수 있다.

[사진 1-6] 손 씻기를 지도하는 교사

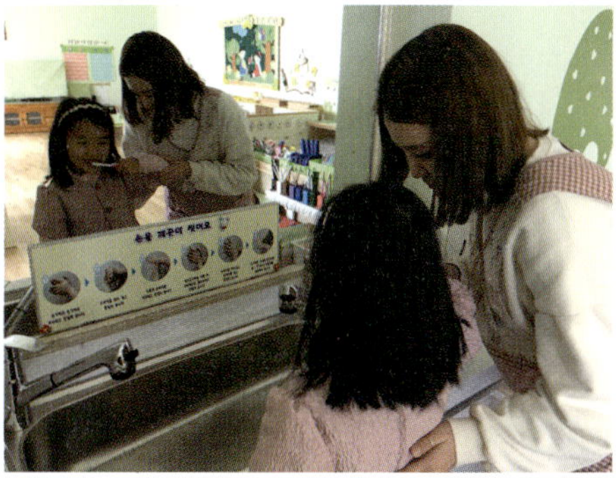

[사진 1-7] 이 닦기를 지도하는 교사

한편으로 영유아는 스스로 건강문제를 인식하거나 능동적으로 스스로의 건강문제에 대처할 수 있는 능력이 부족하다. 또한, 영유아 스스로 자신의 생활습관이나 환경을 변화시켜서 건강수준을 향상시키는 행동을 할 수 없으므로 영유아를 돌보는 부모 및 교사는 영유아를 대상으로 건강교육을 실시해야 한다(문혁준 외, 2016). 건강교육을 통해 영유아는 심신을 조화롭게 발달시켜 건전한 인간으로서의 기초를 바탕으로 바람직한 성장과 발달을 이루어 나갈 수 있는 것이다.

(1) 영유아 건강의 특성이 성인과 다르므로 영유아 건강교육은 중요하다

영유아의 생리적인 복구능력은 성인에 비해 뛰어나지만 동시에 생리적인 취약성도 가지고 있다. 영유아는 면역성이 떨어져 감염성 질환에 취약하며, 탈수나 고열이 발생하기 쉽고, 사고의 위험성이 높으며, 신체조절 능력과 판단력이 부족하므로 반드시 부모나 교사가 영유아의 건강을 유지할 수 있도록 도와주어야 한다. 따라서 영유아의 건강을 돌볼 때 부모나 교사는 영유아의 생리적, 발달적 특성은 물론 안전한 물리적 환경에 대한 폭넓은 지식을 가지고 있어야 한다.

(2) 영유아 스스로 건강관리 능력이 없기 때문에 영유아 건강교육이 중요하다

영유아들은 신체적으로나 정신적으로 아직 미성숙하여 자신의 신체를 자유롭게 조절하거나, 건강을 유지하는 데 필요한 지식이나 기술이 부족한 시기이다. 미성숙한 영유아가 스스로 자신의 건강을 관리할 수 없으므로 영유아교육기관의 교사나 부모의 세심한 건강교육이 중요하다.

(3) 영유아기의 건강은 환경의 영향을 많이 받으므로 영유아 건강교육이 중요하다

영유아의 건강에 영향을 미치는 선천적인 요인은 이미 결정되어 있는 상태이지만, 영유아의 건강은 후천적 요인인 환경의 영향도 받으므로 영유아 건강교육은 매우 중요하다고 할 수 있다. 즉, 영유아의 가족과 문화적 배경은 성장과 발달에 큰 영향을 미친다. 영유아기의 건강은 외적 환경요인인 사회의 가치, 문화, 경제적 상태, 영양, 기후 및 선천적 건강 등에 의해서 달라질 수 있다. 특히 현대에 와서는 의료과학의 질이 높아져 질병보다는 건강에 유해한 식습관, 운동부족, 오염, 스트레스의 증가, 빈곤, 술 담배를 비롯한 약물남용 등과 같은 개인의 생활습관과 환경이 건강에 점점 더 많은 영향을 미치고 있다(김연진·송주미, 2009). 따라서 건강한 삶의 초석이 되는 생활습관을 기르기 위한 영유아 건강교육의 실시는 매우 중요하다.

[그림 1-2] 간접흡연의 위해

(4) 영유아의 건강이 성인건강에 영향을 미치므로 영유아 건강교육이 중요하다

영유아기의 건강은 일생동안의 성장과 발달의 기초를 형성할 뿐만 아니라 성인기까지의 건강에 막대한 영향을 미친다. 즉, 영유아기의 건강은 생애 건강의 기초성과 누적성을 가지고 있으므로 자신의 건강을 관리할 능력이 없는 영유아의 건강을 위하여 가정과 영유아교육기관에서의 교육은 매우 중요하다.

이처럼 영유아기 건강교육에 대한 인식과 실천도 중요하지만 영유아의 건강관리에 대한 사회적 관심과 지원도 건강한 생활에 필수적이다. 우리나라는 합계출산율이 2018년 0.98명으로 심각한 저출산 문제를 겪고 있다(통계청, 2018). 이로 인해 인적 자본을 확보하기 위한 노력의 일환으로 영유아의 건강이 더욱더 중요시되고 있다. 이에 우리나라 정부는 영유아의 건강관리 증진을 위한 사업을 전개하고 있다. 즉, 2007년부터 「국민건강보험법」 및 「의료급여법」을 제정하고 이 법에 의해 영유아 건강검진을 정부 차원에서 실시하고 있다.

3) 영유아 건강교육의 방향

영유아기 건강교육은 영유아가 의존적인 상태에서 독립적인 존재로 성장하고 발달해 나가는 개체라는 관점에서 이루어져야 한다. 이러한 관점을 기초로 영유아 건강교육의 방향을 설정할 수 있다(문혁준 외, 2016).

[사진 1-8] 놀이터에서 위험하게 놀이하는 유아

첫째, 영유아에게 영양과 건강의 관계를 인식시키고, 그들이 건강한 식습관을 가질 수 있도록 식생활 교육이 이루어져야 한다.

둘째, 영유아기에 걸리기 쉬운 감염성 질환에 대해 이해시킴으로써 일상생활에서 이를 예방하기 위한 방법을 실천할 수 있도록 한다.

셋째, 영유아에게 발생할 수 있는 안전사고의 원인을 바르게 이해하고 이를 예방할 수 있는 안전한 행동지침을 실천하도록 한다.

넷째, 몸이 아플 때 이를 성인에게 표현하여 적절한 도움을 받을 수 있도록 지도하고 정기 건강검진의 중요성을 인식시키도록 한다.

다섯째, 영유아에게 안전하고 쾌적한 환경을 제공해 주어 즐겁게 일상생활을 할 수 있도록 지원해 주어야 한다.

3 건강의 결정요소

건강은 일상생활의 유지와 개인의 성장에 있어서 필수적인 요소이지만 다양한 요인에 의해 영향을 받는다. 개인의 건강을 결정하는 요소로는 크게 유전적 요인과 환경적 요인으로 분류할 수 있다. 이들 두 가지의 건강 결정요소는 서로 복합적이며 역동적으로 상호작용하므로 어떤 요인이 더 많은 영향을 미치는가에 대해서는 단정적으로 설명할 수는 없다. 단지 유전적 요인과 환경적 요인 모두 영유아의 건강상태를 결정하는 중요한 요인이라고 볼 수 있으므로 영유아의 건강을 향상시키기 위해 각 요인의 특성을 이해하는 것이 필요하다. 각 요인에 대한 이해가 충분하다면 영유아의 건강증진을 위한 방안을 구체화시키고 이를 영유아의 건강증진을 위한 자료로 활용할 수 있을 것이기 때문이다.

1) 유전적 요인

수정 시 부모로부터 받게 되는 여러 가지의 유전인자들은 영유아의 신체적·정신적 성장과 발달의 특성을 결정짓는 역할을 한다. 건강도 그 중의 하나로 부모로부터 어떤 유전자를 물려받았는가에 따라 그 특성이 결정된다. 좋은 유전적 요인은 건강한 체질과 건전한 정신적 기초를 이루게 하지만, 특정한 질병에 대한 유전적 취약성과 과민성은 그와 관련된 질병을 유발시키기도 한다. 예를 들면, 부모의 유전적 인자에 의해 혈액형, 눈의 색깔, 체형, 피부색, 기질 등의 특징이 결정되는 것도 마찬가지이다.

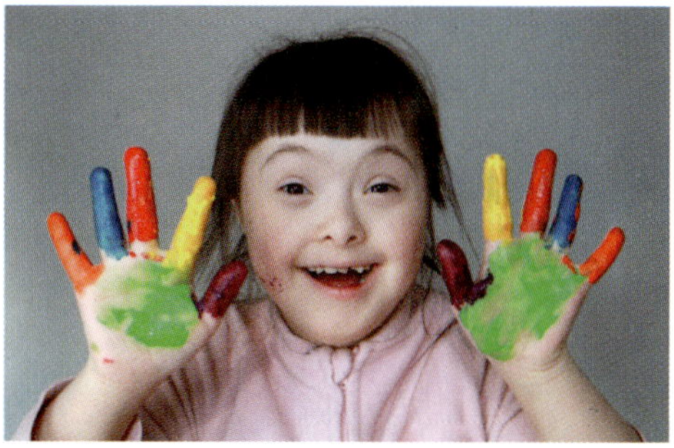

[사진 1-9] 유전적 요인으로 인해 발달 장애 문제를 가진 유아

이러한 신체적 특성들은 주로 태어날 때부터 나타나지만, 성장해 가면서 후에 나타나는 유전적 특징도 있다. 심장병, 혈우병, 암, 당뇨병, 비만 등이 이에 속한다. 이러한 요인들도 미리 예방하거나 적절한 운동 혹은 식이요법 등을 통해 유전의 영향력을 감소시킬 수 있다.

최근에는 과학의 발전으로 인해 유전자의 본체인 DNA와 생명에 관한 많은 정보를 알게 되어 유전으로 인한 질병의 치료도 상당 부분 가능해지고 있다. 이는 아무리 유전적 요소라고 하더라도 개인의 건강상태는 환경과의 상호작용에 의해서도 영향을 받는다는 것을 의미한다. 따라서 건강을 유지하고 향상시키기 위해서 가정 내의 병력조사를 통하여 건강에 영향을 미칠 수 있는 요소들을 미리 예견하여 질병의 원인을 조기에 발견하고 치료하는 것이 중요하다.

2) 환경적 요인

유전이 한 개인의 건강을 결정짓는 중요한 요소라면 환경은 개인을 둘러싼 신체적·사회적·경제적·문화적 요소이며, 한 개인의 사고방식과 생활양식에 영향을 주는 요소이다. 건강은 일반적으로 유전인자에 의해 기초가 형성된다고 보고 있으며, 환경적 요인은 유전적 요인의 기초 위에서 건강상태를 지속적으로 유지하고 발달시키는 데에 영향을 준다고 할 수 있다.

환경적 요인은 개인의 신체적·정신적 행동방식뿐만 아니라 유전적으로 이미 형성된 심신의 기초에도 영향을 미칠 수 있으므로 건강상태는 환경적 요인에 의해 변할 수도 있다. 이는 결국 환경적 요인이 개인의 유전적 결정요인이 실현될 수 있도록 혹은 실현될 수 없도록 돕는 역할을 한다는 것을 의미한다(Chadesworth, 2008).

영유아의 건강에 영향을 미치는 환경적 요인에 대해 크게 영양, 수면과 휴식, 교육환경과 생활습관, 정기적 건강진단, 치아관리, 정서적 안정, 운동 등으로 구분할 수 있다.

(1) 영양

영유아기는 일생 중에서 신체의 성장과 발육이 가장 왕성하게 일어나며 활동량이 가장 많아 영양소의 필요량이나 열량이 성인에 비해 훨씬 높다. 성인의 경우 이미 성숙한 신체를 유지하고 근육운동과 정신활동에 소요되는 영양만 필요로 하지만 영유아의 경우 신체가 자라고, 활발하게 몸을 움직이며, 인지적·정의

적으로 발달하는 데 있어 많은 영양을 필요로 하므로 영유아에게 있어 충분한 영양을 섭취하는 것은 매우 중요하다.

영유아기의 영양은 정상적인 성장과 발달뿐만 아니라 소아비만, 빈혈, 편식 등 영양 관련 건강문제와도 직결된다. 영유아기는 에너지와 영양소 필요량이 증가하며, 음식 선택능력이 생기고 식품기호도가 확실해지는 등 점차 식습관이 형성되는 시기이기도 하다. 또한, 이후의 성장·발달과정에서 지능발달, 비만, 충치 혹은 만성질환 등을 예방하는 데에도 지대한 영향을 미친다(구재옥, 1999). 따라서 영유아의 정상적인 성장과 발달을 위하여 적절한 영양을 공급하는 것은 무엇보다 중요하다. 또한, 이 시기에 형성된 식습관은 영유아의 건강과 체력에 영향을 미칠 뿐만 아니라 성격이나 정서적 안정감, 지적 발달, 대인관계, 가치관 형성 등에 영향을 준다(문혁준 외, 2016).

[사진 1-10] 간식을 먹고 있는 아이들

영유아에게 필요한 영양이 충분히 공급되지 않으면 영양장애 또는 영양결핍이 될 수 있으며 여러 가지 질병을 유발하게 되고 나아가서는 일생동안 건강한 신체를 가질 수 없게 되기도 한다. 최근 들어 아침을 불규칙하게 먹거나 취침 전에 패스트푸드를 섭취하는 영유아가 늘어가고 있는 것은 큰 문제점으로 지적되고 있다(이순례·조인숙, 2004). 따라서 부모나 교사는 영유아가 올바른 식습관을 형성하고 충분한 영양을 섭취하도록 지도하여 건강을 유지하고 정상적으로 성장·발달하도록 도와주어야 할 것이다.

영유아의 균형 잡힌 영양섭취를 위해서 보건복지부에서는 매 5년마다 우리나라 국민에게 필요한 적절한 영양권장량을 발표하고 있다. 그러나 모든 영유아에게 일률적인 영양권장량을 적용시키기보다는 이를 참고로 영유아 개개인의 체표면적과 발육상태, 활동량 등을 고려하여 영양권장량을 결정하는 것이 바람직하다(문혁준 외, 2016).

[사진 1-11] 점심을 먹고 있는 아이들

(2) 수면과 휴식

수면은 생명 유지에 필수적인 부분 중의 하나이며 인간 삶의 1/3을 차지한다. 수면은 피로를 회복하고 에너지를 재충전하는 데 필요한 생리적 기제로, 충분한 수면과 편안한 숙면은 영유아가 건강을 유지하고 질병으로부터 감염을 막을 수 있는 기초 조건이 된다.

[사진 1-12] 언어 영역 내 휴식공간

충분한 숙면을 취하는 것은 성인뿐만 아니라 영유아에게도 건강을 유지하는 기초 조건으로 영유아들의 수면시간이나 숙면의 정도는 개인차가 있을 수 있으나 대체로 연령이 증가함에 따라 수면의 양은 점점 줄어든다. 일반적으로 신생아는 하루의 80%인 18~20시간, 만 2~3세의 경우 12~15시간, 만 4~5세의 경우 10~12시간이 수면이 필요한 것으로 알려져 있다.

영유아의 수면문제는 가족의 삶, 어머니의 피로감, 우울, 양육 스트레스와 관련이 있고, 아동학대에까지 영향을 미치므로(이경숙 외, 2008) 영유아의 수면은 성인의 수면보다 더 중요한 의미를 갖는다. 또한, 영유아의 수면은 뇌발달과 정신 및 신체발육에도 중요한 영향을 끼치며, 충분하지 않은 수면시간은 영유아의 성장과 발육에 부정적인 영향을 미칠 수 있다(문혁준 외, 2016).

건강을 유지하기 위해서는 충분한 휴식을 취하는 것도 중요한 일이다. 성인은 피곤하면 스스로 쉴 수 있지만, 영유아는 재미있는 일에 몰두하면 피곤한 것도 잊어버리고 노는 경우를 종종 볼 수 있다. 그러므로 부모나 교사는 놀이 후에는 적절한 휴식이 필요하다는 사실을 영유아가 이해하고 실천할 수 있도록 도와주어야 한다(오미경 · 이은미, 2016; 정미라 외, 2004).

(3) 교육환경과 생활습관

위생적인 교육환경을 유지하고 자신의 몸을 깨끗이 하는 생활습관을 기르는 것은 건강을 유지하기 위한 중요한 요인이다. 영유아의 건강을 위한 교육환경은 우선 청결 유지와 함께 충분히 넓은 공간이 확보되어야 한다. 또한, 개방된 공간이 있는 곳, 통풍과 환기가 잘 되는 곳, 적절한 온도와 습도를 유지하는 곳 등도 위생적인 교육환경의 조건에 포함된다.

깨끗하고 위생적인 교육환경은 영유아 스스로가 조성할 수 없으므로 부모나 교사가 준비해 주어야 한다. 무엇보다도 여러 명의 영유아가 함께 생활하는 교실 공간은 영유아가 심리적으로 편안함을 느낄 만큼 충분히 넓어야 한다. 우리나라 「영유아보육법 시행규칙」에 의하면, 어린이집의 경우 보육실은 영유아 1인당 2.64㎡ 이상의 공간을 갖추어야 하는 것으로 규정하고 있다. 「유아교육진흥법 시행령」에 의하면 유치원 활동실의 경우 학급당 66㎡(19.67평) 이상으로 규정하고 있으며, 한 학급당 유아수가 30명 이하일 때에는 50㎡(15.13평)을 확보하도록 규정하고 있다.

[사진 1-13] 충분한 공간을 확보한 교실

[사진 1-14] 충분한 공간을 확보한 놀이터

영유아가 생활하는 실내온도는 여름에는 25°C, 겨울에는 20°C 정도로 유지해 주는 것이 좋다. 매일 아침 창문을 열어 실내 공기를 환기시키고, 겨울철에는 가습기 등을 틀어 적절한 습도를 유지시키고, 여름철 적절한 실내온도를 유지하기 위해 에어컨을 사용할 때에는 전문가의 정기적인 관리를 받아 청결을 유지해야 한다. 실내에서는 방향제를 과하게 사용하지 말 것이며, 절대 금연은 위생적인 교육환경의 필수요건이다. 또한, 청결을 유지하기 위해 책상이나 교구장, 교구 등을 정기적으로 닦아 주는 것도 중요하다(김일옥 외, 2015; 정미라 외, 2012).

위생적인 교육환경과 함께 영유아 스스로가 계절이나 날씨에 알맞은 깨끗한 옷을 입고, 몸과 손을 깨끗이 씻고 손톱을 정갈하게 깎는 등의 습관을 기르는 것도 질병의 감염으로부터 영유아를 보호해 주는 중요한 요인이다. 특히 손 씻기는 영유아교육기관에서 가장 손쉽게 실천할 수 있을 뿐만 아니라 감염을 예방할 수 있는 가장 확실한 방법이다. 그러므로 급·간식 시간 전, 요리활동 전, 화장실 다녀온 후, 동물을 만진 후, 바깥놀이를 한 후, 미술활동을 한 후 등에는 반드시 손을 씻도록 지도해야 한다(김일옥 외, 2015; 오미경·이은미, 2016).

[사진 1-15] 손을 씻고 있는 아이들

(4) 정기적 건강진단

많은 질병과 사고는 발생한 후에 대처하는 것보다 사전에 예방하는 것이 무엇보다 중요하므로 정기적인 건강진단을 받는 것이 중요하다. 왜냐하면 정기적 진단을 통해 눈으로 파악할 수 없는 질병이나 선천성 기형 등을 조기에 진단할 수 있을 뿐만 아니라 각 영유아의 성장과 발육이 정상적으로 이루어지고 있는지를 확인할 수 있기 때문이다. 정기적 건강진단에는 일반적으로 몸무게, 키, 머리둘레 등을 측정하는 체력검사와 시력검사, 청력검사, 피검사, 전문의 등에 의한 진단 등을 실시하는 체질검사가 포함된다.

우리나라 「영유아보육법」과 「국민건강보험법」에서는 만 6세 미만 영유아의 정기적인 건강검진을 정부 차원에서 지원하도록 규정하고 있다.

영유아 건강검진 항목은 성장과 발달 이상, 비만, 안전사고, 청각 이상, 시각 이상, 유치우식증 등을 중심으로 각 월령에 특화된 문진 및 진찰을 시행하고 2~3종의 건강교육과 발달평가로 구성되어 있다. 이렇게 매회 검진 시기마다 실시하는 건강검진을 통해 출생 후 만 6세까지 성장·발달의 추적이 가능하도록 하고 있다.

[사진 1-16] 체온을 재고 있는 아이

[사진 1-17] 몸무게를 재고 있는 아이

이처럼 정기적 건강진단이 중요한 이유는 영유아의 경우 질병을 조기에 발견하여 치료하지 않으면 질병이 심각해지거나 예상하지 않았던 합병증이 생길 수 있기 때문이다. 특히, 발열, 발진, 활력저하 등의 징후가 있을 때 부모나 교사는 영유아의 건강상태를 세심하게 관찰하여 질병 유무를 신속히 파악해야 하며, 필요한 경우 조기 치료가 가능하도록 조치해야 한다. 어린이집이나 유치원에 다니는 영유아는 저녁 수면시간을 제외한 거의 대부분의 시간을 교사와 함께 지내므로 교사들은 등원부터 하루 일과를 운영해 나가면서 영유아의 건강상태를 파악하고 필요한 경우 부모에게 알려 전문의의 진단을 받을 수 있도록 해야 한다.

(5) 치아관리

치아는 음식물을 통하여 충분한 영양을 섭취할 수 있도록 음식물을 잘게 부수어 주는 역할을 한다. 그러므로 건강을 유지하기 위해서는 건강한 치아를 가지고 있어야 하며, 이를 위해서는 평소에 이를 잘 닦는 습관을 갖는 것이 중요하다. 충치가 생기지 않도록 미리 예방해야 함은 물론 특별한 질병이 없더라도 정기적으로 구강검진을 받는 등 적절한 치아관리를 해 주어야 한다.

[사진 1-18] 아이들의 개인칫솔 및 양치컵

[사진 1-19] 이 닦기를 하고 있는 유아

영유아기의 나쁜 식습관, 부적절한 구강관리, 치아우식증 등은 유치 조기상실의 원인이 되고 나아가 영구치 손상으로 이어지거나 부정교합 발생의 원인이 되기도 하므로 영유아기의 치아 건강관리의 중요성을 인식하고 유치관리를 철저히 해야 한다(김일옥 외, 2015).

(6) 정서적 안정

영유아가 갖게 되는 정서적 안정감과 사회적 관계는 건강에 중요한 요인으로 작용한다. 성인과 마찬가지로 영유아도 신체적으로 뿐만 아니라 정서적으로 불안한 환경에 노출되거나 스트레스를 많이 받게 되면 여러 가지 신체질환 및 정신질환에 걸리게 된다.

영유아의 정서적 환경은 가정에서 시작하여 성장해 나가면서 또래, 이웃, 교사, 지역사회의 타인들과의 관계로 범위가 넓어진다. 영유아의 정서적 능력은 아주 어릴 때부터 발달하기 시작하는데, 언어적 표현이 불가능한 영아의 경우에도 자신의 내면적 감정을 웃음, 울음, 표정, 강렬한 몸짓을 통해 표출한다. 즉, 정서가 욕구의 상태를 표현하는 동기가 되는 것이다. 유아기 때는 공포, 분노, 애정, 기쁨, 호기심 등 정서기능의 구체적인 분화가 이루어진다. 이는 영아기와는 달리 부모나 형제와의 관계, 또래관계 등의 요인과 관련하여 유발된다. 그러므로 사회에서 용인되는 방법으로 적절한 표현능력을 기르도록 도와주는 것이 중요하다(오미경 · 이은미, 2016).

이를 위해 우선 가정에서는 안정된 환경과 애착관계를 형성할 수 있는 행복한 환경을 제공하여 영유아가 건강한 정신을 유지하고 환경에 잘 적응할 수 있도록 해야 한다. 다음으로 영유아교육기관의 교사는 질적 수준이 높은 보호와 교육, 세밀하고 민감한 관찰로 영유아에게 안정적이며 정서적인 환경을 제공해 줄 필요가 있다. 따라서 부모와 교사는 영유아가 정서적 안정을 취할 수 있도록 안정을 위협하는 요소들을 제거하고 적절한 환경을 만드는 데 세심한 배려를 기울여야 할 것이다.

(7) 운동

규칙적인 운동은 건강을 유지하기 위한 중요한 요인이 된다. 규칙적으로 운동을 하는 사람은 더 오래 살 뿐만 아니라 사는 동안 더 건강하게 생활한다고 많은 연구결과들은 밝히고 있다. 이는 운동을 통해서 생명을 유지하는 데 중요한 기관인 심장과 폐를 튼튼하게 할 수 있으며 신체 각 부분의 고른 발달과 적응을 도와주기 때문이다.

대부분의 영유아는 특별히 운동을 권유하지 않아도 실내·외에서 활동적인 놀이를 좋아하므로 자연스러운 놀이로 필요한 운동량을 충족시킬 수 있다. 이처럼 영유아는 다양한 놀이와 활동 속에서 대근육 및 소근육 운동을 해 나간다. 즉, 달리기나 공던지기와 같은 활동량이 높은 운동부터 그림을 그리고 젓가락을 사용하고 단추를 풀고 잠그는 등의 소근육활동에 이르기까지 모두가 신체·운동영역에 포함된다.

특히 바깥놀이는 영유아들에게 대근육을 발달시킬 수 있는 자연스러운 기회를 제공한다. 추운 날씨가 계속되는 겨울철이나 비가 내리는 장마철과 같이 바깥놀이를 할 수 없는 경우를 대비하여 실내에 대근육을 발달시킬 수 있는 놀잇감이나 기구 등을 마련하여 신체운동 기회를 제공하는 것도 영유아의 건강에 좋은 영향을 미친다.

[사진 1-20] 팀을 구성해 공차기를 하는 아이들

[사진 1-21] 실내에 마련된 대근육 놀이기구

그러나 때때로 놀이경험의 부족, 성격적 특성, 비만한 체구 등의 이유로 하루에 필요한 운동을 충분히 하지 못하는 영유아가 있을 수 있다. 이런 영유아를 위해 교사는 의도적으로 신체활동시간을 계획하여 영유아가 어려서부터 꾸준히 신체활동을 하며 운동하는 습관을 기를 수 있도록 해 주어야 한다(정미라 외, 2012).

HEALTH EDUCATION

제2부

발달단계별 건강증진

2장

만 0~1세의 건강증진

영아의 어원은 라틴어의 'Infant'로 '말을 하지 못 한다'는 의미에서 유래되었다. 영아기는 학자마다 개념 규정에 다소 차이가 있으나 대체로 생후 1년간 즉, 돌 전까지의 만 0세 영아와 13~24개월까지의 만 1세 영아를 합쳐 생후 24개월간을 의미한다. 영아기는 제1성장급등기로 "오뉴월 병아리 하루 볕이 새롭다"라는 속담처럼 하루하루 눈부시게 성장한다. 한국 소아 발육 표준치(2014)에 의하면, 생후 1년이 지나면 영아의 체중이 출생 시기의 3배 정도로 증가하고, 생후 2년 동안에는 출생 시의 약 3.8배로 성인 체중의 1/4이 된다.

이처럼 영아기는 일생에서 신체적 변화와 발달이 가장 활발하게 일어나는 시기로, 이때의 건강관리는 어느 때보다 중요하다. 영아를 대상으로 한 건강교육이 중요한 구체적인 이유는 다음과 같다.

[사진 2-1] 행복한 미소를 보이는 영아

첫째, 영아는 건강을 위협하는 다양한 요인들로부터 스스로 자신의 건강을 유지하고 보호하는 능력이 미숙하다. 이로 인해 위험한 상황에 노출되는 경우가 빈번하며, 면역체계가 미숙하여 질병 발병률이 높고, 의사표현에 한계가 있다. 따라서 부모와 교사는 영아의 건강한 발달을 위해서 여러 신체변화에 대해 주의 깊은 관심을 가져야 한다(김일옥 외, 2015; 김지수, 2003; Marotz, 2009).

둘째, "세 살 버릇이 여든까지 간다"는 속담처럼 영유아기에 형성된 생활습관은 성인기까지도 영향을 미친다. 특히 올바른 습관을 형성하는 것보다 잘못된 생활습관을 교정하려고 할 때, 더 많은 시간과 노력 그리고 비용이 발생한다. 따라서 영아를 대상으로 건강한 생활습관을 익힐 수 있는 예방차원의 교육이 필요하다(박순영 외, 2007; 하새봄, 2014).

본 장에서는 만 0~1세의 건강증진을 위해 발달 특성, 건강증진 요인, 그리고 건강관리를 위한 환경 구성에 대해 알아보고자 한다.

1 만 0~1세의 발달 특성

1) 신체 · 운동 발달

영아의 신체 발달은 전반적인 발달을 주도한다. 영아가 활발하게 움직일 수 있다는 것은 단순히 신체 움직임이 다양해지는 것만을 의미하는 것이 아니라, 놀라운 속도로 세상에 대한 지식을 형성해 나가는 것으로 볼 수 있다(구수연 · 최예린, 2009).

[사진 2-2] 종이블록 놀이를 하고 있는 영아들

영아기는 생존을 위한 초보 운동능력이 발달되는 시기이다. 0개월에는 태아 자세를 하고 있다가 신생아는 장난감이 손에 닿으면 손을 꽉 쥐며, 1~2개월이 되면 고개를 들고, 가슴을 들기 시작한다. 3개월에는 엎드린 자세에서 가슴을 들며, 눈과 손의 협응 능력이 발달하여 물건을 주면 잡으려고 하고, 4~5개월에는 뒤집기를 시작하고, 양육자가 붙잡아 주면 자리에 앉고, 손을 뻗어서 딸랑이 장난감과 같은 물건을 잡고, 입에 넣을 수 있다. 6~7개월이 되면 배밀이가 가능하여 행동반경이 넓어져 주변을 탐색하기 시작하고, 의도적으로 손을 뻗쳐 의자에 앉아 매달려 있는 물체를 잡고, 혼자서 앉을 수 있다. 8~9개월에는 성인이 잡아주면 설 수 있고, 가구를 잡고 서 있을 수 있다. 10개월이 되면 자유롭게 기어 다닐 수 있고 혼자 설 수도 있다. 손가락으로 물체를 잡을 수 있고 찢기 놀이와 작은 구멍이나 틈에 손가락을 찔러 볼 수 있다. 11개월에는 물건을 쉽게 잡고 놓을 수 있어서 물건을 집어넣고 꺼내는 놀이를 반복하며, 12~14개월 사이에는 도움 없이 설 수 있고 몸의 균형을 이루면서 걸을 수 있게 된다. 책장을 넘기는 것을 도울 수 있고, 연필로 낙서하는 것을 모방할 수 있다. 14개월이 되면 영아는 그림을 그리거나 블록을 쌓거나 병뚜껑을 여는 등의 소근육 발달이 이루어진다.

[사진 2-3] 혼자서 밥을 먹는 영아

15~18개월에는 뒤로 걸을 수 있을 정도로 걷기가 능숙해지나 갑자기 정지하지는 못하며, 스스로 옷을 벗고, 소매에 팔을 넣을 수 있다. 또한, 컵 사용은 잘하지만 숟가락 사용은 미숙하다. 18개월이 되면 대부분의 영아는 혼자서 숟가락과 포크를 이용하여 밥을 먹고, 옷을 입는 행동을 하게 된다. 19~20개월이 되면 영아는 네 개의 블록으로 탑을 쌓는 것이 가능하고, 23~24개월이 되면 영아는 여섯 개 정도의 블록으로 탑을 쌓을 수 있게 된다. 블록을 수직으로 쌓는 것은 눈과 손의 협응력과 힘 조절이 성숙하고 있음을 의미한다(장영희, 2007).

〈표 2-1〉 신체·운동 발달

개월	주요 특징
출생~3개월	· 모든 신생아는 반사행동이 나타남 · 누워서 양발을 번갈아가면서 뻗음 · 엎드린 자세에서 1분 정도 머리를 들 수 있음 · 관절이 발달하면서 팔을 흔들거나 다리를 차는 힘이 생김 · 손에 물체를 쥐어 주면 잡을 수 있음

개월	주요 특징
3~6개월	· 머리를 가눌 수 있음 · 몸을 뒤집을 수 있음 · 손과 발을 가지고 놈 · 몸을 세우면 스스로 다리를 구부렸다, 폈다 하며 다리운동을 함 · 손바닥 전체를 이용하여 잡음
6~9개월	· 두 손을 이용하여 물체를 번갈아 가며 바꾸어 잡을 수 있음 · 손을 잡아 주면 설 수 있고 껑충껑충 뛰기도 함 · 배밀이로 시작하여 손과 무릎을 이용하여 기기 시작함 · 혼자 힘으로 앉아 있을 수 있음
9~12개월	· 한 손을 잡아 주면 걸을 수 있음 · 물체를 잡고 서서 이동할 수 있음 · 엄지, 검지를 이용하여 물건을 잡을 수 있음 · 미숙하게 컵을 사용할 수 있음
12~18개월	· 혼자 서고 걸을 수 있음 · 손가락 사용이 조금씩 자유로워짐 · 서 있다가 무릎을 굽힐 수 있음 · 빠른 걸음을 걸을 수 있음 · 서툰 숟가락질을 함
18~24개월	· 낮은 계단이나 턱에서 두 발 모아 뛰어내릴 수 있음 · 고정된 공을 차려고 시도하지만 정확하게 차지는 못함 · 혼자서 계단을 오를 수 있음

2) 언어 · 인지 발달

인간은 태어나면서부터 목소리를 통해 자신의 의사를 전달한다. 언어의 사용은 다른 동물과는 구분되는 인간의 특별한 능력으로, 인간의 정신활동에 매우 중요한 역할을 한다. 영아의 언어 발달은 심리적 요인뿐 아니라 생리적, 물리적, 사회적 요인 등과 복잡하게 얽혀 있으며, 영아는 주변과의 소통을 위해 언어를 습득하고 성장하면서 자신의 다양한 감정들을 언어로 표현할 수 있게 된다(곽금주 · 김연수, 2014). 신생아들은 울음으로 배고픔, 아픔, 불편함 등을 표시하며 점차 성장하면서 옹알이를 한다. 생후 1년경부터는 말을 하기 시작하여 영아기 동안 급격한 언어 발달을 이룬다.

0~2개월의 경우 울음 외에 작은 소리로 쿠잉 소리를 낸다. 소리나 음악을 포함한 여러 자극에 반응하며, 부드러운 소리나 사람의 목소리에 안정을 보이지만 갑작스럽거나 큰소리에는 불편해한다(서주희, 2013). 3개월경에는 쿠잉에서 옹알이로 발달하며, 옹알이는 최대의 자기표현이므로 양육자가 응답해 줄 때 영아의 표현력이 길러진다. 4개월이 되면 옹알이에 고저가 나타나기 시작하여 마치 이야기하듯이 음절과 억양이 있는 활발한 옹알이를 한다. 5개월부터는 음마, 마마, 나나 등의 의미 있는 옹알이를 하며, 6개월이 되면 자신의 이름을 인식하여, 부르면 쳐다보고, 사진에서 엄마의 얼굴을 구별할 수 있다. 7~8개월은 간단한 지시를 이해하고, 친숙한 소리가 들리면 고개를 돌려 반응한다. 8~9개월이 되면 보다 긴 문장 형태의 음성화를 반복하기 시작하고, 기침소리, 혀 차는 소리를 모방한다. 또한, 의미 있는 첫 단어(엄마, 아빠, 맘마 등)를 사용하기 시작하고, 자신에게 하는 이야기에 반응한다. 10~11개월의 영아는 사물의 이름에 흥미를 가지고, 익숙한 노래의 일부분을 듣기 좋아한다. 또한, 주변의 익숙한 사물을 지칭하는 단어를 인지하고, "안 돼."라고 금지할 때 화내거나 울기도 한다. 12개월경에는 네 단어를 말할 수 있으며, 13개월이 되면 뜻 없는 소리를 혼자 재잘거리며 장난감을 달라고 하면 가지고 있던 것을 준다. 14개월경에는 여덟 단어 정도를 말할 수 있으며, 15개월이 되면 열 단어 정도를 말할 수 있다. 18개월이 되면 "엄마에게 인형 주세요." 등의 명령에 행동으로 반응할 수 있다. 또한, 알아들을 수 있는 단어를 더 많이 사용하고 표현한다. 19~24개월 시기의 영아는 대부분 하루에 10~12개 단어의 어휘를 사용하는데 20개월이 되면 50개 낱말을 사용하고, 24개월에는 250~300개까지의 단어를 사용할 수 있을 정도로 어휘력

[사진 2-4] 그림책을 가지고 언어적·비언어적 상호작용을 하고 있는 영아와 교사

이 향상된다. 영아는 사물에 대한 호기심이 많이 생기고 어휘력을 확장하기 위해 "이게 뭐야?"라며 끊임없이 질문하고 사물에 대한 이름을 알아간다. 언어획득 속도가 급격히 증가하는 24개월 전후를 언어 발달의 '폭발적 팽창 시기'라고 한다(장영희, 2007).

피아제(Piaget)이론에 따르면 영아는 출생 직후에 가지고 태어난 반사 능력에 의존하지만 점차 진보된 인지적 도구인 쉐마(schema)를 활용하여 새로운 경험을 분류하고 주변의 환경을 이해하기 시작한다. 즉, 반사행동이 사라지고 점차 의도적인 행동이 시도된다. 출생 후 1개월까지는 빨기반사, 잡기반사와 같은 반사행동에 의존하여 외부세계를 이해하고, 2~4개월에는 자신의 신체를 중심으로 반복적인 행동을 한다. 4~8개월에는 자신의 행동 자체보다는 외부에 있는 사건과 대상에 열중하는데 이때 우연히 어떤 행동에 흥미를 느끼게 되면 그 행동을 되풀이한다(이순형 외, 2010). 8~12개월은 어떤 목표를 도달하기 위한 의도적 행동이 많아지며, 대상영속성개념[1]이 생겨나 숨겨진 대상을 찾을 수 있을 정도로 인지가 발달한다. 12~18개월에는 목적을 위해 여러 가지 방법을 시도해 보고 다양한 탐색활동을 하며, 시행착오를 통해 새로운 결과를 얻고자 노력한다(장영희, 2007). 18~24개월경에는 눈에 보이지 않는 것도 마치 있는 것처럼 가상하여 생각할 수 있는 상징적 사고가 가능해지면서 정신적 표상, 가상놀이, 지연모방이 가능하다(유구종 · 조희정, 2007).

[사진 2-5] 발가락을 빨고 있는 영아

영아는 주변과의 소통을 위해 언어를 습득하고 성장하면서 자신의 다양한 감정

1) 대상영속성이란 우리 자신을 포함한 모든 대상의 본질과 행동에 관해 모두가 공유하고 있는 상식적인 믿음을 말한다. 즉, 물체가 보이지 않거나 소리가 들리지 않더라도 그 물체가 계속 존재한다는 것을 아는 것이다.

들을 언어로 표현할 수 있게 된다(곽금주 · 김연수, 2014). 언어 발달은 주 양육자와의 관계를 넘어 대인관계의 기초를 형성할 만큼 영아기에 중요한 발달 과업이다(정혜진, 2011).

〈표 2-2〉 언어 · 인지 발달

개월	주요 특징
출생~3개월	· 쿠잉 소리를 냄 · 친숙한 소리에 반응함 · 말소리와 다른 소리를 변별하고 반응함 · 말소리에 무분별한 소리로 반응함 · 말하는 사람과 시선을 맞춤 · 물체를 따라 눈이 움직임 · 외부의 자극에 시선이나 움직임을 멈출 수 있음
3~6개월	· 음절과 억양이 있는 옹알이를 함 · 이름을 부르면 고개를 돌림 · 음의 높낮이가 생김 · 분명한 발성을 시도함 · 감정(기쁨, 분노, 불쾌함, 만족) 등을 울음 외에도 음성패턴으로 표현함 · 입을 통해 물건을 탐색함 · 만지는 물건을 눈으로 관찰함 · 얼굴표정과 간단한 동작을 모방함
6~9개월	· 소리나 음성을 모방하려 함 · '바-바-바'처럼 연속 음절을 규칙적으로 반복해서 소리 냄 · 음의 고저와 강약이 있는 옹알이를 함 · 싫다고 고개를 흔들며 의사를 표현함 · 기침소리, 혀 차는 소리를 모방함 · 간단한 지시어를 이해함(예: '안 돼'와 같은 단어의 의미)
9~12개월	· 주변의 익숙한 사물을 지칭하는 단어를 인지함 · "안 돼"라고 금지할 때 화내거나 울기도 함 · 네 단어를 말할 수 있음 · 다양한 방법으로 물체를 탐색함 · 다른 물건을 이용하여 간단한 문제를 해결함

개월	주요 특징
12~18개월	· 표현할 수 있는 어휘보다 이해할 수 있는 어휘가 많음(말은 못해도 말귀를 알아들음) · 다양한 신체부위를 지시어에 따라 손으로 지적할 수 있음 · 소리를 보다 정확하게 모방할 수 있음 · "안녕!" 등의 인사말을 함 · 다른 사람의 행동을 모방함 · 숨겨진 물건을 다른 곳으로 옮겨도 찾을 수 있음 · 물건을 사용할 때 목적을 가지고 사용할 수 있음
18~24개월	· 두 단어를 조합하기 시작함 · 더욱 복잡해진 지시어에 따름 · 아주 짧은 이야기를 즐겨 들음 · 간단한 질문에 대답함 · 하루의 일과를 기억함 · 숫자의 개념이 발달함 · 같은 모양을 구별할 수 있음

3) 사회 · 정서 발달

인간은 출생과 더불어 관계 맺기를 시작하고 감정을 표현하는 방법을 인식하게 된다. 영아는 울면 안아 주고, 웃으면 같이 웃어 주는 양육자의 반응에 따라 자신이 처한 상황에서 어떻게 행동해야 하는지를 점차 알아가게 된다. 영아초기에는 자신이 경험하는 모든 정서를 제대로 표현하지 못하지만, 시간이 지나면서 정서표현 방법이 다양하고 복잡해진다. 영아기의 가장 중요한 사회성 발달은 영아와 주양육자 간에 형성되는 애착이며, 이는 타인에 대한 기본적 신뢰감 형성의 기초가 된다. 또한, 자기중심적이며 자신의 관점에서 세상을 바라보기 때문에 영아의 또래 관계는 짧고 단순하고, 서로 탐색하는 형태이다.

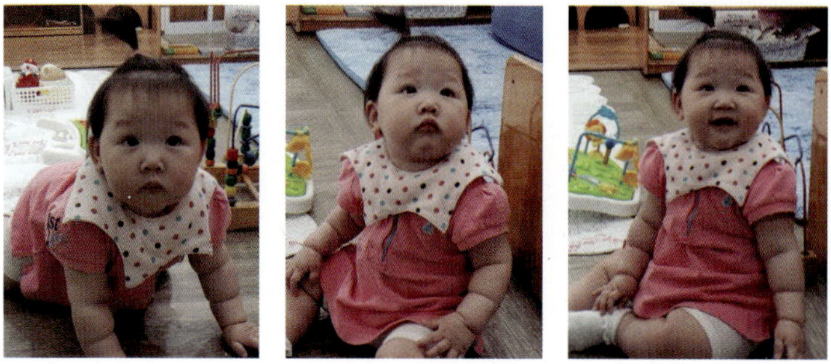

[사진 2-6] 다양한 표정을 보이는 영아

1개월의 영아는 사람의 얼굴을 보거나 목소리를 들으면 반응하고, 눈과 눈을 마주보며 얼굴을 쳐다본다. 또한, 편안하고 만족스러운 것에 긍정적으로 반응한다. 2개월이 되면 흥분과 불안, 즐거움 등의 감정을 표현하고, 사람을 주시하며, 흥분하면 팔과 다리를 움직이며 소리를 낸다. 3개월에는 울음이 줄어들고 미소가 증가하며 사람 얼굴을 보는 것을 좋아한다. 4~5개월이 되면 미소, 웃음 등을 통해서 다른 사람의 관심을 끄는 방법을 발달시키고, 사람의 얼굴과 목소리에 미소를 짓고, 주양육자와 밀접한 심리적 유대감을 형성한다. 6개월은 친숙한 이와 낯선 이를 구분하며 이에 대해 다르게 반응한다. 대부분의 영아는 8~9개월경 낯선 사람에 대한 분노와 양육자와 분리되었을 때 불안을 나타낸다. 이는 양육자와 애착형성이 뚜렷해져 나타나는 현상이다. 10개월의 경우 시행착오를 통해 새로운 행동을 시도하게 되며, 기쁘고, 슬프고, 화나는 감정들을 표현한다.

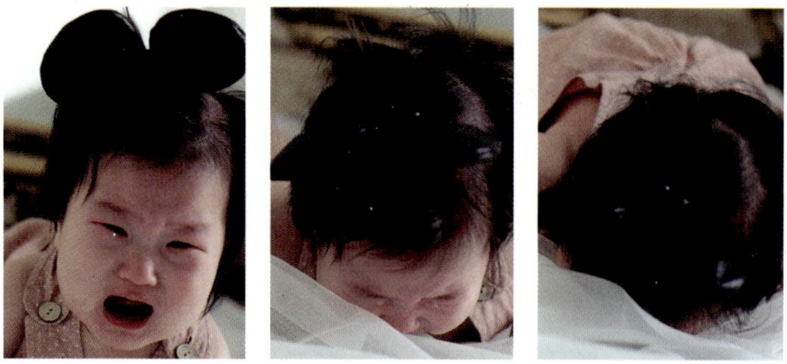

[사진 2-7] 슬픔을 표현 중인 영아

또한, 격리불안을 강하게 느끼게 되고, 또래에 대한 관심이 높아진다. 생후 12개월이 되면 영아는 어리광을 부리기 시작하며, 간섭하면 고집을 부리기도 한다. 12~18개월에는 자의식이 발달하는 시기로 일상생활에서 끊임없이 자기를 주장하고 스스로 해결하려는 행동을 보인다. 또한, 이 시기에는 혼자놀이를 많이 한다. 18~24개월경에는 자신에게 요구되는 것이 무엇인지 파악하여 해야 할 것과 하지 말아야 할 것을 이해하기 시작한다. 자신을 타인 혹은 사물과 구별하기 시작하지만, 타인이 자신과 다른 감정을 느끼고 있다는 것을 이해하지 못하여 상대방의 감정표현에 부적절하게 반응하기도 한다. 이 시기의 영아는 인형과 동물, 친숙한 사람인 부모, 또래 등에게 애정표현을 하고, 행복, 분노, 공포, 놀람, 슬픔 등 다양한 정서를 나타낸다.

〈표 2-3〉 사회·정서 발달

개월	주요 특징
출생~3개월	· 주위 환경에 조금씩 관심을 가지기 시작하며 흥미와 호기심을 보이기 시작함 · 사람에게 반응(미소)을 보임 · 엄마의 얼굴을 응시함
3~6개월	· 즐거움에 대한 긍정적인 반응과 부정적인 반응을 보임 · 큰소리로 웃음 · 희로애락의 기본정서를 알게 됨
6~9개월	· 낯을 가리기 시작하고 낯선 사람에 대한 불안을 표시함 · 더욱 분화된 정서를 표현하고 기쁨, 공포, 분노, 놀람 등의 감정을 보임 · 칭찬에 반응함
9~12개월	· 새로운 환경에 잘 적응하지 않음 · 특정 대상에 애착하며 격리불안을 느낌 · '빠이빠이' 손 인사를 함 · 다른 영아에게 관심을 갖고 관심을 얻으려 하기도 함
12~18개월	· 말과 행동으로 자신의 감정을 표현함 · 자기의 주장이 강해짐 · 양육자의 표정에 따라 반응함 · 사회적 관계형성이 이루어짐 · 스스로 먹으려 함
18~24개월	· 양육자와 얼마나 많이 떨어져 있는가를 인지하고 불안해함 · 성인과 동일시함으로써 자신의 한계를 조금씩 인식해 나감 · 혼자 하는 놀이를 함 · 옷을 입으려고 시도함

2 만 0~1세의 건강증진 요인

건강한 영아로 키우기 위해서는 영아의 발달 특성상 나타나는 다양한 표현양식을 이해하고 영양 및 섭생, 수면과 휴식, 위생관리, 정서관리, 예방접종, 치아관리, 안전관리를 바탕으로 건강을 증진시켜 나가야 한다.

1) 영양 및 섭생

영아는 필요한 영양을 충분히 공급받지 않으면 영양장애 또는 영양결핍이 되어 여러 가지 질병을 유발하게 되고, 나아가서는 일생동안 건강한 신체를 가질 수 없게 되기도 한다. 영아에게 제공되는 수유, 이유식, 급식 및 간식 등은 영아기에 필요한 영양소를 균형 있게 공급할 수 있는 계획적인 식단 아래 제공되어야 한다. 또한, 수유, 이유식, 일반식에 사용되는 식재료 관리, 조리과정, 배식관리가 청결한 상태에서 이루어져야 한다.

이를 위해 교사는 수유, 이유식, 급식 및 간식을 단계별로 관리한다. 또한, 매일 반복되는 일상생활에서 바람직한 식습관을 형성할 수 있도록 지도하여 영아들이 충분한 영양을 섭취하여 건강을 유지하고 정상적으로 성장, 발달하도록 도와주어야 한다.

(1) 수유

수유는 양육자가 영아에게 이유기까지 영양을 공급하는 것으로서, 형태는 일반적으로 모유수유(breast-fed)와 조제유(artificial-fed)로 분류할 수 있다. 양육자는 영아의 심리적 안정을 위해 수유하는 동안에 눈을 맞추고 한 손으로는 손과 팔을 잡아 주거나 부드럽게 말을 건네면서 영아와 상호작용을 해야 한다.

① 모유수유

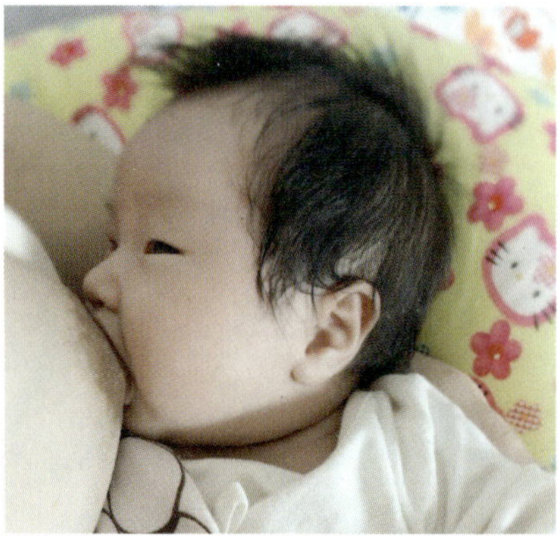

[사진 2-8] 모유를 먹고 있는 영아

모유는 아기에게 필요한 영양공급원이며, 감염으로부터 보호해 주며, 엄마와의 정서적 유대감 형성에 도움을 준다. 따라서 영아의 건강 및 성장 발달을 위하여 적어도 첫 6개월은 완전 모유수유할 것을 권장한다(유니세프 한국위원회, 1994).

모유수유를 성공하기 위해서는 출생 후 30분~1시간 이내에 시작해야 한다. 수유 시간은 15분에서 30분 이내가 적당하며 유방을 충분히 다 비우는 것이 중요하고, 수유 시 매번 양쪽을 번갈아 가면서 먹이도록 한다.

산모는 보통 3개월의 출산 휴가가 끝난 후 직장으로 복귀하게 된다. 이때 지속적으로 모유수유를 할 수 있도록 영유아교육기관에서도 적극 협조해야 한다. 가정에서 냉동 모유를 보내오는 경우(젖을 짠 날짜, 시간을 기록한 라벨지를 부착하도록 안내), 교사는 55℃ 정도의 흐르는 따뜻한 물에서 용기를 가볍게 돌려 가며 중탕하거나 보틀워머를 사용해서 데워야 한다. 한편 전자레인지를 사용해서 모유를 해동시키지 않는다. 왜냐하면 모유가 균일하게 데워지지 않아 아기가 화상을 입을 수 있으며, 무엇보다 모유의 면역 성분을 포함하고 있는 단백질과 비타민이 파괴되기 때문이다. 또한, 데운 모유는 2시간 안에 먹여야 하며 아기의 입에 닿은 경우(먹이고 남은 경우) 30분 안에 먹이는 것이 안전하다.

② 조제유

조제유는 종류 및 제조사에 따라 제조방법이 다르므로 설명서를 꼭 참고해야 한다. 분유를 탈 때는 물의 양을 정확히 맞추고, 너무 뜨거운 물은 분유의 영양소를 파괴시킬 수 있으므로 끓였다가 적당히 식힌 물을 사용하는 것이 좋다. 정수기 물이라도 반드시 끓인 후 식혀서 사용하도록 한다. 조제유에 보리차, 녹차, 미음, 육수 등을 사용하면 조제유의 맛에 변화를 줄 수 있으므로 사용하지 않는다.

〈표 2-4〉 월령별 수유횟수와 분류량

월령	수유횟수	분유량
1개월	8~12회	60~120cc
1~3개월	5~6회	120~180cc
3~7개월	4~5회	150~210cc
7~9개월	4회	180~210cc
9~12개월	3회	210~240cc

출처: 알에이치코리아(2015).

[사진 2-9] 영아에게 분유를 먹이고 있는 교사

영아에게는 생우유가 아닌 분유를 먹여야 한다. 왜냐하면 생우유는 소젖을 가공하지 않고 살균 소독 과정만 거쳤기 때문에 장이 미숙한 영아가 소화시키기 어려운 카세인 80%와 유청 20%가 함유되어 있어 섭취가 쉽지 않다. 반면에 조제유는 카세인과 유청의 비율을 모유수준에 맞춰 소화를 돕고, 알레르기를 유발시키는 항원을 걸러내고, 비타민, 철분, 칼슘 등 영양분을 추가해 최대한 모유와 유사하게 만든 제품이다.

교사는 조제유를 먹일 때 기도에 흘러가지 않도록 아기의 상체를 약간 세운 상태로 안고, 팔 안쪽부위로 아기의 머리를 받쳐 준다. 아기를 바닥에 눕힌 상태에서 수유해서는 안 된다. 그 이유는 사레들기 쉽고, 기도로 넘어가 질식을 초래할 수 있으며, 귀로 들어가 중이염을 일으킬 수도 있기 때문이다. 수유가 끝나면 반드시 트림을 시키고, 30~60분 정도 고개를 옆으로 돌려 눕혀 주는 것이 안전하다.

(2) 이유식

영아는 태어난 지 6개월 전후가 되면 빠르게 성장하기 때문에 모유나 분유만으로는 발달에 필요한 열량, 단백질, 철분 등의 영양소를 채울 수가 없으므로 이유식을 시작하는 것이 좋다. 또한, 영아는 이유식을 먹으면서 음식을 이로 부수고 삼키는 연습을 하고, 식탁에 앉아 함께 먹는 경험을 통해 식사 예절을 배우고 좋은 식습관을 갖추게 된다.

일반적으로 초기 이유식은 5~6개월에 시작하며, 중기 이유식은 7~8개월, 후기 이유식은 9~11개월, 완료기 이유식은 12개월 이상일 때 진행하지만 개인차가 있을 수 있다.

[사진 2-10] 영아에게 이유식을 먹이는 모습

출처: 3차 어린이집 표준보육과정 교사용 지침서

이유식 시작 단계인 생후 5개월 이후는 모유나 분유 외의 음식을 처음 접하는 시기이므로 장의 기능이 미숙해 알레르기 반응이 일어날 위험이 크다. 이를 줄이기 위해서는 비교적 안전한 곡류 중 기본적인 쌀로 시작해 곡류→채소→과일 순으로 진행한다. 채소는 향이 강하지 않고 섬유질이 적어 소화하기 쉬운 애호박, 감자 등을 사용한다. 과일 종류로는 사과나 배, 바나나를 사용할 수 있고, 반드시 한 번에 한 가지 재료를 사용해 아기의 반응을 계속해서 살펴보는 것이 좋다. 모체로부터 물려받은 철분은 6개월 이후가 되면 바닥이 나기 시작하므로 철분 함량이 높은 쇠고기나 닭고기 등을 제공해야 한다.

초기에 묽은 액체 형태로 섭취했다면 중기에는 조금 덜 묽은 형태로 섭취할 수 있게 된다. 중기 때는 초기보다는 조금 더 다양한 재료로 만든 이유식을 선보인다는 데 목표를 둔다. 또한, 중기부터는 이유식으로도 영아가 배불러 할 수 있기 때문에 수유의 양은 조금씩 줄여나간다. 이유식 후기 단계에는 야채나 고기 등을 연하게 익혀 진밥과 함께 먹을 수 있도록 한다. 후기 이후에는 어른과 거의 비슷한 형태의 음식들을 섭취할 수 있으며 다양한 영양소를 맛볼 수 있도록 한다.

교사는 6개월이 지났다고 해서 억지로 이유식을 시작하는 것이 아니라 이유식의 양과 섭취 형태를 고려해서 영아의 소화 속도에 맞춰 진행해야 한다. 또한, 이유식을 진행하는 6~15개월의 기간 동안 덩어리 음식 먹기, 숟가락과 컵 사용하기 등의 과정을 적절하게 연습할 수 있도록 배려해야 한다. 또한, 영아의 미각발달을 위해서 새로운 식품을 하나씩 증가시키고, 새로운 식품을 추가시킬 때 한 번 주기 시작한 음식은 4~5일 간격을 두고 지속적으로 공급하는 것이 바람직하다. 그리고 새로운 재료의 이유식을 먹은 후에는 알레르기 반응이 나타날 수 있으므로 입 주변과 몸 상태를 면밀히 관찰하도록 한다.

2) 수면과 휴식

(1) 수면

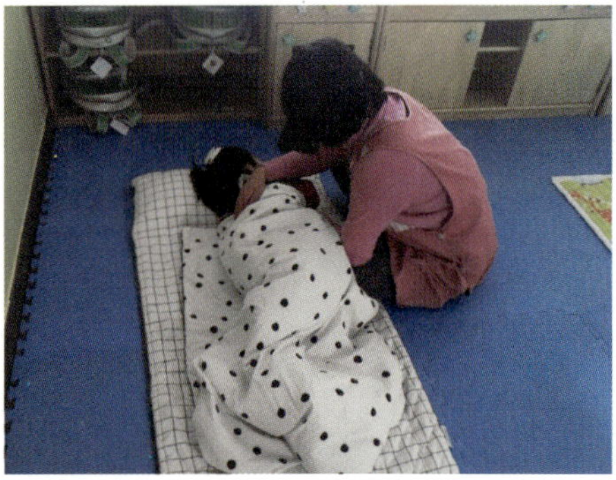

[사진 2-11] 자고 있는 영아의 상태를 확인하고 있는 교사

수면은 피로를 회복하고 에너지를 재충전하는 데 필요한 생리적 기제이다. 충분한 수면과 편안한 숙면은 건강을 유지하기 위한 기초 조건이며 만 0~2세는 13~15시간의 수면이 필요하다. 또한, 이 시기의 영아는 1~2시간 정도의 낮잠을 자게 하는 것이 좋다(김혜금, 2007). 영유아교육기관은 영아가 생활하는 시간이 8시간 이상으로 매우 길고 영아들은 재미있는 일에 몰두하게 되면 피곤을 잊어버리고 놀이하게 되므로, 교사는 피곤할 때나 놀이 후에는 적절히 휴식을 취할 수 있도록 도움을 주어야 한다.

영아의 낮잠은 건강한 성장·발달과 정서적 안정을 위한 필수적인 시간으로, 오전 일과 속에서 누적된 피로를 풀고 오후 일과를 준비하기 위해 꼭 필요하다. 영아의 낮잠은 최소 백일이 지나야 일정한 패턴을 보이는데 생후 4개월이 되면 하루 세 번까지도 낮잠을 자고, 생후 6개월이 되면 아침 낮잠과 오후 낮잠을 잔다.

교사는 영아의 충분한 수면을 돕고 긴장을 풀 수 있도록 조용한 음악을 들려주거나 조도를 낮추고, 커튼이나 블라인드 등을 활용하여 아늑한 분위기를 조성해야 한다. 하지만 지나치게 조도를 낮게 하거나 커튼, 캐노피 등을 길게 늘어뜨릴 경우 수면 중인 영아를 관찰하기 어렵다. 따라서 적절한 밝기를 조절하도록 하고, 안전거울이나 반사경을 통해 다양한 각도에서 영아를 관찰할 수 있는 환경을 구성해야 한다.

① 0~2개월

0~2개월의 적정 수면시간은 18~20시간(낮잠 4~5시간)이다. 이 시기의 영아가 한 번에 60분 이상 깨어 있는 것은 좋지 않다. 신생아가 마지막으로 깨어 있던 시간을 기록해 놓고 50분이 지나면 하품을 하거나 손을 빠는 등 잠들기 전 신호를 보내는지 살펴보고 잘 수 있는 환경을 만든다. 신호가 없어도 수면 공간으로 데려간다. 잠자리 환경은 정해 놓은 수면 공간에서 하루 두 번 낮잠과 밤잠을 자게 한다. 그리고 자궁의 차분한 느낌과 비슷하게 조명의 조도를 낮추고 속싸개로 잘 감싸 준다. 낮잠을 재울 때는 신생아를 속싸개로 싼 채 부드럽게 흔들어 안정시키고 수면을 유도한다. 졸린 상태가 되면 이부자리에 눕히고 불안정해 보이면 배에 손을 올려놓거나 노리개 젖꼭지 등을 빨리고, 여전히 불안정해 보이면 안아서 재운다. 밤잠을 재울 때는 마지막 수유 시간이 2시간 이상 지났고, 스스로 깨면 수유한다. 마지막 수유 시간이 1~2시간 지나지 않았는데 깨면 다시 속싸개로 잘 싸 주고 몸을 토닥이거나 안아서 재운다.

② 2~6개월

2~6개월의 적정 수면시간은 18~19시간(낮잠 3시간~3시간 30분)이다. 이 시기의 영아가 한 번에 깨어 있는 시간은 60~80분이다. 마지막 낮잠에서 깨어난 지 60분이 지나 졸음 신호를 보이면 수면 공간으로 데려가 긴장을 풀어 주거나 수유한다. 잠자리 환경은 일정한 공간에서 자는 게 좋은 수면습관을 만드는 데 필수적이기 때문에 낮과 밤에 자는 공간이 같아야 한다. 낮잠을 재울 때는 수면시간에 따라 낮잠을 세 번 잘지, 네 번 잘지 결정하고 일정한 패턴이 보인다 싶으면 이 횟수를 꾸준히 지켜 나간다. 마지막 낮잠은 오후 5시 전이어야 한다. 밤잠을 재울 때는 오후 6~7시에 잠자리에 들게 한다. 이 시기에는 밤중 수유를 한 번 정도 한다. 이보다 자주 깨면 일일이 대처하기보다 스스로 안정을 찾고 잠들 수 있도록 지켜본다. 그러나 계속 울면 수유를 한다.

③ 6~12개월

6~12개월의 적정 수면시간은 14~15시간(낮잠 2시간 30분~3시간)이다. 이 시기에는 2~3시간 정도 깨어 있다. 잠자리 환경은 커튼이나 블라인드를 쳐서 영아가 자는 동안 햇빛 때문에 깨지 않게 한다. 또한, 밤에 잠들기 전에 쳐서 아침 햇빛을 가려 준다. 영아를 자극할 수 있는 장난감도 치운다. 낮잠을 재울 때는 영아의 수면 패턴은 오전 9시의 아침 낮잠, 1~2시간 후의 중간 낮잠, 늦은 오후 15~45분 정도 토막잠을 잔다. 영아가 오후 4시 30분 이후에는 계속 잔다면 꼭 깨워야 저녁에 어려움 없이 재울 수 있다. 밤잠을 재울 때는 오후 6~8시에 잠들 수 있도록 그 전에는 심하게 놀아 주거나 외출을 삼간다. 오후 6시부터

[그림 2-1] 좋아하는 물건을 안고 낮잠 준비하는 영아
출처: 어린이집 표준보육과정에 기초한 영아보육프로그램 0세

아침 6시까지는 수면 공간에서 나오는 일이 없어야 한다. 이 시기에는 분리불안 때문에 자는 도중 깰 수 있는데 부드럽게 자장가를 불러 주거나 담요 등의 안정감을 주는 물건을 안겨 준다. 우유를 먹이거나 안아 주는 것은 피한다.

④ 12~24개월

12~24개월의 적정 수면시간은 13~14시간(낮잠 2시간~2시간 30분)이다. 이 시기에는 깨어 있는 상태로 한 번에 3시간 정도 버틴다. 걸음마를 떼고 활동량이 많아지면서 많이 피곤해해 잠투정이 늘 수 있다. 밤잠을 잘 자게 하기 위해서는 늦은 오후에 많이 움직이게 한다. 잠자리 환경은 잠옷은 라벨을 제거하고 솔기가 피부에 자극을 주지 않는지 확인한다. 공간은 여전히 편안하고 조용해야 한다. 낮잠을 재울 때는 생후 18개월까지는 오전 9시 30분경에 자는 오전 잠을 15~20분 정도 줄이고 18개월이 지나면 아예 재우지 않는 게 좋다. 아침에 영아가 너무 일찍 일어나 고민하는 부모들이 있는데, 이는 오전 잠을 많이 재워서 그런 경우가 대부분이다. 밤잠을 재울 때는 영아가 밤중에 깨서 먹을 것을 찾는 경우 낮에 주는 음식의 양을 늘리고 울더라도 며칠간 음식을 주지 않으면서 습관을 고쳐야 한다.

(2) 영아돌연사증후군 예방관리

영아돌연사증후군(Sudden Infant Death Syndrome: SIDS)이란 영아가 예상하지 못하게 갑자기 사망하는 경우로 대개 잠이 들기 전까지만 해도 건강하던 영아가 몇 시간 후 죽어 있는 것을 말한다. 우리나라에서는 영아가 갑자기 사망하면 영아돌연사로 추정하지만 사인을 추정하지 못하는 경우 영아돌연사증후군으로 확진하고 있다(보건복지부·중앙보육정보센터, 2011).

영아돌연사증후군의 85%가 생후 2~4개월 사이에서 발생하며(홍창의, 2008), 일반적으로 영아돌연사증후군의 원인은 밝혀지지 않았다. 일반적으로 미국 소아과학회(American Academy of Pediatrics: AAP, 1994)는 환기나 심폐기능의 발달 지연, 탄산 과잉 환기 반응, 화학 민감성과 혈압과 관련된 뇌의 비정상적인 발달과 영양 결핍, 저산소증 등을 제시하고 있다. 엎드려 자거나 옆으로 자는 수면자세는 영아돌연사증후군 발생위험률을 높이기에(Taylor et al., 1996) 아기를 재울 때 바른 자세로 눕혀 재워야 한다. 1994년에 NICHD와 미국 소아과학회가 공동으로 '영아 똑바로 눕혀 재우기 캠페인'을 시작하였고, 이후 영아돌연사증후군에 의한 사망률이 50% 감소하게 되었다. 일본에서는 1999년부터 11월을 영아돌연사증후군 대책 강화의 달로 정하고 'Back to Sleep' 캠페인으로 영아돌연사증후군 예방 활동을 펼치고 있다(신손문, 2009).

교사는 영아의 수면 시 바르게 누워서 잘 수 있도록 지도하고, 수면 중 영아가 자세를 바꿀 경우에는 수정해 주는 노력이 필요하다. 특히 수면 중인 영아가 갑작스럽게 성인의 도움이 필요하거나 사고가 발생할 수 있기 때문에, 수면 중인 영아를 5분 간격으로 관찰하고, 수면시간과 수면자세, 특이사항 등을 기록해야 한다. 만약 교사가 자리를 비우게 될 때에는 원장이나 동료교사 등 책임 있는 성인에게 인계한 후 자리를 비운다. 영아돌연사증후군은 저체중아, 미숙아, 다태아 등 선천적으로 건강상 문제가 있는 영아와 최근 질환을 앓았던 영아에게 발생률이 높게 나타남에 따라 영유아교육기관은 영아의 입소 시 선천적 건강정보를 숙지하고, 매일 영아의 건강과 컨디션을 파악하는 등 주의 깊은 보육이 이루어져야 한다.

[사진 2-12] 수 년 전 미국에서 열린 '영아돌연사 막기' 캠페인
아기 17명이 '여기를 위로(This Side Up)'라는 문구가 새겨진 옷을 입고 둥글게 누워 있음

3) 위생관리

[사진 2-13] 목욕 중인 영아

깨끗한 환경을 유지하고 자신의 몸을 깨끗이 하는 습관은 질병의 감염으로부터 영아를 보호해 주는 중요한 요인이 된다. 영아는 면역력이 부족하고, 청결함을 관리하는 능력이 부족하며, 깨끗하고 더러운 것에 대한 구별 역시 어렵다. 그러므로 유아에 비해 여러 가지 병원균에 더 쉽게 노출되고 감염될 수 있으므로 기관 내의 실내외 놀이실의 위생과 청결, 위생적인 생활습관 지도는 영아들의 건강유지에 매우 중요한 요인이 된다.

(1) 목욕

목욕은 몸을 깨끗하게 해 주는 것 이상의 의미를 지니고 있다. 영아의 몸과 마음을 안정시키고 혈액순환을 도와주고 신체를 관찰하는 최적의 기회가 된다. 목욕 시킬 때 실내온도는 24~26℃, 목욕 물 온도는 38~40℃가 적당하다. 목욕 시 미지근한 물을 사용해야 하며, 배꼽이 완전히 떨어지기 전인 1~2주 사이에는 통목욕을 피하고 수건에 물을 묻혀서 사용한다. 목욕은 1주일에 2~3번 정도, 햇살이 비치는 오전 10시~오후 2시 사이의 따뜻한 시간에 5~10분 정도가 적당하다. 그리고 매일 일정한 시간에 목욕을 시켜 아이에게 규칙적인 리듬을 만들어 주는 것이 좋다. 생후 2개월까지는 굳이 비누로 목욕을 시키지 않아도 되며, 목욕이 끝난 후 큰 수건으로 감싸서 눕히고 물기가 없도록 잘 닦아 준다. 목욕 후에는 피부보호를 위해 로션이나 크림 등의 보습제를 발라 주고, 옷을 다 입힌 뒤에는 귀나 코 속의 물기와 이물을 젖은 거즈 손수건으로 조심스럽게 닦아 준다.

(2) 배꼽 관리

배꼽은 아기가 엄마 뱃속에 있을 때 영양을 공급받고 노폐물을 배설하던 통로로, 탯줄을 자르고 남은 것이 배꼽이 된다. 신생아의 배꼽은 탯줄을 자른 후 바로 닫히는 것이 아니라 10~20일 정도 지나야 닫힌다. 잘라 내고 남은 배꼽에 붙은 탯줄은 10일 정도 잘 말리면 거무스름하고 딱딱하게 변하면서 저절로 떨어진다. 특히 예전에는 알코올 소독을 해 주었지만 이제는 그냥 말리는 것이 좋으며, 목욕을 시킨 다음에는 바로 싸 두지 말고 배꼽의 물기를 완전히 마르게 해 주어야 한다.

(3) 손발톱 관리

영아의 손톱은 생각보다 빨리 자라서 '아차' 하는 순간 자신의 얼굴을 할퀴어 상처를 낼 수 있다. 게다가 이것저것 만진 손톱 밑의 때는 세균의 온상이다. 따라서 일주일에 두 번 정도 밝은 곳에서 손톱을 깎아 줘야 한다. 손톱을 깎을 가장 좋은 타이밍은 목욕 후 아이가 잠들었을 때로 목욕을 하면 손톱과 발톱이 말랑말랑해져 좀더 수월하게 깎을 수 있기 때문이다. 혹은 뒤척임이 적은 잠자는 시간도 적기이다. 발톱은 한 달에 1~2회 깎아 주고, 손발톱은 가장자리를 둥글고 깊게 깎으면 안쪽으로 파고들어 염증이 생길 수도 있으므로 주의해야 한다.

[사진 2-14] 손톱관리를 해 주고 있는 교사

(4) 기저귀 갈기 및 배변 훈련

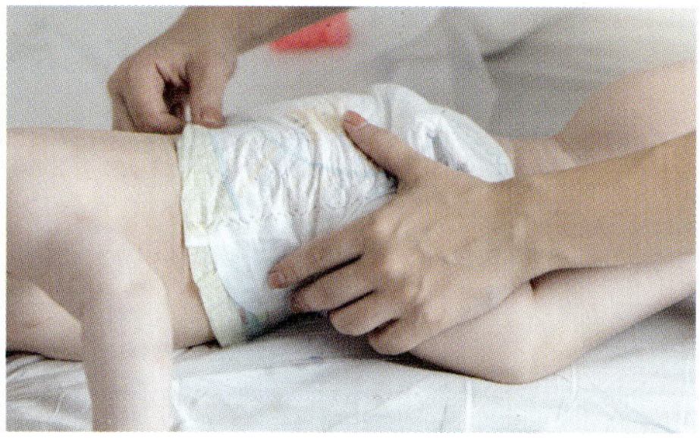

기저귀를 가는 시간은 영아와 교사가 개별적으로 상호작용할 수 있는 특별한 시간이다. 교사는 영아의 기저귀를 갈거나 씻겨줄 때 눈맞춤을 하며 대화를 하거나 노래를 불러 주어 즐거움을 공유하도록 한다. 예를 들어, 눕히자마자 급하게 기저귀를 갈아 주기보다는 "기저귀가 젖었어? 그래서 불편했어?"와 같은 말을 걸어 주는 것이 좋다.

기저귀를 가는 방법은 필요한 물품을 준비한 후, 기저귀 갈이대에 영아를 눕힌다. 교사는 일회용 장갑을 낀 손으로 옷과 기저귀를 벗긴다. 기저귀에 묻은 대변은 변기에 버리고, 기저귀는 잘 밀봉하여 기저귀 전용 휴지통에 버린다. 영아의 배변처리는 물로 씻기는 것이 원칙이나 상황이 여의치 않다면 물티슈를 사용한다. 대변을 보았을 때는 앞에서 뒤쪽으로 닦아주어야 하며, 특히 여아의 경우, 반대로 닦으면 요도에 변이 들어가 염증을 유발시키므로 주의해야 한다. 영아가 씻은 후 쾌적함을 느낄 수 있도록 물기를 잘 닦아 주고 영아용 로션을 부드럽게 발라 주는 등 스킨십을 해 주면 영아가 안정감을 느낄 수 있다.

배변 학습의 최적기는 영아가 배변 후 그 사실을 표현하거나 배변이 어느 정도 규칙적이 되고 용변이 묻은 기저귀를 싫어하며 변기 사용을 좋아할 때이다(민성혜 외, 2008). 배변 학습도 단계에 따라 천천히 진행하는 것이 좋다. 생후 13~18개월에는 변기와 친해지게 만든다. 처음에는 배설보다 변기에 익숙해지는 과정이 필요하다. 하루에 세 번 이상 5분 정도 앉힌 채 함께 놀아 주면 영아는 변기도 장난감이라는 느낌을 받는다. 변기에 앉히면서 '쉬'라는 말을 가르친다. 영아가 소변을 보고 싶어 할 때를 놓치지 말고 변기 위에 앉혀서 '쉬~' 하면서 소변을 보도록 유도한다. 처음에는 하루에 한 번 정도만 하다 점점 그 횟수를 늘린다. 소변보는 시간은 30초 이내로 한다. 자꾸만 "쉬 할래?" 하고 물으면 영아가 긴장해 오줌을 지리거나 오줌 누는 것에 관심을 잃게 된다.

영아가 어느 정도 대소변 보는 일에 익숙해지면 기저귀를 벗기고 팬티만 입힌다. 영아가 실수해 팬티를 자주 갈아입혀 줘야 하는 게 번거롭겠지만 대소변 가리기에 좀더 효과적인 방법이다. 물론 팬티가 젖었다 하더라도 아이를 야단치면 안 된다. 부드럽게 얘기하며 팬티를 갈아입혀 준다. 또한, 밥 먹기 전이나 잠에서 깨어난 후에 소변을 누이는 등 규칙적인 습관을 붙여 준다.

교사는 각 영아의 대소변의 리듬과 패턴을 미리 파악하여 개별적으로 접근해야 한다. 수유를 전후해 영아를 예민하게 관찰하는 훈련이 필요하며 대소변 횟수나 양, 상태 등은 영아의 건강생태와 밀접한 관련이 있으므로 기저귀를 갈아줄 때 영아의 배변상태를 관심 있게 관찰하고 기록해 두는 습관을 갖도록 한다. 또한, 개월수가 비슷하면서 대소변 가리기가 된 영아들이 화장실을 사용하는 모습을 자연스럽게 접하도록 하며 기저귀를 채우지 않은 상태에서 배변 학습을 시작하는 것이 좋으므로 여름에 시작하는 것이 효과적이다.

배변학습을 돕는 구체적인 방법

- 규칙적인 식사와 충분한 수분 공급으로 배변이 쉽게 일어나도록 한다.
- 부모-영아 간의 약속된 의사소통의 언어('응가', '쉬' 등)를 사용한다. 이렇게 영아가 요의를 표현할 경우 즉시 적당한 변기를 준비하여 직장과 방광의 긴장을 완화시켜 주어야 한다. 또한, 소변을 보는 동안 '쉬'라는 용어를 길게 발음하곤 하는데 이는 근육을 밀어내는 작용을 돕는다.
- 대변의 경우 1일 1회를 원칙으로 하고 식사 후 등 가능한 한 정해진 시간에 규칙적으로 하도록 한다.
- 영아의 실수에 대해 지나친 벌을 주는 것은 심리적 상처가 될 수 있으며 성인이 되어서도 강박신경증의 원인이 된다. 영아의 실수 원인에 관심을 갖는다. 즉 일시적인 퇴행 때문인지 정서적인 불안이나 신체적인 이상이 있는 것은 아닌지 살핀다. 흥분된 상태나 놀이에 몰두한 나머지 자신의 생리적 욕구를 인식하지 못해서 실수하는 경우도 많다.
- 영아의 신체적 크기를 고려한 변기, 보조 받침대 등을 준비하고 화장실의 안정된 분위기를 조성하여 배변이 즐거운 경험이 되도록 돕는다.
- 영아의 시도와 노력에 긍정적인 반응과 격려를 한다.

4) 정서관리

영아의 긍정적인 정서 발달은 영아와 가장 많은 시간을 보내는 대상인 주 양육자의 양육방식에 의해 많은 부분이 결정된다(박성연 · 도연심 2005). 예를 들어, 부모의 애정결핍이나 무관심으로 인한 질투의 감정이 커지면 영아는 손가락 빨기, 말썽 부리기, 아프다는 핑계 대기 등의 행동을 보인다(김나영 외, 2005). 따라서 부모와 교사는 영아가 애정을 언제나 느낄 수 있도록 적절한 표현과 관심을 보여 주어야 한다(이기숙, 2000).

영아의 정서관리는 일상생활 속에서 자연스럽게 진행해야 한다. 예를 들어, 영아가 놀이를 하는 공간은 따뜻하고 안정적인 기운을 갖지만 화장실은 차갑고 낯선 공간이기 때문에 공간을 전환하는 것에 두려움을 갖는 영아는 씻으러 가는 것을 기피하거나 우는 경향이 있다. 이때도 영아가 우는 것을 무시하고 씻길 게 아니라 영아가 안정감을 느낄 수 있게 돕고, 울음을 멈추고 씻을 준비가 될 때까지 기다려 주는 것이 필요하다. 기저귀를 갈거나 아이를 씻기러 갈 때는 무엇보다 아이와 교감하는 것이 중요하다.

[사진 2-15] 아빠와 교감 중인 영아

5) 예방접종

예방접종은 질병에 대한 저항력이 거의 없는 영유아에게 저항력을 키워 전염병을 예방하기 위한 것으로, 특히 만 0~1세는 예방접종이 가장 많이 이루어지는 시기이므로 접종내용과 시기에 대한 보호자의 철저한 관리가 요구된다.

2018년 전국 예방접종률 현황(질병관리본부, 2018)에 따르면 국내 연령별 예방접종률이 2016년에는 생후 12개월의 경우 95.9%, 생후 24개월 92.7%, 2017년에는 생후 12개월 96.6%, 생후 24개월 94.1%, 2018년 생후 12개월 96.8%, 생후 24개월 94.7%로 매년 예방접종률은 상승하고 있다.

6) 치아관리

유치는 20개의 치아로 구성되어 있다. 첫 치아가 나는 시기는 보통 생후 4~6개월경이며, 유치는 생후 6개월부터 26~30개월까지 대개 1개월에 한 개씩 나온다. 유치는 아동의 성장 발달에 필요한 영양분을 섭취하는 소화기관으로 저작, 발음, 심미적인 기능 외에 영구치를 위한 공간 확보와 정상적인 악골의 성장 발육을 돕는 기능을 담당하고 있어 건강한 유치의 보존은 매우 중요하다(김난희 외, 2004).

유치는 무기질 함량이 적고 영유아는 구강위생관리 능력이 부족하다. 영유아기에 발생하는 치아 우식증은 진행속도가 매우 빠르고 치수까지 감염되는 경우가 많으며 치관 전체를 파괴하기도 한다(이광희, 2007). 영유아기의 치아 우식증은 생후 6개월 무렵부터 시작되고 빠른 진행속도를 보이며 아동에게 상당한 통증과 후유증이 수반된다(김정욱 외, 2007; Drury et al., 1999). 그리고 경제적으로 많은 비용이 들기 때문에 사전에 적절히 관리해야 한다.

영유아기 우식증의 원인은 잘못된 수유습관, 식이, 구강 환경관리 소홀 등 다양한 요인이 복합적으로 작용하는 것으로 알려져 있다. 흔히 나타나는 잘못된 수유습관은 생후 12~15개월 이상 아동의 우유병 사용, 잠들 때 우유병을 물고

자는 습관, 불규칙적인 수유, 빈번한 우유병 사용이 있다. 식이 요인으로는 다량의 당분이 함량된 음료나 간식의 잦은 섭취, 조제분유나 시판 이유식의 장기간 사용 등이 있다(Chan et al., 2002; Law & Seow, 2006). 그리고 미숙아나 저체중아, 저소득층과 결손 가정, 교육 수준이 낮은 가정에서 영유아기 우식증이 빈발하다(Nunn et al., 2009).

생후 3~5개월 정도만 되면 아래 잇몸에서 하얗고 예쁜 앞니가 올라온다. 유치가 올라오기 시작하면 서둘러 충치 예방을 위한 관리가 시작되어야 한다. 사실 유치 관리는 갓난아기 시절의 잇몸 관리에서부터 시작된다. 갓난아기 때부터 잇몸 마사지를 자주 해 주면 혈액순환이 잘돼 잇몸이 튼튼해지고 건강한 유치가 난다. 아침 저녁 세수를 시킬 때마다 엄마의 검지에 거즈 손수건 등을 말아 잇몸을 문지르거나 톡톡 두드려 주듯이 마사지를 해 준다. 잇몸을 문지르면 자연스럽게 분유 찌꺼기도 닦이므로 수유 후마다 마사지하면 양치질 효과도 있다.

생후 6~8개월 정도가 되면 아랫니 2개가 완전히 올라오는데 이때부터는 본격적인 치아 관리에 들어간다. 분유나 이유식을 먹인 후에는 거즈 손수건을 두른 검지를 아기의 입안에 넣고 손끝으로 왔다 갔다 하면서 음식 찌꺼기를 제거한다. 수유나 음식을 먹고 난 후 물을 마시게 하는 것도 방법 중 하나다.

생후 9~10개월 정도가 되면 다시 윗니 두 개가 더 나고, 돌이 지나면서 아랫니 네 개, 윗니 네 개가 나서 모두 여덟개의 유치가 나온다. 이때부터는 손가락에 거즈 손수건을 두른 후 물 대신 불소용액이나 구강 세정제를 적셔 잇몸과 이를 닦아 준다. 손가락 끝에 약간 힘을 주고 작은 원을 그리듯 닦아 주며, 앞면을 먼저 닦은 다음 안쪽을 닦는다. 거즈 대신 부드러운 실리콘 소재의 핑거 칫솔도 이용 가능하다.

치아관리를 위해 첫 이가 나온 후 6개월 이내 또는 생후 12개월경에 치과를 방문한다. 이후 1년에 1회 정기치과 검진을 받아야 한다. 치아 표면에 부착된 치태를 제거하기 위한 가장 좋은 방법은 칫솔질이고 치약은 보조적인 방법이다. 되도록 불소치약을 사용하는 것이 바람직하다. 단, 두 돌부터 사용하여야 하고 치

[사진 2-16] 이마와 볼에 뽀뽀하기

약은 작은 콩알만큼 사용하고 삼키지 않고 뱉도록 성인이 지도·감독해야 한다. 그리고 영아의 치아건강을 위해서 성인의 치아관리도 철저히 해야 한다(김정욱 외, 2007; 이광희, 2007). 특히 생후 4~20개월에는 아이에 대한 애정표현으로 입에 뽀뽀를 하게 되면, 성인의 입에 있는 '무탄스균'으로 인해 아이에게 충치를 옮길 수 있기에 주의해야 한다.

7) 안전관리

영아기는 주변의 사물이나 환경에 대한 호기심이 높고 탐구하려는 충동이 강하다. 반면에 균형을 유지하려는 능력과 운동기능이 아직 발달되지 않았고, 위험한 상황에 대한 지식과 상황 판단 능력이 부족하여 사고가 일어날 가능성이 높다(보건복지부, 2014). 따라서 신체조절 능력의 미숙으로 넘어짐, 추락, 끼임, 부딪힘 등의 사고가 많이 일어나며, 공간 지각력이나 위험에 대한 판단 그리고 예측력이 부족하므로 이에 대비한 예방교육이 필요하다(이기숙 외, 2014). 즉, 교사는 영아의 신체 발달 특성을 고려하여 영아가 부딪치거나 다칠 수 있는 물리적 공간을 미리 체크하여 안전한 환경을 제공해야 한다. 하루 일과를 계획하고 운영하는 과정에서 무엇이 위험한 것인지를 직접적인 행동이나 체험을 통하여 영아에게 가르칠 필요가 있다.

(1) 질식사고

영아는 끊임없는 호기심으로 주변 환경에 대한 탐색활동이 활발하다. 그에 따라 주변에 있는 물건이나 장난감 등을 입으로 가져와서 입에 넣는 영아의 모습을 흔하게 볼 수 있다. 이런 영아의 행동은 질식 사고를 유발시킬 수 있다(김종배 외, 2010).

질식사고의 유형 및 예방법

- 영아를 재울 때에는 너무 푹신한 베개나 요는 얼굴이 묻힐 수 있으므로 피하고, 엎드려 재우지 않도록 한다.
- 영아에게 우유를 먹일 때는 안아서 먹이도록 하고 반드시 트림을 시킨다. 모유수유를 할 때 엄마의 유방이 아기의 코를 눌러 질식사고가 발생할 수 있으니 주의한다.
- 문이 닫혀 밀폐될 수 있는 공간(장롱, 냉장고, 식기세척기 등)은 영아가 기어들어갈 수 없도록 고정할 수 있는 안전장치를 한다.
- 영아는 무엇이든지 입에 넣기를 잘하므로 단추나 구슬, 동전 등의 작은 물체, 이물질에 의한 기도 폐쇄 사고에 주의한다.
- 큰 사탕, 끈이나 실, 비닐봉지 등에 의한 질식사고도 일어날 수 있으므로 주의한다.

(2) 이물질 흡입 및 중독 사고

영아가 기기 시작하는 시기에는 일상약품, 향수, 가구, 약, 화장품 등의 보관에 특히 신경을 써야 한다(김일옥·신선화, 2002). 날카로운 물체가 식도로 넘어가게 되는 경우 식도 벽에 박히거나 상처를 낼 수 있고, 위장관에 들어가게 될 수 있다. 장폐색을 일으킬 정도의 크기가 아니면 대부분 대변과 함께 배출되나 이물질이 기도로 들어가게 되면 매우 위험하다. 이물질의 크기가 아주 작을 경우에는 하부기도에 들어가 기관지염이나 폐렴을 일으킬 수도 있고 이물질의 크기가 조금 더 큰 경우에는 기도를 막게 되어 질식을 일으킬 수도 있다.

[사진 2-17] 무엇이든지 입에 넣는 영아

이 시기에 흡입할 수 있는 것들에는 구슬, 단추, 땅콩, 동전, 콩, 건포도, 사탕, 껌, 찢어진 풍선조각, 과일조각, 담배꽁초 등 다양하다. 또한, 독성물질이 포함된 것은 영아의 손이 닿지 않는 곳에 두고, 영아에게 주는 놀잇감은 페인트 칠이 되어 있거나 납 성분이 포함되어 있는 것은 피해야 한다. 가정에서 보관하는 비상약 통의 약 등을 영아가 입에 넣어 중독 사고를 일으킬 수 있으며, 모기향이나 세탁용 표백제, 화초용 살충제나 농약, 비료 등을 먹을 경우에도 중독 사고가 발생할 수 있기 때문에 이러한 위험이 있는 물건들은 철저한 관리를 통해 영아가 만질 수 없도록 하거나 열지 못하도록 하여야 한다(전남련 외, 2010).

(3) 추락 및 충돌사고

4~12개월까지의 영아는 반사운동이 점차 사라지면서 운동능력과 신체 협응력이 발달한다. 서기와 걷기를 연습하기 시작하나 신체적 불균형이 심하여 끊임없이 넘어지기 때문에 사고에 유의해야 한다. 이 시기의 영아는 이동 중 추락 및 충돌사고가 빈번하게 일어난다.

이런 점을 감안해 볼 때 단단한 바닥이나 모서리 등이 있는 곳에는 특히 영아 혼자 있게 하지 않도록 주의해야 한다. 영아의 두개골은 아직 연약하고, 머리와 상체부분이 하체에 비해 무거워 균형을 쉽게 잃기 때문에 넘어지거나 쓰러지면서 머리에 상처를 입거나 골절 등의 상해를 입기 쉽다(이명환·김은숙, 2009).

뒤집기를 하는 시기의 영아를 성인용 침대에 재웠을 때 잠에서 깨어나면서 뒤집기를 할 경우 추락사고가 많이 나타나며, 약 7개월경의 영아는 기어다니게 되어 소파나 의자, 침대 등에서 추락하는 경우가 많다. 그러므로 이 시기의 주 양육자는 이러한 추락 사고를 예방하기 위해 영아를 혼자 두고 다른 일에 집중하거나 부서지기 쉬운 가구나 장난감을 영아 주변에 두지 말아야 한다. 추락할 가능성이 있는 계단과 같은 곳은 안전한 차단문이나 보호 울타리를 설치하여야 하고 영아의 힘으로 밀어서 넘어뜨릴 수 있는 의자나 탁자 등은 벽 쪽에 붙어서 배치해야 한다(전남련 외, 2010).

(4) 교통사고

만 1세 이후의 모든 연령에서 사망원인 중 교통사고가 가장 많으며, 만 1~4세 아동에서는 사망사고 원인의 거의 절반을 차지한다(김종배 외, 2010). 영아에게 발생할 수 있는 교통사고는 차에 충돌 또는 안전벨트를 하지 않아 차 안에서의 충돌 등이 있으며 그로 인해 사망하기도 한다. 이 시기의 영아는 미세 운동 기능이 발달하여 자동차 안에서 문을 열 수 있을 정도이므로 자동차 문에 대한 안전장치를 고려해야 한다. 또 영아가 자동차 뒤나 주차장 부근에서 노는 동안 교통사고를 자주 당하게 되므로 특히 주의해야 한다(이명환 · 김은숙, 2009).

(5) 놀이 안전사고

영아는 장애물을 뛰어넘거나, 뛰어내릴 수 있고, 혼자 계단을 오를 수도 있다. 기어오르고, 매달리고, 미끄러지는 활동을 통해 협응력과 이동 능력이 발달하게 된다. 영아들은 이러한 대근육 놀이기구를 즐기며, 그에 따라 미끄럼틀, 그네, 시소 등에서 떨어지는 추락 사고를 경험하기도 하고, 움직임이 커지면서 넘어지거나 충돌 등에 의한 상해를 입을 수도 있다(김종배 외, 2010).

교사는 이러한 안전사고를 예방하기 위해 바닥의 충격흡수상태, 놀이시설 간의 간격, 놀이기구 간의 동선 등을 고려하여 설치하고, 놀이기구나 시설을 올바르게 이용하는 방법을 알려 주고 지도한다(이기숙 외, 2014).

(6) 화상

화상은 70~80%가 실내에서 일어나며 뜨거운 물이나 증기물체에 의한 것과 화염에 의한 것이 있다. 그중 뜨거운 물이나 커피, 주전자의 끓는 물 등에 의해 발생하는 화상은 주로 만 1~2세 이하에서 많이 발생한다(박미희, 2011).

영아들은 피부가 성인에 비해 매우 약하기 때문에 약한 열에도 화상을 입기 쉬우며 그 후유증도 성인보다 더 심각할 수 있다(김종배 외, 2010). 영아기에 주로 일어나는 화상사고는 뜨거운 물이나 음식, 뜨거운 증기, 전기콘센트, 난로나 라디에이터, 다리미, 가스레인지 등에 의한 사고이다(허혜경 · 김성희, 2003).

따라서 평상시에도 뜨거운 물건이나 음식 등이 아이의 손에 닿지 않도록 주변 관리에 신경 써야 한다.

(7) 익사

영아기에는 목욕물과 같이 낮은 곳에서도 익사하는 사고가 흔히 발생할 수 있다. 부모와 함께 목욕하는 도중 부모가 전화를 받으러 가거나 가스레인지의 불을 끄러 가는 등 영아를 혼자 두게 되었을 때 발생한다(김일옥 외, 2015). 영아는 성인이 아무리 주의를 하여도 잠깐 사이 위험한 장소로 이동하여 위험한 상황을 만들 수 있다. 물이 차 있는 욕조나, 영아의 키보다 깊은 웅덩이에 빠지는 경우도 있으므로 영아를 절대 혼자 두지 않도록 하여야 한다(김종배 외, 2010).

3 만 0~1세의 건강관리를 위한 환경 구성

영유아교육기관의 물리적 환경은 영아의 행동을 결정짓는 중요한 요소이다. 영아의 연령이 어리고 영아들이 영유아교육기관에서 오랜 시간을 보낼수록 그들이 접하고 있는 보육환경으로부터 더 큰 영향을 받게 된다.

물리적 환경은 영아가 다양하고 폭넓은 경험을 할 수 있도록 중요한 교육적 가치를 제공한다. 특히, 영아기는 언어를 통한 의사소통이 어렵기 때문에 그에 따른 지식과 정보를 습득하여 발달에 적절한 경험과 환경을 마련해 주고, 발달을 촉진시킬 수 있는 자극을 제공해 주어야 한다(조복희, 2014).

영아를 위한 환경은 편안하고, 안전하며, 영아의 발달에 적합하도록 구성되어야 하며, 그 구성원리는 다음과 같다.

첫째, 영아의 건강과 안전을 최우선으로 고려한다. 쾌적하고 위생적인 공간과 설비, 놀잇감이 마련되고, 지속적으로 청결하게 관리되어야 한다.

둘째, 정서적 안정감을 줄 수 있어야 한다. 집과 같이 포근하고 편안하게 느낄 수 있도록 환경을 구성한다. 또한, 영아가 안락하게 쉴 수 있는 휴식공간을 갖추도록 한다.

셋째, 움직임과 이동성을 확보한다. 공간은 영아가 탐색하며 활동할 수 있을 만큼 충분히 넓어야 한다. 또한, 걸음마를 배우고 활동성이 증가하는 영아의 발달 특성을 고려한 공간배치가 필요하다.

넷째, 탐색과 발견의 기회가 마련되어야 한다. 영아의 특성을 반영하여 탐색과 놀이가 충분히 이루어지도록 다양한 놀이 영역을 구성한다.

다섯째, 영아의 일과를 고려하여 일상생활 영역과 놀이 영역을 함께 구성한다.

1) 휴식 영역

영아가 조용히 쉴 때 이용하는 공간으로 조용한 곳에 아늑함과 부드러움을 느낄 수 있도록 구성한다. 교사가 쉬고 있는 영아를 언제나 쉽게 관찰할 수 있는 곳에 마련한다. 만 0~1세 영아의 경우 다른 연령에 비해 더욱 충분한 낮잠이 필요하므로 개별 영아의 필요에 따라 자유로이 이용할 수 있는 휴식 공간이 필요하다. 영아가 안정감을 느끼도록 선호하는 인형이나 애착물을 함께 두어도 좋다. 영아가 누워서 볼 수 있는 곳에 모빌을 설치하거나, 잠에서 깨어나거나 잠들려는 영아에게 부드러운 음악을 제공하기 위한 카세트 등을 비치한다.

또한, 영아의 쾌적한 수면을 위해서 여름에는 25℃, 겨울에는 20℃ 정도의 적정한 실내온도와 50~60% 정도의 습도를 유지하고, 영아의 수면 전후에는 신선한 공기가 공급될 수 있도록 환기를 해야 한다. 환기를 할 경우에는 오전과 오후에 최소 30분씩 실시하고, 가능하면 오전 10시 이후와 일조·채광량이 많은 낮 시간대에 실시한다. 이때 흡연 연기가 유입되지 않도록 주의가 필요하며, 창문이 없는 경우에는 공기 청정기와 같은 환기시설을 활용할 수 있다. 또한, 침구는 바닥이 푹신하지 않고 단단한 것이 좋다.

2) 수유 및 이유 영역

[사진 2-18] 간식을 먹고 있는 영아

영아는 월령이 증가함에 따라 수유 및 식사 자세가 변화한다. 모유수유처럼 성인에게 안기어 수유하는 상태에서 우유병 혼자 잡고 마시기, 이유식 먹기, 의자에 앉아서 성인의 도움으로 먹기, 식탁에 앉아 혼자 먹기 등의 순서로 이어진다. 만 0~1세 영아의 이러한 발달 특성을 고려하여 위생적이고 편안한 수유 및 식사를 위한 공간 확보를 위해 노력한다.

수유 공간에는 모유수유 보관을 위해 모유수유 전용 냉장고, 중탕기, 젖병 소독기, 수유용 쿠션 등이 필요하다. 우유병과 젖꼭지는 사용할 때마다 소독해야 하는데 매번 소독하기 어려운 경우에는 소독된 우유병과 젖꼭지를 넉넉히 준비해 둔다.

이유식을 하는 영아나 식사를 시작하는 영아를 위한 별도의 테이블을 마련할 수 있다. 일반적으로 영아의 이유식과 식사를 위해서는 보육실 내 낮은 책상에서 이용하기도 한다.

3) 기저귀 갈이 및 화장실 영역

기저귀 갈기는 영아와 교사 간 긴밀한 상호작용이 이루어지는 중요한 시간이다. 교사와의 언어적 상호작용을 통해 영아의 언어 발달을 촉진할 수 있는 시간이기도 하다. 기저귀 갈이 영역은 영아의 휴식 공간 가까이에 따뜻한 공간이어야 한다. 영아를 눕히기에 적당한 크기로, 청소하기 쉬운 마감재를 사용한 매트를 사용한다. 사용한 기저귀를 처리할 폐기용 비닐과 휴지통을 준비한다. 기저귀를 가는 데 필요한 도구를 수납할 장이나 선반을 비치한다. 선반에는 기저귀, 화장지, 로션과 파우더, 비누 등을 준비해 두어 교사가 편리하고 효율적으로 활용할 수 있도록 배려해야 한다(장영희, 2007).

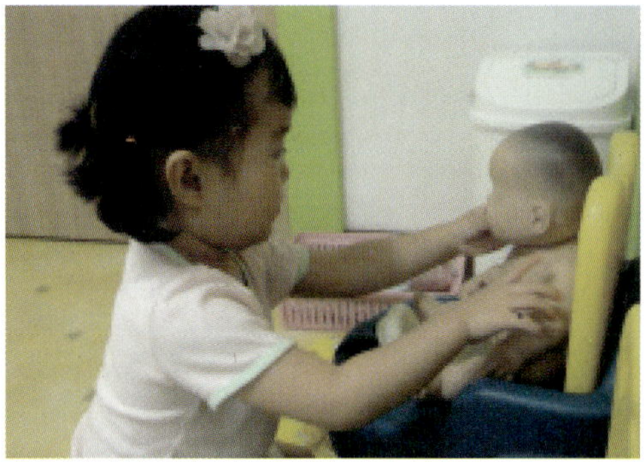

[사진 2-19] 인형으로 배변 훈련 놀이하는 영아

출처: 3차 어린이집 표준보육과정 교사용 지침서.

배변 훈련을 시작하는 영아를 위해 화장실을 안전하게 구성한다. 화장실은 보육실과 연결되도록 배치하여 교사가 영아들의 대소변을 해결하는 과정을 편리하게 보살필 수 있도록 하고 위생을 위해서 손을 자주 씻을 수 있게 해야 한다(보건복지부·유아정책연구소, 2013). 또한, 영아가 미끄러지지 않도록 바닥에 미끄럼 방지처리를 하고, 손을 씻을 수 있도록 수건, 물비누 등을 비치한다. 영아의 신체 크기에 맞는 변기를 제공함으로써 스스로 할 수 있는 자신감과 독립심을 키워주는 것이 좋다(김민성, 2007). 성인용 변기일 경우에는 성인용 변기 위에 영아용 변기 뚜껑을 올려서 사용한다. 이동용 변기를 사용할 경우에는 항상 변기가 깨끗하게 비워져 있어야 한다. 또한, 영아를 위한 화장실에는 배변 훈련 과정에서 실수를 하거나 실외놀이를 할 경우 몸을 씻을 수 있는 목욕시설 영역이 있어야 한다.

3장

만 2세의 건강증진

만 2세는 일생에 있어서 신체 발달이 매우 급격하게 일어나는 시기다. 이 시기 아이들은 숟가락을 효과적으로 사용하며, 빨대를 사용할 줄 알게 되고, 양치질을 하게 되고, 단추나 지퍼 등을 채울 수 있게 된다. 또한, 만 2세는 정서적인 발달에서 자신의 감정을 타인이 알아주길 원하며, 친구들에게 관심을 가지게 되고, '안 돼', '싫어'와 같은 주장이나 독립성을 나타내면서 유능감이나 자기 존중감을 강화시켜 나가는 시기이기도 하다. 만 2세에 들어서는 인지 발달에 있어서 직접적 시행착오의 과정 없이 머릿속에서 상상해 보고 문제를 해결하면서 인과관계를 유추해 내기도 한다. 이 시기의 언어 발달을 살펴보면 이해능력이 현저하게 증가하고, 둘 이상의 단어를 연결한 문장을 사용하기 시작한다. 또한, 적절한 언어를 사용하여 질문하고, 질문에 답할 수 있다.

본 장에서는 만 2세의 발달 특성, 만 2세의 건강을 증진하기 위한 요인과 건강관리를 위한 환경 구성에 대해 기술해 보고자 한다.

1 만 2세의 발달 특성

1) 신체 발달

[사진 3-1] 영아의 신체 발달 활동

만 2세경에는 대근육 및 소근육 발달이 안정적으로 이루어져 신체의 각 부분을 효율적으로 움직일 수 있고, 바른 자세를 형성할 수 있으며 균형을 유지할 수 있는 신체조절능력이 형성된다. 한 발로 서기, 뛰기, 뛰다 멈추기, 뛰어넘기, 오르내리기 등 운동 기능이 발달하고 신체움직임이 유연해진다. 신체 발달을 촉진시키는 활동으로는 리듬에 맞춰 손뼉치기, 스카프, 리본, 끈 등을 이용한 게임을 해 본다.

또한, 소근육 및 조작능력이 발달하여 사물의 특성에 따라 이를 조절할 수 있는 능력이 생기게 된다. 엄지와 검지로 작은 물체를 정확히 집어 올리기, 한 손으로 2~3개의 사물 쥐기, 다양한 형태의 블록을 구분하여 끼워 맞추거나 책장을 한 번에 한 쪽씩 넘기기, 손가락이나 크레용으로 낙서하기도 가능해진다(김숙이 외, 2016).

이처럼 만 2세경에는 이동능력이 증가하고 활동 욕구가 많아지고 조작능력이 발달하므로 이러한 발달 특성을 고려한 다양한 활동을 제공하여, 만 2세아가 성취감을 느끼고 보다 독립적인 존재로 성장해 가도록 돕는 것이 필요하다.

2) 언어 발달

[사진 3-2] 교사가 책을 읽어주는 모습

사진출처: 반여2동 어린이집

만 2세가 되면 두 단어를 결합하여 말하기 시작하다가 2~3개월 후에는 세 단어를 사용하면서 보다 정교화되고 규범적 규칙의 적용을 시도한다. 약 200~300개 단어를 사용할 정도로 어휘가 급격히 증가하여 '폭발적 팽창기'라고 부른다. 만 2세는 사용할 수 있는 단어 수가 확대되어 의사소통 능력이 증가한다. 그러나 이 시기 영아들이 사용하는 문장은 불완전하여, 주어-동사, 동사-목적어 문장을 사용하지만 주어-동사-목적어 문장은 거의 사용하지 못한다. "이거 뭐야?"처럼 사물의 명칭을 묻는 말을 자주 사용하고, '무엇'과 '왜'라는 의문사를 많이 사용한다.

이 시기에는 타인의 입장에서 생각하고 느끼는 추론능력이 부족하므로 자기중심적 언어가 지배적이다. 만 2세는 상상놀이를 즐기는데, 상상놀이는 언어와 상상을 연합시키는 기회를 제공하여, 자신의 행동과 타인이 말할 것이라고 생각하는 언어를 말하게 해 준다. 또한, 책을 읽고 듣는 것을 좋아하여 그림책을 즐겨보며, 책 읽는 경험을 통해 자신의 생각을 말로 표현하는 기회를 가질 수 있다(주영은 외, 2016).

3) 인지 발달

피아제(Piaget)의 인지 발달 단계에 의하면 만 2세는 전조작기 중 전개념기에 해당된다. 만 2세는 상징적 표상이 가능하므로, 행동으로 나타나는 감각 운동적 사고가 아닌 언어를 사용한 내적, 반성적, 정신적 사고가 가능하다. 상징적 놀이는 무한한 상상의 세계를 펼치며, 사회적, 정서적 발달에도 효과를 갖는다. 전개념기에는 자신의 세계에 대해 광범위한 영역의 지식을 구성하고 조직하기 시작하는데, 그들은 물건을 분류하고 양과 시간 그리고 시간의 개념에 대한 사고가 발달하기 시작한다(김혜경, 2014).

이 시기는 호기심이 많기 때문에 무엇이 소리를 나게 하는지, 물건들이 무엇으로 만들어졌는지, 그리고 움직임들이 어떻게 일어나는지 발견하기 위해 탐색하고, 탐색의 과정에서 초보적인 관찰, 질문, 조작, 분류 그리고 측정의 활동을 할 수 있다.

4) 사회 · 정서 발달

만 2세는 자신의 요구를 도와주는 존재로 타인을 인식할 수 있으나, 자신이 타인으로부터 독립적인 존재가 되기를 원한다. 성인의 도움 없이 무엇이든 의욕적으로 해 보려 하고, 성인의 지시에 '안 해' 또는 '내가'의 표현이 많아진다. 그리고 때때로 자아와 독립성을 표시하기 위해 신체적 공격성과 같은 부정적 행동을 나타내기도 하는데, 이는 자신이 자신의 세계에 자아(ego)나 통제권이 있다는 것을 알아보려는 시도이다.

이 시기는 소유관념이 시작되어 내 것과 남의 것을 구별할 줄 안다. 그러나 자기중심적이고 소유욕이 강해서 자주 싸우게 된다. 사람에 대한 선호가 분명해져 자기가 좋아하는 사람에 대하여 애정을 표현하고 좋아하지 않는 사람에게 다르게 반응한다(김숙이 외, 2016). 다른 사람으로부터 인정, 사랑, 칭찬을 받으려는 욕구가 너무 강해서 질투심에 불안을 느끼기도 한다. 또한, 낯선 곳과 어두운 곳을 무서워하며, 천둥소리나 동물의 울음소리에도 무서워하므로, 불안하고 공포를 느끼는 대상에 대해 자세히 설명해 주어야 한다.

[사진 3-3] 영화 '마틸다'에서 스스로 하려는 어린 마틸다

2 만 2세의 건강증진 요인

만 2세의 건강증진 요인으로 영양 및 섭생, 수면과 휴식, 위생관리, 정서관리, 예방접종, 치아관리, 안전관리 측면으로 나누어 기술해 보고자 한다.

1) 영양 및 섭생

만 2세는 활동이 많아지는 시기이므로 균형 있는 영양소를 섭취하도록 해야 한다. 성인의 식사보다 양념이 적고 부드러운 음식이 좋으며, 가능한 한 다양한 일반식의 균형 있는 식사를 제공하도록 해야 한다.

오전 간식

점심

오후 간식

[사진 3-4] 균형 잡힌 영양소의 섭취

출처: 2019 공공형어린이집 우수프로그램 사례집.

만 2세가 되면 능숙하게 수저를 사용할 수 있으므로 교사는 영아가 식탁 의자에 앉아 스스로 식사하도록 지도해야 한다. 특히 식사 습관은 만 2~3세에 형성되어 그 이후 계속 영향을 미치게 되므로 교사는 식사 시간은 즐거움이 넘치는 시간이 되도록 신경 써야 한다. 예를 들어, 음악을 틀어 주거나 예쁜 식기와 수저를 사용하는 등 즐거운 분위기 속에서 식사할 수 있도록 한다.

2) 수면과 휴식

만 2세의 빠른 신체적 성장은 휴식과 수면 중에 이루어지므로 충분한 휴식과 수면이 필수다. 이 시기에는 에너지를 발산할 수 있는 활동을 제공하는 것뿐 아니라 충분히 휴식할 수 있는 기회를 가지는 것도 중요하다. 중간에 휴식을 원한다면 언제든지 쉴 수 있도록 하고 휴식할 수 있는 공간과 환경을 마련해 주어야 한다. 수면 중에는 호르몬이 분비되고 낮 활동의 준비를 위해 생화학적인 변화와 세포조직의 영양공급을 돕고 스트레스, 불안, 긴장을 조정하며 매일의 활동에 있어서 집중, 회상, 흥미를 위한 에너지의 재충전을 돕는다.

만 2세의 적정 수면시간은 12~13시간(낮잠 1~2시간)이다. 이 시기에는 낮잠 시간이 아주 짧아지면서 한 번에 깨어 있는 시간이 길다. 잠자리 환경은 간식을 먹고 목욕 후 정해진 수면 공간에서 그림책을 보는 등 잠자리 의식을 순서에 맞춰 잘 따라야 한다. 또한, 목욕 전에 책을 보거나 간식을 먹고 영아들을 흥분시키는 놀이를 해서는 안 된다. 만 2세의 수면 공간에는 절대 TV를 두지 말아야 한다. 이 시기에는 낮잠 시간이 줄고 시간도 달라질 수 있으므로 아예 안 잘 때도 있지만 잠깐이라도 낮잠을 재우는 것이 밤잠을 잘 자게 하는 좋은 방법이다. 밤잠을 재울 때는 혼자 잘 자던 아이가 갑자기 무서워하는 경우가 있다. 이 시기 야간 공포증이 생길 수 있는데 어둠을 무서워한다면 약한 야간등을 마련해 준다. 악몽을 꿨을 때는 안아 주거나 토닥이며 진정시켜야 한다. 동생이 생긴 뒤 밤에 깨는 일이 잦다면 아이에게 곧장 달려가 부모가 바로 옆에 있다는 것을 확인시키는 것이 좋다. 대부분 몇 주 이내에 다시 밤잠을 잘 자게 된다.

수면과 휴식에 대한 지도 방법

- 부모와의 긴밀한 연락을 통해 개개인의 생활 리듬이나 수면습관, 수면과 관계된 아이의 생활 경험을 파악한다.
- 낮잠 자는 방을 준비하고, 아이가 쉽게 잠들 수 있는 환경으로 만든다(조명, 실내 온도, 환기, 소음 등).
- 낮잠을 잘 수 있도록 일과를 균형 있게 계획한다.
- 낮잠을 잘 수 있도록 도와주고(책 읽어 주기, 음악 등) 자지 않으려는 경우에는 강요하지 않는다.
- 낮잠을 자는 동안 한 명의 교사는 반드시 아이들이 자고 있는 방을 지킨다.
- 잠을 잔 자리를 정리하고 다시 활동할 수 있도록 도와준다(이부자리 정돈, 화장실 다녀오기 등).

3) 위생관리

(1) 옷 입기

인간의 생활 중에서 옷을 입는 일은 단 하루도 빼놓을 수 없는 중요한 일과이다. 만 2세경부터 청결하고 바르게 입는 습관을 기름으로써 건강한 생활에 도움을 줄 수 있다. 영유아교육기관에서는 마음껏 뛰어 놀고 자유롭게 움직일 수 있도록 가볍고 튼튼한 옷을 입는 것이 좋다.

옷 입기에 대한 지도 방법

- 더운 날씨에는 통풍이 잘 되는 옷이 좋고 추운 날씨에는 두껍고 무거운 옷보다 가벼운 옷을 입는 것이 좋다.
- 강제로 옷을 입히기보다 옷에 달려 있는 단추와 지퍼를 놀잇감으로 활용하여 놀이처럼 옷을 입도록 한다.
- 스스로 해 보려고 시도할 때이므로 혼자 옷을 입으려 할 때 칭찬하면서 기다려 준다.
- 대소변 처리가 미숙한 어린 아이일수록 혼자 입고 벗기 편한 옷이 좋다.
- 하의는 화장실 사용이 용이하도록 지퍼나 단추보다 고무줄로 처리된 것이 좋다.
- 활동량이 많으므로 세탁이 용이한 여벌 옷을 준비하도록 한다.
- 계절 변화에 따라 입는 옷이 다르다는 것을 알려 주고, 계절에 맞는 옷을 입도록 한다.
- 겨울철 코트와 모자는 일정한 공간이나 정리 박스에 정리하도록 유도하며 스스로 할 수 있도록 지도한다.

(2) 정리정돈

정리정돈은 사물의 위치를 정해 주고, 사용한 물건이나 흐트러져 있는 물건을 제자리에 정리하는 것을 의미한다. 정리정돈 습관을 위해서는 물건을 정해진 위치에 놓을 수 있는 장소가 먼저 마련되어야 한다.

정리정돈에 대한 지도 방법

- 정리정돈은 처음에는 부모님, 또는 선생님과 함께하다가 만 2세경이 되면 자신의 물건 외에 다른 사람의 정리정돈에도 참여할 수 있도록 해야 한다.
- 놀이할 때 정리정돈 시간을 미리 안내하여 스스로 활동을 마무리할 수 있는 시간을 주도록 한다.
- 정리 시간에 함께 노래를 함으로써 정리정돈에 즐거움을 느끼도록 한다.
- 정리정돈은 어떤 활동을 한 후 제자리에 정리하는 것이 포함되는데, 이것이 청소하기 위한 일차적 단계에 해당된다.
- 놀잇감의 위치에 혼돈을 일으키지 않도록, 놀잇감의 사진을 찍어 바구니나 교구장에 붙여 놓도록 한다.
- 교사가 정리정돈하는 모습을 먼저 보여 주도록 하며, 정리를 잘하거나 친구를 도와주는 아이의 이름을 불러 주며 격려하도록 한다.

4) 정서관리

만 2세는 아직 자신의 정서 상태를 언어로 정확하게 표현할 수 없지만, 성인과 비슷하게 정서를 느낄 수 있다. 교사는 만 2세의 자율성, 자기통제력, 자아존중감을 길러 주기 위해 훈육이나 행동 제한을 하기보다 선택권을 주고 기다려 주는 것이 필요하다. 또한, 극놀이를 통한 사회적 역할의 모방이 시작되므로 교사는 만 2세의 사회성 발달을 위해 좋은 모델이 되어야 한다.

5) 예방접종

출생 후부터 예방접종을 해야 하며 연령에 맞는 적절한 시기에 예방접종을 하는 것은 영유아들의 건강을 지키는 데 매우 중요하다. 필수 예방접종은 국가가 무료로 시행하나 선택 예방접종은 별도의 비용을 부담해야 한다.

〈표 3-1〉 표준예방접종 일정표

	대상 감염병		0개월	1개월	2개월	4개월	6개월	12개월	15개월	18개월	24개월	36개월	만 4세	만 6세
국가 예방 접종 (필수)	결핵		1회											
	B형 간염		1차	2차			3차							
	디프테리아, 파상풍, 백일해				1차	2차	3차		4차(추가)				5차(추가)	
	폴리오				1차	2차	3차						4차(추가)	
	B형 헤모필루스 인플루엔자				1차	2차	3차	4차(추가)						
	폐렴구균				1차	2차	3차	4차(추가)						
	홍역, 유행성이하선염, 풍진							1차					2차	
	수두							1차						
	A형 간염							1~2차						
	일본뇌염	사백신						1~3차						4차(추가)
		생백신						1~2차						
	인플루엔자	사백신					매년접종							
		생백신									매년접종			
기타 예방 접종 (선택)	로타바이러스	로타릭스			1차	2차								
		로타텍			1차	2차	3차							

출처: 교육부(2016). 유아 감염병 예방 · 위기대응 매뉴얼(유치원용: 상세본), p. 186.

6) 치아관리

만 2세가 되면 스스로 양치질을 할 수 있다. 교사와 부모는 올바른 이 닦기 방법을 알려 주고 스스로 닦을 수 있도록 유도한다. 하지만 어금니 안쪽까지는 꼼꼼하게 칫솔질을 하지 못하기에, 성인은 마무리를 도와주어야 한다. 그리고 불소치약을 사용하여 하루 세 번 스스로 양치하는 습관을 들이도록 지도해야 한다.

우리나라 「영유아보육법」과 「국민건강보험법」에서는 만 6세 미만 영유아의 정기적인 건강검진을 정부 차원에서 지원하도록 규정하고 있다. 모든 영유아는 만 6세가 될 때까지 일곱 차례에 걸쳐 검진을 받도록 하고 있다. 이 중에서도 구강검진은 1~7차 건강검진 중에서 3차(생후 18~24개월), 5차(생후 42~48개월), 6차

(생후 54~60개월)에 포함되어 있으며, 보통 18개월, 42개월, 54개월 때 세 번에 걸쳐 받을 것을 권장하고 있다. 이때의 구강검진은 구강문진 및 진찰, 구강보건교육이 이루어진다(보건복지부, 2016).

7) 안전관리

만 2세 영아의 놀이내용과 방법이 다양하게 확장되기 때문에, 주변의 모든 사물이나 놀잇감을 이용하여 새로운 방법의 놀이를 시도하기도 한다. 놀잇감을 던지거나 부수는 일이 흔하게 발생하기 때문에 각이 지거나 너무 뾰족한 놀잇감을 제공하면 안전사고를 유발할 가능성이 커진다. 따라서 손이 닿는 곳에는 위험한 칼이나 날카로운 도구들은 보관하지 말아야 한다. 또한, 이동능력이 발달하면서 식탁 밑이나 옷장 속에 들어가거나 침대 위에서 뛰어내리기도 하므로 세심한 주의를 기울여야 한다(김숙이 외, 2016).

만 2세가 되면 대근육 발달이 활발해짐에 따라 미끄럼틀, 시소, 그네가 있는 바깥놀이 활동을 즐기게 된다. 따라서 교사는 움직임이 활발한 놀이기구 이용 시 충돌이나 추락 등의 상해를 예방하기 위해 놀이시설을 이용할 때 규칙을 지키도록 하고, 놀이시설 바닥에 충격을 흡수할 수 있는 잘게 썰은 나뭇조각이나 모래를 제공해야 한다.

[사진 3-5] 모래가 깔려 있는 놀이시설 바닥

사진 출처: 3-5세 연령별 누리과정 교사용 지침서

〈표 3-2〉 만 2세의 일상 생활 속 발생 가능한 사고유형

개월	신체 발달 특징	발생 가능한 사고유형
25개월 ~ 30개월	· 이동동작(걷기, 달리기, 두 발 뛰기, 한 발 뛰기, 미끄러지기, 오르기, 뛰기, 엎드리기) · 비이동동작(구부리기, 뻗기, 꼬기, 돌리기, 흔들기, 앉기, 서기, 멈추기, 피하기, 균형잡기) · 조작동작(던지기, 받기, 치기, 때리기, 튕기기, 굴리기, 밀기, 당기기, 튀긴 공 잡기, 들어 올리기) · 몸의 균형 잡기, 기어오르기, 한 발로 서기 · 콩주머니 공 던지거나 차기 · 퍼즐, 구슬 꿰기, 블록쌓기, 적목놀이 · 리듬감 있게 걷기	· 충돌 · 추락사고 · 놀이시설 안전사고 · 화상사고, 교통사고 · 독성물질 중독사고 · 놀이시설 · 일상생활 속의 안전사고 · 위험한 물체와 충돌사고 · 놀잇감 안전사고 · 콩주머니와 부딪히거나 친구와 충돌사고 · 놀잇감 안전사고
31개월 ~ 36개월	· 계단에서 뛰어내리기, 두 발로 뛰어오르기 · 똑바로 서기, 선 따라 걷기, 달리기 · 앞으로 점프하기, 단추 끼우기 · 지퍼 올리고 내리기 · 문고리를 돌려서 문을 열 수 있음 · 세심한 협응력이 증진됨	· 충돌, 추락사고, 교통사고 · 놀이시설 안전사고, 익수 · 지퍼에 손가락이나 성기가 끼일 수 있음 · 문고리에 손가락이 끼일 수 있음

3 만 2세의 건강관리를 위한 환경 구성

생후 25~36개월에 언어이해력이 매우 빠른 속도로 발달되는 아이들이 있고, 반대로 몸놀림이 매우 빠르게 발달되는 아이들이 있다. 따라서 아이들 각각의 발달 특성에 맞는 환경을 제공하는 것이 좋다. 또한, 이들의 건강관리를 위해 주변 환경 구성은 적정한 실내온도와 습도를 유지, 환기에 주의하며 소음을 방지하고, 모방이 활발히 이루어지는 시기이므로 유해환경을 제거해 주는 것이 바람직하다(김혜경, 2014).

1) 영유아교육기관의 실내환경

(1) 조리실

채광이 잘 되도록 하고, 기계 환기시설을 하여 청정한 실내 환경유지, 방충망을 설치한다. 식기를 소독하고 위생적으로 취사 및 조리할 수 있는 설비를 갖춘다.

[사진 3-6] 청결한 조리실 환경

(2) 목욕실

난방, 바닥에 미끄럼 방지 장치를 설치하고, 샤워설비, 세면설비 및 냉온수 공급을 위한 설비, 수도꼭지는 온수 사용 시 화상을 입지 않도록 온도를 조정 및 고정할 수 있어야 한다.

(3) 교실 환경 구성

■ 쌓기놀이 영역의 환경 구성

쌓기놀이 영역은 안전하게 놀이할 수 있도록 단단한 재질의 바닥재를 사용한 넓은 공간이어야 한다. 블록과 더불어 다양한 블록 놀이 소품을 제공하여 만 2세아가 건강과 안전과 관련한 놀이 활동이 적절히 이루어지도록 준비해야 한다.

[사진 3-7] 쌓기놀이 영역

사진출처: 3차 어린이집 표준보육과정 교사용 지침서

■ 역할놀이 영역의 환경 구성

역할놀이 영역은 건강, 안전, 영양과 관련한 다양한 활동이 이루어질 수 있어 건강교육을 위해 매우 중요한 영역이다. 역할놀이에 필요한 의상이나 소품은 쉽게 물건을 꺼내고 정리할 수 있도록 적절한 서랍장이나 바구니에 담아 보관해 둔다.

[사진 3-8] 역할놀이 영역
사진출처: 3차 어린이집 표준보육과정 교사용 지침서

■ 언어 영역의 환경 구성

언어 영역은 건강교육을 위한 기본적 환경으로, 쉽게 책을 꺼내 읽을 수 있도록 건강 안전, 영양과 관련한 동화책을 준비한다. 또한, 건강교육과 관련한 동시자료, 손 인형, 동시판과 포스터를 제공하여 건강, 안전, 영양과 관련한 용어에 친숙해질 수 있도록 다양한 게시물을 준비해 준다.

[사진 3-9] 언어 영역
사진출처: 3차 어린이집 표준보육과정 교사용 지침서

■ 조작 영역의 환경 구성

만 2세의 감각적 자극을 제공하고 소근육 발달을 자극하는 환경을 마련하여, 건강교육에 대한 다양한 경험을 하도록 도와줄 수 있다. 음식물의 모양, 색깔, 조직을 탐색할 수 있는 환경은 영유아의 시각, 후각, 청각, 미각, 촉각의 감각기관을 자극하는 좋은 기회가 될 수 있다.

[사진 3-10] 녹말물을 만져 보는 모습
사진출처: 3차 어린이집 표준보육과정 교사용 지침서

■ 탐색 영역의 환경 구성

[사진 3-11] 탐색 영역
사진출처: 3차 어린이집 표준보육과정 교사용 지침서

탐색 영역에는 영유아가 쉽게 접근할 수 있는 재료상자를 비치해 주어 건강에 대한 다양한 탐색을 할 수 있도록 도와주어야 한다. 건강교육에 관한 탐구 자료를 전시할 수 있는 공간을 확보하고 진행 중인 탐구과제를 저장할 수 있는 공간을 마련해 주어야 한다. 다양한 음식물의 특성을 구분하고 변별하는 능력을 기르는 활동이나 각 식재료를 크기, 색깔, 모양, 종류에 따라 분류하는 활동 등을 통하여 음식물의 다양한 특성을 이해하고 경험하는 기회를 제공해 줄 수 있다.

■ 미술 영역의 환경 구성

[사진 3-12] 미술 영역
사진출처: 3차 어린이집 표준보육과정 교사용 지침서

미술활동을 위한 환경은 그리기, 만들기, 점토놀이를 할 수 있는 공간으로 구성한다. 미술활동을 위한 공간은 청소하기 쉬운 견고한 바닥재를 사용하여 미술활동을 마음껏 할 수 있도록 한다. 점토놀이를 위한 영역은 세균이 번식하기 좋은 공간이다. 점토에 손이 닿으면 적절한 온도와 수분으로 세균이 번식하기 좋기 때문에, 필요한 분량만큼 점토를 제공해 주고 필요시 점토를 새것으로 자주 바꾸어 주는 것이 좋다.

2) 영유아교육기관의 실외환경

(1) 놀이터

기본원칙으로 정원 50인 이상의 어린이집은 영유아 1인당 $3.5m^2$ 이상 규모의 옥외 놀이터를 어린이집 자체 부지에 설치해야 한다. 어린이집의 지하층에는 놀이터를 설치할 수 없다. 어린이집에 옥외놀이터를 설치할 수 없는 경우, 업무용 시설 밀집 지역 등과 같이 지역 특수성이 인정되는 경우에 한하여 대체 놀이터를 인가한다. 이때 영유아용 놀이기구를 모두 구비하지 않은 인근 놀이터는 제외된다.

설치기준은 어린이집의 놀이기구 및 어린이용품은 「영유아보육법」 및 「어린이놀이시설 안전관리법」, 「품질경영 및 공산품 안전 관리법」, 「환경보건법」에서 정한 기준에 적합한 놀이기구와 대근육 활동 놀이기구 1종 이상을 포함하여 최소 3종 이상의 놀이기구를 설치해야 한다. 급배수시설은 상수도 또는 간이상수도에 의하여 먹는 물을 공급하는 경우에는 저수조를 경유하지 않고 직접 수도꼭지에 연결하여 공급한다. 어린이집에서 음용수로 지하수를 사용할 경우, 저수조 등의 시설을 경유한다(주영은 외, 2016).

(2) 물놀이 영역

물놀이 영역은 적절히 관리되지 않을 경우 세균이 번식하기 가장 좋은 공간이다. 물놀이를 위한 수조에 물의 온도가 올라가게 되면 세균의 빠른 번식을 돕는 수분과 온도를 공급해 주게 된다. 따라서 물놀이 영역은 매일 깨끗이 청소하고 소독해 주어야 한다. 물놀이 공간에서 사용되는 놀잇감 또한 매일 깨끗이 세척하고 소독한 후 잘 말려 사용하도록 한다.

4장

만 3~5세의 건강증진

유아기는 만 3~5세 초등학교 입학 전까지의 기간을 말한다. 영아기 때 할 수 없었던 능력들이 세부적인 발달로 인해 가능해지는 시기로, 대근육과 소근육 등의 신체능력이 발달함에 따라 다양한 운동능력이 향상된다. 인지적으로는 표상능력이 발달하여 표상과 상상을 활용한 활동과 놀이가 가능해진다. 또한, 말을 통해 자신의 생각을 전달할 수 있게 됨으로써 타인과 의사소통하는 것이 원활해지며, 이를 통해 유아가 사회적 관계를 형성하고 다양한 사회적 기술과 역할 등을 습득하게 된다.

본 장에서는 만 3~5세의 발달특성, 건강증진 요인, 그리고 건강관리를 위한 환경 구성에 대해 살펴보고자 한다.

1 만 3~5세의 발달 특성

1) 신체 발달

영아기에 비하면 유아기는 신체 발달의 속도가 급속하지 않지만, 꾸준한 성장을 보인다. 대근육의 운동조절능력이 증진되고 신체의 비율은 예전의 머리가 무거워 보이던 모습에서 점점 벗어나 성인의 비율에 가까워진다. 또한, 만 5세 때

뇌의 무게는 성인의 90%에 이르게 된다. 유아기에는 운동기능이 발달하게 되는데, 영아기 때의 걸음마에서 벗어나, 걷기, 뛰기, 달리기, 계단 오르내리기, 공잡기 등 다양한 대근육 운동을 할 수 있게 되며, 균형적인 동작이 가능하게 된다. 유아기에는 신체 협응 능력과 소근육 발달로 보다 정교하게 손을 사용할 수 있게 되어 소근육 운동기술을 활용한 활동 또한 가능해진다. 대표적인 예로 색연필로 그림 그리기, 가위로 오리기, 단추 채우기, 운동화 끈 매기 등이 있다.

[사진 4-1] 공을 차면서 뛰는 아이들

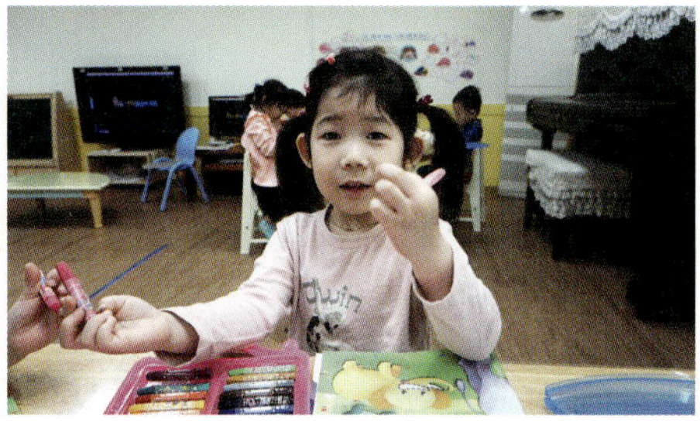

[사진 4-2] 다양한 도구로 그림 그리는 아이들

2) 인지 발달

유아기 인지 발달의 가장 큰 특징은 눈앞에 존재하지 않는 대상이나 사물, 사건에 대해 정신적 표상이 가능해지며 이로 인해 상징을 활용하고 표상적 사고를 할 수 있게 된다는 것이다(정옥분, 2014). 유아는 상상을 활용한 정신적 표상 및 상징놀이를 할 수 있게 되고, 가상놀이를 통해 다양한 놀이 상황이나 배경들을 머릿속으로 떠올리며 놀이를 진행해 나간다. 영유아교육기관의 역할놀이 영역에서 흔히 볼 수 있는 병원놀이, 시장놀이 등이 이러한 예시가 될 수 있다. 가상놀이는 연령이 높아질수록 여러 명이 어우러져 상황, 인물, 문제해결 등에 있어 좀 더 복잡한 사회극놀이(Socio-dramatic play)의 내용과 구조를 띤다.

유아기는 표상능력을 통한 상징 활동이 가능해지는 인지능력이 발달되는데, 그럼에도 불구하고, 유아기의 인지 능력은 비논리성을 지니기도 한다. 피아제(Piaget)는 유아기의 사고능력을 전조작기 중 직관기라고 칭하며, 이 시기에는 사물을 외관만으로 판단하고 한 번에 한 가지 이상의 측면을 고려하지 못하는 사고를 한다고 보았다. 유아기 인지 발달의 대표적인 특징은 자기중심적 사고와 직관적 사고라고 볼 수 있다.

자기중심적 사고는 다른 사람의 관점을 고려하지 못하고 자신의 기준에서 생각하는 것을 말한다. 피아제는 '세 산 모형실험'에서 맞은편의 인형이 보는 시각에서의 사진을 고르라는 실험에, 유아 자신이 바라본 관점에서 본 사진들을 선택하는 모습을 통해 이 시기의 유아들이 아직은 다른 사람의 관점을 이해하거나 고려하지 못하는 것을 볼 수 있다.

[그림 4-1] 세 산 모형 실험

직관적 사고는 어떤 사물을 볼 때 그 사물의 두드러진 속성을 바탕으로 사고하는 것을 말하는데, 유아는 지금 현재 눈에 보이는 외관에만 의존하여 판단하므로 전체와 부분, 원인과 결과, 전후 관계 등과 같은 여러 요인들을 같이 고려하는 데에 어려움이 있다. 대표적인 실험이 보존개념에 대한 실험으로, 어떤 대상이 외형이 바뀌어도 그 속성은 바뀌지 않는다는 것이다. 즉, 유아들은 아직은 눈에 보이는 외관에만 의존하여 사고하는 모습을 보인다.

[그림 4-2] 보존개념 실험

피아제에 따르면, 유아들은 아직 보존개념을 이해하지 못한다고 한다. [그림 4-2]와 같이, 같은 양의 물을 모양이 다른 비커에 옮겨 담고 어느 비커의 물이 많은지 물어보면 유아들은 대부분 길고 폭이 좁은 비커의 물이 더 많다고 대답한다. 이러한 인지적 요소는 유아들이 구체적 조작기가 되면 논리적인 조작적 사고가 가능해진다. 그리고 전조작기에 이해하기 어려웠던 수, 액체, 질량의 보존개념을 논리적으로 이해하게 되며, 분류와 유목화 및 서열화하는 능력이 점차 발달하게 된다.

3) 언어 발달

유아기에는 인지 발달로 인해 표상능력이 생겨나게 되고, 언어는 이러한 표상을 표현하는 수단이 된다. 유아들은 자신의 생각을 말로 능숙하게 표현하기 시작하면서, 타인과의 상호작용도 활발해지고 이는 더욱더 언어 발달을 증진시킨다. 유아기 초에는 사용하는 단어의 수가 보통 200~300개에서 시작이 되고 만 5세 정도가 되면 2,500개 정도의 단어를 알게 된다(정옥분, 2014). 문장의 길이도 점점 길어져 처음에는 한 단어의 문장으로 자신의 의사를 전달하다가, 만 2~3세 정도가 되면 세 단어 이상을 가지고 문장을 만들 수 있으며, 만 5세 정도가 되면 6~7단어를 사용하여 문장을 구성할 수 있게 된다. 또한, 점차 주어, 동사, 목적어 등과 같은 문법적 요소에 맞는 문장을 구성하게 된다.

유아기에는 의사소통능력도 점점 발달하게 되는데, 자기중심적 언어를 사용하던 것에서 나아가 점점 듣는 사람에게 알맞은 주제와 어투 등을 고려하여 언어적 상호작용을 하는 것이 가능해진다. 만 6세 정도가 되면, 듣는 사람의 수준에 맞게 화법을 조절해야 한다는 것을 안다(정옥분, 2014).

4) 사회성 발달

유아기는 언어 발달로 인해, 영아기에 비해 타인과의 사회적 상호작용도 활발해지고 따라서 사회성 발달도 활발히 이루어진다. 특히, 유아들은 영유아교육기관에 다니게 되면서 또래와 매일 교실에서 활동과 놀이에 함께 참여하는 기회가 늘어남에 따라 또래친구가 유아의 사회적 관계의 핵심적인 역할을 한다(문혁준 외, 2016). 유아는 다양한 놀이를 또래 친구들과 하는 것을 즐기게 된다. 이러한 놀이와 활동들은 유아들이 사회적 기술과 역할을 배우고 발달시켜 나가는 데 아주 중요하며 꼭 필요한 요소이다. 또한, 자신의 성별에 대해 관심을 가지고, 사회적 상호작용 속에서 자신의 성에 적합한 행동, 태도 및 가치관 등을 배워나가게 되는데 이를 성 역할 사회화라고 한다. 이러한 과정들을 통해 유아는 사회가 요구하는 가치관이나 행동, 태도를 배워 나가게 되고 점차 사회화가 되어간다.

[사진 4-3] 친구와 함께 어울려 놀이 중인 아이들

5) 정서 발달

유아기 정서 발달의 특징은 초반에는 정서상태의 지속시간이 짧고 금방 바뀌는 등 사소한 것에도 감정의 표현을 즉각적으로 하는 모습을 보인다. 연령이 점차 증가하면서, 유아들은 직접적이고 외적인 감정표현 대신, 점차 언어적 표현으로 정서를 나타내게 된다(김영심 외, 2011). 대표적인 예로 분노를 들 수 있는데, 유아기 때에는 자기가 하고자 하는 것들이 좌절되거나 하기 싫은 일을 강요받을 때 분노를 표출하는데 보통 떼쓰기나 행동적으로 폭발하는 모습을 보인다. 그러나 점차 연령이 증가함에 따라, 다른 사람 앞에서 부정적 정서표현을 자제하는 능력이 나타나기 시작한다. 유아기에는 이러한 감정을 조절할 수 있는 능력들도 점차 생겨나게 된다.

〈표 4-1〉 유아기 발달 특성

발달영역	발달 특성
신체 발달	• 대근육의 운동조절 능력이 증진되어 뛰기, 달리기, 균형잡기 등의 신체운동기술이 활발히 발달한다. • 소근육과 감각기능의 협응이 발달되고 점차 정교해진다.
인지 발달	• 인과관계를 이해할 수 있는 능력이 나타나고 결과를 예측할 수 있다. • 상상력이 이전보다 뚜렷이 증가하고, 가상과 현실도 구별 가능해진다. • 유아기 초반에는 한 가지 특성에 의존한 감각적인 사고를 통한 판단을 하나, 점차 논리적 사고능력이 발달되기 시작하면서 보존개념 등이 발달한다. • 사물의 속성의 유사점과 차이점에 대해 분류하고 범주화할 수 있다.
언어 발달	• 말하는 것을 즐기고 어휘 수가 급격히 증가한다. • 단어들을 사용하여 문장으로 말하며, 다양한 문장표현도 가능해지고 다른 사람과 적절히 의사소통을 할 수 있다. • 글자, 숫자, 단어를 인식하기 시작하고, 읽기와 쓰기에 흥미를 느끼고 기본 기술을 배운다.
사회성 발달	• 친구를 좋아하고 집단놀이가 발달한다. • 남녀의 성 역할을 인식하기 시작하고, 또래의 인정에 민감하다. • 협동하기, 돕기, 협상하기 등과 같은 사회적 기술을 알아가고, 사회적 상호작용에 관한 지식이 발달한다.
정서 발달	• 감정표현이 풍부해지고 자신의 감정을 표현할 수 있다. • 상황에 맞는 정서의 표현이 가능해진다.

2 만 3~5세의 건강증진 요인

1) 영양 및 섭생

유아기는 신체적으로 성장이 활발한 시기이므로 신진대사의 원활함을 위해서 적절한 영양의 섭취가 아주 중요하다. 만 3~5세경에는 영유아교육기관에서 매일의 일과시간을 보내는 경우가 많은데, 기본과정의 경우 일일 3~5시간, 방과 후 과정이 더해질 경우 일일 8시간 이상을 보내게 된다. 따라서 영유아교육기관에서는 매일의 급식·간식 시간을 통해 유아들이 올바른 식습관을 형성하도록 지원해야 한다. 급식량과 제공시간을 정하여 규칙적으로 적정량을 배식하도록 계획하여야 하며, 세끼의 식사에서 부족할 수 있는 영양소를 간식으로 보충할 수 있도록 구성한다(교육부, 2015). 유아들은 매일 다양한 종류의 식품군을 통한 영양소의 섭취와 적절한 양의 음식물을 통해 충분하고 균형 잡힌 열량과 영양을 얻을 수 있도록 해야 하며, 편식습관이 들지 않도록 원인을 파악해서 올바른 식습관을 형성하도록 한다(임미혜·정정옥, 2010).

유아기는 어른과 달리 위가 작고 음식 섭취량이 많지 않으므로 식사 외에 중간에 1일 2회 정도의 간식을 섭취할 수 있도록 해야 하며, 이는 군것질이 아닌 영양을 보충할 수 있는 것이어야 한다. 만 3~5세는 하루에 1400㎉의 필요열량이 요구되며, 그중에서도 단백질은 20g 정도가 필요하다. 그러므로 점심 한 끼의 식사에서 400~500㎉를 공급해 주고 단백질은 약 5~10g 정도 공급해 줄 수 있어야 한다. 식단 계획 시 신체발육에 필요한 충분한 양의 단백질, 칼슘 및 철분 공급이 가능하도록 식품 구성과 양을 정해 식단을 구성하는 것이 중요하다(김은설 외, 2012).

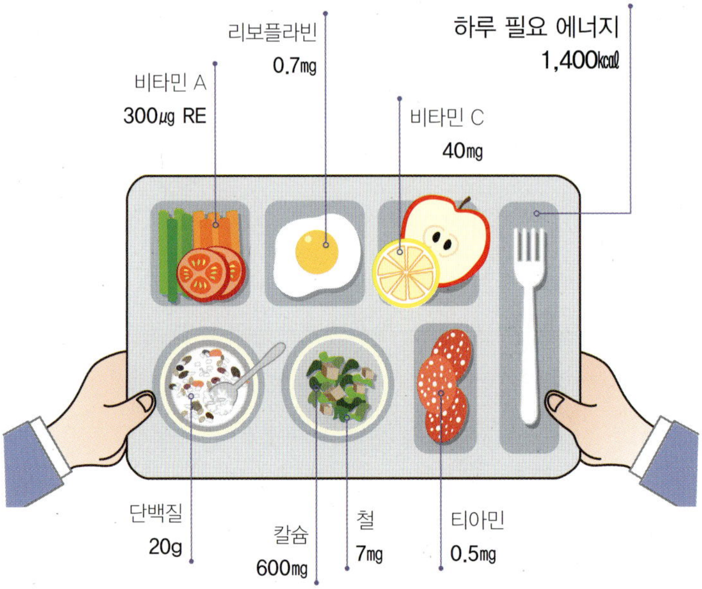

[그림 4-3] 만 3~5세 유아의 영양섭취기준

출처: 교육부(2015). 건강 안전관리 길라잡이, p.64.

2) 수면과 휴식

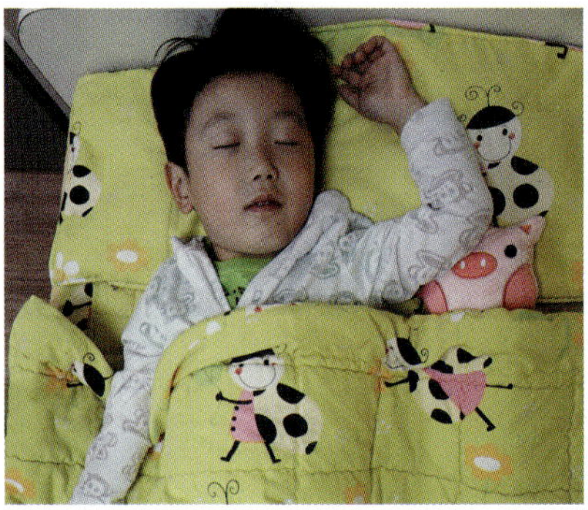

[사진 4-4] 낮잠을 자고 있는 유아

만 3~5세는 신체능력의 발달로 활동량이 증가하는데, 활동 후에는 에너지 충전을 위해서 휴식이 필요하다. 2019 개정 누리과정에서는 유아들의 일상생활에 포함되는 등원, 손 씻기, 화장실 다녀오기, 간식, 점심, 낮잠, 휴식 등을 유아의 신체적 리듬을 반영하여 편성·운영함으로써 융통성 있게 일과를 운영하도록 하고 있다(교육부·보건복지부, 2019). 따라서 낮잠을 거부하는 유아에게는 낮잠을 자는 이유를 이해할 수 있도록 하며, 다른 유아에게 방해되지 않는 조용한 활동이나 휴식을 하도록 지원한다. 유아의 낮잠이나 휴식 시에는 위생관리가 된 청결한 침구와 낮잠을 돕는 조용한 음악 등이 도움이 되며, 창문의 채광 조절 및 바닥 난방과 냉방 시설도 원활한 낮잠과 휴식에 필요하다(양옥승 외, 2015).

3) 위생관리

영유아교육기관에서 손 씻기는 가장 손쉬운, 그러나 중요한 위생관리 습관이 될 수 있다. 손은 사람의 신체 일부 중에서 질병의 감염경로가 가장 빈번한 곳으로, 손의 청결이 곧 건강과 직접적으로 관련이 된다고 볼 수 있다. 특히, 감기나 인플루엔자 예방을 위한 최선의 방법도 손 씻기이다(임미혜 · 정정옥, 2010). 손 씻기를 통한 위생관리가 만 3~5세 유아기에 일관되게 이루어지기 위해서는, 교사들이 일상생활 속에서 늘 손을 씻는 모습을 먼저 보이고 유아들에게 손을 어떻게 깨끗하게 씻어야 하는지에 대해 자세히 가르쳐 주는 것이 중요하다. 하루 일과 중에서 항상 활동 후 또는 급 · 간식 전의 손 씻기를 생활화하도록 한다.

손을 씻을 때에는 비누를 사용하여 흐르는 물에 손의 모든 부분들을 꼼꼼히 비비고 문질러서 씻은 후 잘 말리면 된다.

(1) 손 씻기

손 씻기는 유아의 일상생활에서 매우 중요한 일과 중 하나이다. 손 씻기를 통해 유아들은 각종 질병에 감염될 위험이 줄어들게 된다.

손 씻기에 대한 지도 방법

- 영유아교육기관 보육실 내 설치된 화장실에서 바르게 손을 씻는 순서를 안내해야 하며, 올바르게 손을 씻을 수 있도록 격려해야 한다.
- 세면대에 개인용 비누와 수건을 비치하여 청결함을 유지해야 한다.
- 교사는 손 씻기의 중요성, 올바르게 손 씻는 방법, 손을 씻어야 할 때를 지속적으로 지도해야 하며, 손을 깨끗하게 유지하고 바르게 씻는 방법을 알려 주어야 한다.
- 유아는 대소변을 본 후, 식사와 간식 전, 실외활동 이후 등 필요한 경우 반드시 손을 씻어야 한다.

손 씻기 방법

- 흐르는 물에 손을 씻는다.
- 반드시 비누(액체 비누)를 사용한다.
- 올바른 손 씻기 방법에 따라 손가락 사이와 손톱 주변을 문지르면서 씻어 준다.
- 흐르는 물로 완전히 헹구어 준다.
- 수건으로 손이 완전히 마르도록 잘 닦아 준다.

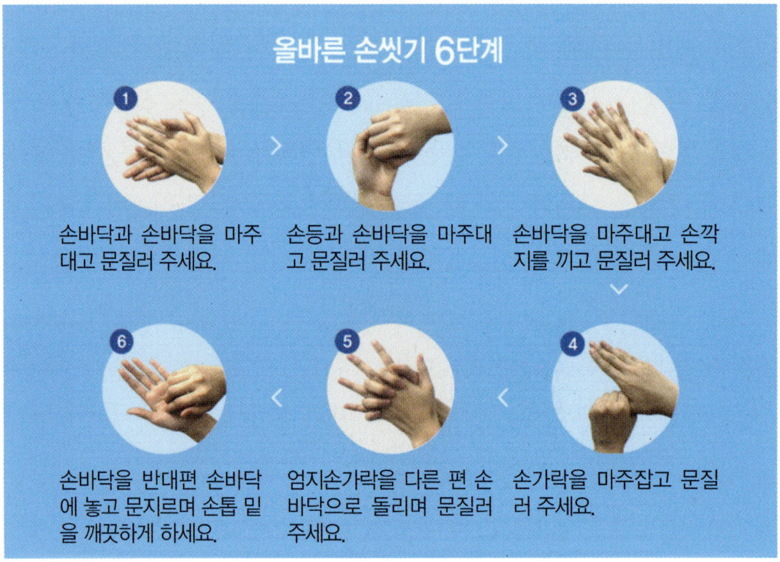

[그림 4-4] 올바른 손 씻기 방법

그림 출처: 질병관리본부 홈페이지(http://health.cdc.go.kr)

4) 정서관리

유아기의 정서관리는 신체, 인지, 및 사회성 발달에도 서로 밀접하게 영향을 주고받는다. 특히 현대사회는 수많은 매체와의 접촉과 노출을 통해, 사람과의 안정된 상호작용을 통한 정서 형성보다는 TV, 컴퓨터, 스마트 폰 등을 혼자서 장시간 사용하는 경우도 많으며 이는 유아들의 분노조절 및 정서 발달에도 많은 영향을 미친다. 또한, 유아들은 다양한 스트레스를 경험하기도 하는데, 특히 유치원 첫 등원을 할 때처럼 '어떤 상황이 익숙하지 않거나 낯설 때', '어린이집이나 유치원에서의 적응문제' 혹은 '친구들의 따돌림', '부모의 잦은 불화나 말다툼' '동생의 탄생', 부모의 별거나 이혼 등의 '급격한 환경의 변화', 부모님의 잔소리 등으로 인해 '하지 말아야 할 것이 너무 많을 때' 정서적으로 불안을 느끼거나 스트레스를 받는다고 한다(교육과학기술부, 2012). 이럴 때 부모와 교사의 세심한 관찰과 관심은 유아들의 생활 속 스트레스의 원인 파악뿐만 아니라, 정서 안정과 관리에 도움을 준다.

유아기에는 영유아교육기관을 다니면서 교사 및 또래와 활동·놀이를 하고 가정에서는 부모와 형제들과의 관계를 통해 함께 어울리고 더불어 사는 능력과 자신의 여러 감정을 긍정적인 방법으로 다루는 방법을 배우는 것이 매우 중요하다. 이를 위해 우선 가정에서는 애착관계를 형성할 수 있는 안정된 환경과 기회를 제공하여 유아가 건강한 정신을 유지하고 관리할 수 있도록 해야 한다. 또한, 긍정적인 자아개념의 형성과 자신의 감정을 자유로이 표현하되 적절히 조절할 수 있는 능력도 길러나가는 것이 중요하다. 부모와 교사가 유아의 감정을 공감해 주고, 유아가 자신의 생각과 감정을 잘 파악하고 말로 표현할 수 있도록 도와주며, 무엇보다도 유아 자신이 사랑을 많이 받고 있음을 느끼도록 하며 다양한 놀이와 활동을 통해 몸과 마음의 스트레스를 풀 수 있는 기회를 제공하는 것이 중요하다(교육과학기술부, 2012).

5) 예방접종

만 3~5세가 반드시 맞아야 할 예방접종에는 디프테리아, 파상풍, 백일해(DTaP), 폴리오(IPV), 홍역, 유행성이하선염, 풍진(MMR), 인플루엔자 등이 있다. 만약 표준예방접종 일정에 따라 접종하지 못한 경우에는 반드시 보건소나 병의원에 확인하여 다음 차수에 대한 예방접종 일정을 잘 알아두는 것이 중요하다. 또한, 시기별 유행감염병에 대한 정보를 알아두어 영유아의 감염질환을 예방할 수 있도록 안내해야 한다.

〈표 4-2〉 월별 유아 빈발 감염병[1)]

구분	유치원						
	결핵[2)]	성홍열	수두	수족구병	유행성 각결막염	유행성 이하선염	인플루엔자
3월	+	++	+			+	++
4월	+	++	++			++	++
5월	+	++	++			++	
6월	+	++	++	++	++	++	
7월	+	++	++	++	++	++	
8월	+	++	+	++	++	+	
9월	+	++	+	++	++	+	
10월	+	++	+		+	+	
11월	+	++	+		+	+	
12월	+	++	++		+	+	+
1월	+	++	++			+	+
2월	+	++	+			+	+

1) 선정 기준: 2013~2015년 질병관리본부 신고 자료를 이용하여 선정함
(+: 발생위험이 높은 시기, ++ 발생 위험이 특히 더 높은 시기)
2) 결핵: 주로 중·고등학교에서 많이 발생하나, 유치원에서도 관리가 필요함

출처: 교육부(2016). 유아 감염병 예방 · 위기대응 매뉴얼(유치원용: 상세본), p. 15.

〈표 4-3〉 유치원 빈발 감염병별 주요 증상

- 결핵: 발열, 전신 피로감, 식은땀, 체중 감소 등
- 수두: 피부 발진, 수포, 발열, 피로감 등
- 유행성각결막염: 충혈, 안통, 이물감, 많은 눈물, 눈곱, 눈부심, 결막하출혈 등
- 유행성이하선염: 이하선 부종, 발열, 두통, 근육통 등
- 인플루엔자: 발열, 두통, 근육통, 인후통, 기침, 가래 등
- 성홍열: 미만성 구진, 발열, 두통, 구토, 복통, 오한 및 인후염 등
- 수족구병: 발열, 손·발바닥 및 구강 내 수포 및 궤양 등

출처: 교육부(2016). 유아 감염병 예방 · 위기대응 매뉴얼(유치원용: 상세본), p. 16.

6) 치아관리

건강한 치아를 유지하기 위해서는 치아건강에 도움이 되는 음식을 섭취하고 음식물 섭취 후에는 양치질을 꼼꼼히 하여 충치를 예방하는 것이 중요하다. 또한, 정기적인 구강검진 및 치과검진을 통해 치아를 지속적으로 관리해 주고 충치가 있을 시에는 초기에 적절한 치료를 하는 것이 치아관리에 중요하다.

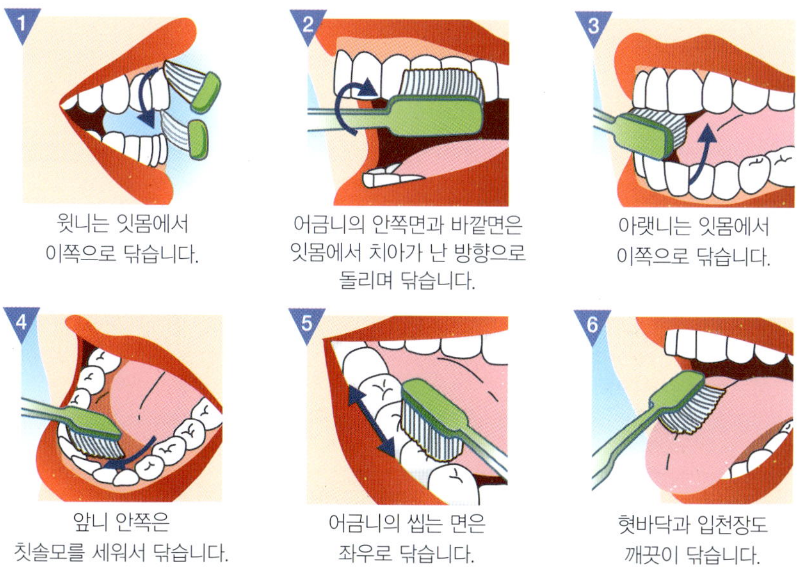

[그림 4-5] 올바른 양치질 방법

출처: 교육과학기술부(2012). 유치원 기본과정 내실화를 위한 유아 보건교육 프로그램 – 부모용자료, p. 20.

건강한 치아를 갖기 위해서는 충치로부터의 예방이 가장 중요하며 충치가 생기면 초기에 치료를 받도록 한다. 충치를 예방하기 위한 방법은 다음과 같다.

- 충치는 어떤 음식물 섭취를 선호하는가와 직접적인 관련이 있기 때문에 당분이 높은 음식을 가급적 줄이고, 섭취할 경우에는 종류와 양을 제한한다. 자주 주기보다는 시간을 정해서 짧은 시간에 모두 먹도록 하는 것이 효과적이다.
- 식사 후나 잠자리에 들기 전의 양치질 습관, 정기적인 충치 검진 등의 노력을 기울임으로써 예방할 수 있다.
- 충분한 칼슘 섭취와 비타민 A, D는 구강 내 질환을 예방하는 데 도움이 되므로, 신선한 야채나 과일, 우유, 생선 등의 섭취를 권장한다.
- 불소를 첨가하여 치아 자체의 저항력을 기른다(단, 만 3세 이하의 영유아는 치약을 삼킬 수 있기 때문에 불소 함유 치약은 만 3세 이후부터 소량씩 사용량을 높여 간다).
- 구강질환이 없더라도 유치가 다 나왔을 무렵인 만 2.5~3세부터는 1년에 두 번 정도 치과 검진을 받는다.
- 치아 건강을 위한 교육을 실시한다(예: 이에 좋은 음식과 나쁜 음식에 대해 이야기 나누기, 이 닦기 표지판의 활용).

충치유발지수가 높은 음식	
• 흰쌀, 흰 빵, 케이크, 설탕, 시럽 등의 단당류 • 패스트푸드 등의 가공식품 • 떡이나 엿처럼 당 함량이 많고 끈끈하게 달라붙는 정도가 높은 식품	• 충치 유발지수가 30 이상이면 충치 위험 • 충치 유발지수가 10 이하가 안전 젤리 46, 캐러멜 38, 엿 36, 비스킷 27, 사탕 23, 도넛·인절미 19, 건포도 16, 초콜릿 15

출처: 교육과학기술부(2012). 유치원 기본과정 내실화를 위한 유아 보건교육 프로그램 -부모용자료, p. 21.

7) 안전관리

「아동복지법」 제31조 아동의 안전에 대한 교육에 의거 영유아교육기관의 장은 아동의 연령을 고려하여 성폭력 및 아동학대 예방, 실종·유괴의 예방과 방지, 감염병 및 약물의 오남용 예방 등 보건위생관리, 재난대비 안전, 교통안전에 관한 교육을 실시해야 한다.

〈표 4-4〉 영유아 안전교육 기준(아동복지법 시행령 제28조 제1항 관련)

구분	성폭력 및 아동학대 예방 교육	실종·유괴의 예방·방지 교육	감염병 및 약물의 오용·남용 예방 등 보건위생관리 교육	재난대비 안전 교육	교통안전 교육
실시 주기 (총 시간)	6개월에 1회 이상 (연간 8시간 이상)	3개월에 1회 이상 (연간 10시간 이상)	3개월에 1회 이상 (연간 10시간 이상)	6개월에 1회 이상 (연간 6시간 이상)	2개월에 1회 이상 (연간 10시간 이상)
교육 내용	1. 내 몸의 소중함 2. 내 몸의 정확한 명칭 3. 좋은 느낌과 싫은 느낌 4. 성폭력 예방법과 대처법	1. 길을 잃을 수 있는 상황 이해하기 2. 미아 및 유괴 발생 시 대처방법 3. 유괴범에 대한 개념 4. 유인·유괴 행동에 대한 이해 및 유괴 예방법	1. 감염병 예방을 위한 개인위생 실천 습관 2. 예방접종의 이해 3. 몸에 해로운 약물 위험성 알기 4. 생활 주변의 해로운 약물·화학제품 그림으로 구별하기 5. 모르면 먼저 어른에게 물어보기	1. 화재의 원인과 예방법 2. 뜨거운 물건 이해하기 3. 옷에 불이 붙었을 때 대처법 4. 화재 시 대처법 5. 자연재난의 개념과 안전한 행동 알기	1. 차도, 보도 및 신호등의 의미 알기 2. 안전한 도로 횡단법 3. 안전한 통학버스 이용법 4. 날씨와 보행안전 5. 어른과 손잡고 걷기
교육 방법	1. 전문가 또는 담당자 강의 2. 장소·상황별 역할극 실시 3. 시청각 교육 4. 사례 분석	1. 전문가 또는 담당자 강의 2. 장소·상황별 역할극 실시 3. 시청각 교육 4. 사례 분석	1. 전문가 또는 담당자 강의 2. 시청각 교육 3. 사례 분석	1. 전문가 또는 담당자 강의 2. 시청각 교육 3. 실습교육 또는 현장학습 4. 사례 분석	1. 전문가 또는 담당자 강의 2. 시청각 교육 3. 실습교육 또는 현장학습 4. 일상생활을 통한 반복 지도 및 부모 교육

출처: 국가법령정보센터. 아동복지법 시행령 별표 6 일부 발췌.

3 만 3~5세의 건강관리를 위한 환경 구성

1) 영유아교육기관에서의 환경 구성

영유아교육기관의 교실은 흥미 영역으로 구성된다. 2019 개정 누리과정에서는 유아가 주도하는 놀이의 활성화를 위해 흥미 영역의 운영방식을 자율화하였으며, 교실 속에서의 흥미 영역의 개수, 유형, 운영방식 등을 자율적으로 개선함을 제안하였다(교육부·보건복지부, 2019: 19-20). 이에 흥미 영역 구성은 교실의 면적, 유아의 연령, 시기와 프로그램의 특성, 자료의 양 등에 따라 달라질 수 있다. 일반적인 만 3~5세 유아의 학급에서는 언어 영역, 역할놀이 영역, 쌓기놀이 영역, 수·조작 영역, 과학 영역, 미술 영역, 음률 영역, 컴퓨터 영역, 물·모래 놀이 영역 등의 흥미 영역으로 구성된다. 유아에게 스스로 탐색할 수 있는 기회가 주어지고, 또한 교육적으로 의미 있는 활동(양옥승 외, 2015) 및 놀이 등이 이루어질 수 있는 환경 구성이 중요하다.

만 3~5세 유아들은 다양한 대소집단 활동에 참여하는데, 그중에서도 건강교육 활동은 건강의 중요성에 대한 서로의 생각을 연계하는 활동이나 건강과 관련한 흥미로운 주제에 대한 대집단 이야기 나누기 활동을 경험할 수 있도록 구성할 수 있다. 영유아 동화책 및 그림책은 영유아교육기관에서 가장 널리 활용되는 교수매체 및 자료이면서, 책 속의 다양한 주제들에 대한 내용을 통해 이야기 나누기, 토론, 다양한 그룹활동과도 연계할 수 있다. 특히, 아동의 일상생활, 성장, 신체 및 정서발달 등 건강교육의 이해에 도움이 되는 내용을 글과 그림으로 구성하여, 유아들이 다양한 건강의 실제 상황들을 본인들의 경험과 연계하여 쉽게 인식하게 해 주는 효과적인 교수매체이다. 교실에 비치된 동화를 들려주어 영유아가 일상생활과 관련된 건강 관련 상황들에 대해 생각해 보고 건강교육 내용을 이해할 수 있는 기회를 제공한다.

그림책의 주제에 따라 유아들은 알고 있는 것이나 경험한 것을 먼저 이야기해 보며 교사와 그리고 또래 유아들과 의견을 교환하며 상호작용할 수 있다. 교사의 다양한 발문을 통해 유아들은 건강 관련 주제에 대한 이해 및 깊은 사고, 그리고 사고의 확장을 도모할 수 있는 의미 있는 경험을 할 수 있다. 그림책을 읽은 다음에는 연계된 사후활동을 통해 유아들은 그림책에서 제시되어 있는 건강과 관련한 지식과 경험을 넓힐 수 있다. 특히, 연계된 활동에 참여하며 유아들의 지식은 더욱 확장되며 또한 건강 관련 내용을 잘 이해하였는지 확인하는 데도 도움을 준다(주영은 외, 2016). 교사는 다양한 사후활동을 계획하여 그림책을 읽은 후 그림책의 내용을 회상해 보고, 느낀 점을 이야기하고, '만약 내가 주인공이라면'과 같은 활동에 참여해 볼 수 있는 기회를 제공할 수 있다. 또한, 그림책을 읽은 후 자연스럽게 신체운동 · 건강, 자연탐구, 의사소통 등의 영역들과 통합되어 연계될 수 있는 활동들도 제시할 수 있다.

[사진 4-5] 이야기 나누기 시간 (대집단활동) 중의 유아들

영유아 건강 관련 그림책

『난 토마토 절대 안 먹어』

글·그림: 로렌 차일드
옮긴이: 조은수
출판사: 국민서관, 2001

『이잘닦아 공주와 이안닦아 왕자』

글·그림: 이주혜,
출판사: 노란돼지, 2013

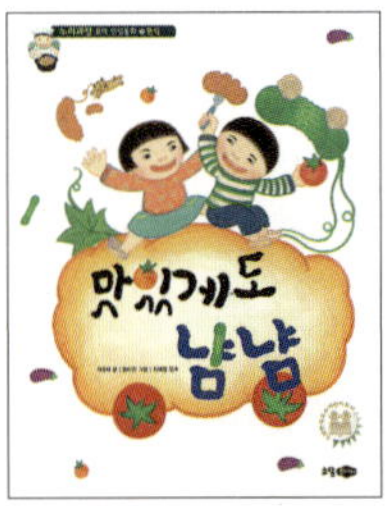

『맛있게도 냠냠』

이규희 글·황미진 그림
출판사: 소담주니어, 2013

『맛있는데 왜 안 돼!』

오주영 글·이인화 그림
출판사: 소담주니어, 2012

『감기책』

천미진 글·이지은 그림
출판사: 키즈엠, 2015

영유아교육기관에서는 아동건강교육이 매일의 일상생활, 교실환경 속에서 실천되고 배양될 수 있는 환경 조성이 중요하다. 아동의 건강을 교실환경 속에서 지킬 수 있어야 하며 또한, 생활 속에서 자연스럽게 올바른 건강습관을 습득할 수 있는 환경이 구성되어야 한다. 영유아교육기관에서 준수해야 하는 건강한 환경 구성에 대해 살펴본다(주영은 외, 2016).

- 교사는 올바른 손 씻기 방법이 담긴 안내 포스터를 화장실 세면대에 부착한다.
- 올바른 양치법을 안내하는 순서도를 부착하여 일상생활 속에서 치아관리를 지속적으로 할 수 있게 한다.
- 유아 스스로 교구와 놀잇감을 정리하도록 교실의 교구 바구니에 사진이나 이름을 부착한다.
- 아동의 건강한 생활을 위해 정해진 위치를 활용한다.
- 놀잇감 소독을 철저히 한다.
- 체크리스트를 활용하여 매일 점검한다.
- 활동과 휴식이 적절하게 조화된 환경을 구성한다.
- 구급약은 지속적으로 관리한다.
- 여분의 옷은 늘 준비해 둔다.
- 기본생활 습관 교육을 실시한다.

2) 기타

영유아교육기관에서의 위생관리는 유아의 건강과 적접적인 관련이 있으므로, 식기류, 침구류, 의류, 매일 사용하는 교구 및 장난감 등을 깨끗하게 유지하고 쾌적한 실내환경 조성을 위해 환기를 자주하고 먼지를 제거함으로써 호흡기 질병과 같은 질병을 예방할 수 있다. 또한, 매일 사용하는 세면도구 및 양치도구 등의 위생도 늘 점검하며 관리하는 것이 중요하다(임미혜 · 정정옥, 2010).

(1) 살균소독

「영유아보육법 시행규칙」(제23조)에 명시되어 있듯이, 조리실·식품 등의 원료 및 제품 보관실, 그리고 유아들이 사용하는 화장실, 침구, 놀잇감 등에 대하여는 정기적으로 소독을 실시하고 청결하게 관리를 해야 한다. 영유아교육기관의 위생관리에서 중요한 것으로 방역, 소독이 있다. 정기적으로 실시하는 소독과 함께, 조리실과 화장실은 매일 철저한 청소와 소독을 실시해야 하며 조리실에서 사용하는 식기와 조리기구도 매일 세척하고 소독하여 위생관리에 소홀함이 없도록 해야 한다. 유아들의 활동이 이루어지는 모든 장소에 대해 청소상태를 점검하는 것이나 침구 및 세면도구가 위생적인지를 확인하는 것도 위생관리에 반드시 포함되어야 할 사항이다(권혜진 외, 2012). 교실의 장난감들은 그물가방에 넣고 5분 동안 담근 뒤 깨끗한 물로 헹군 후 걸어서 말리도록 한다(김영심 외, 2011).

(2) 실내 공기질 및 석면 환경 관리

영유아교육기관에서는 활동량이 많은 만 3~5세 유아들의 건강·위생관리를 위하여 영유아가 생활하는 실내 공간의 통풍과 환기 및 적절한 온도와 습도를 유지하여 위생적인 교육환경이 조성되도록 해야 한다. 매일 아침 창문을 열어 실내 공기를 환기시키고, 청소 등을 수시로 실시하여 실내 공기질을 쾌적하게 유지·관리하도록 한다. 실내의 적정 습도는 40~60%로, 습도가 이보다 낮거나 높으면 호흡기질환과 알레르기 비염, 천식을 일으키는 곰팡이, 진드기, 악취, 세균번식 등의 물질이 활성화되면서 인체에 나쁜 영향을 끼치는데, 특히 독감 인플루엔자의 확산과 아토피증세가 심해진다(교육과학기술부, 2012). 따라서 겨울철에는 가습기 등을 틀어 적절한 습도를 유지하도록 하며, 여름철 적절한 실내온도를 유지하기 위해 에어컨을 사용할 때에는 전문가의 정기적인 관리를 받아 청결을 유지해야 한다. 또한, 「영유아보육법 시행규칙」 제23조에 나와 있듯이 주기적인 공기질 정화를 통해 환경개선이 이루어져야 하는데, 총면적 430㎡ 이상의 국공립 및 법인·직장·민간어린이집은 「다중이용 시설 등 실내 공기질 관리법령」에 따라 실내 공기질 관리에 관한 교육을 이수하고 실내 공기질 측정 및 결과를 기록·보존하며, 실내 공기질 관리에 관한 보고 또는 자료제출 등을 해야 한다. 그리고 미세먼지 예보 등급이 '나쁨' 이상인 경우, 자연 환기와 실외활동을 자제하고, 공기청정기 가동 및 환기시설의 수시 청소 등을 통해 실내 공기질을 관리한다(보건복지부, 2019).

석면으로 인한 유아의 건강 피해를 예방하고 쾌적한 교육 보육 환경에서 생활할 수 있도록 영유아교육기관은 석면을 안전하게 관리하여야 한다. 「영유아보육법」에 따르면, 연면적 430㎡ 이상의 국공립·법인·직장·민간어린이집은 「석면안전관리법」에 따라 건축물에 대한 석면 조사를 실시하여 결과를 기록·보존해야 하며, 석면건축물 안전관리인을 지정하여 석면안전 관리교육을 이수하고 석면 관리에 관한 보고 또는 자료제출을 해야 한다.

(3) 식수 관리 및 기타

유아들이 하루 일과를 하며 마시는 물의 질도 건강에 영향을 미치는 중요한 요소가 된다. 「2020년도 보육사업안내」에는 상수도, 간이상수도를 사용하는 경우에는 물을 끓여서 사용해야 하며, 정수 장치를 사용하는 경우에는 정기적인 필터 교환 등으로 수질 관리를 하여야 한다고 명시되어 있다. 그 외에도 영유아교육기관에서는 원칙적으로 동물(애완동물, 곤충 등)을 두어서는 안 되나, 혹시라도 동물을 두게 될 경우에는 부모에게 사전에 고지하고 동물로 인해 발생할 수 있는 알레르기, 질병, 상해를 예방할 수 있도록 수의사를 통해 면역 조치를 받아야 한다(보육사업안내, 2017).

HEALTH EDUCATION

제3부

아동건강관리

5장

일상 건강검진

영유아교육기관은 영유아들이 하루 일과 속에서 비교적 긴 시간 동안 생활하는 곳이므로, 위생적인 환경유지 및 다양한 관리를 통해 영유아들이 건강하게 지내도록 할 책임을 지니고 있다. 특히, 영유아교육기관은 영유아가 집단으로 모여서 생활하는 물리적 환경이므로 건강관리에 허점이 있을 경우 그 파급효과가 대단히 크게 된다(권혜진 외, 2012). 그러므로 영유아교육기관의 교사는 영유아들의 건강상태를 매일 확인하고, 정기적인 건강진단 및 상황에 맞는 대처방법 등을 숙지하여 건강점검과 관리가 지속적으로 이루어지도록 노력해야 한다.

본 장에서는 등·하원 시 건강점검과 하루 일과에서의 건강점검에 대해 살펴보고자 한다.

1 등·하원 시 건강점검

1) 등원 시 건강점검

영유아들의 영유아교육기관에서의 하루 일과는 아침 등원과 함께 시작된다. 교사는 아침 등원 시에 영아의 표정과 몸의 움직임을 통해 건강상태를 체크할 수 있으며, 유아의 경우 등원 시 유아 개개인과 상호작용을 하면서 개별 유아의 전체적인 건강과 심리상태 등을 점검할 기회를 가질 수 있다(양옥승 외, 2015). 영유아들은 발열, 기침, 콧물 등과 같은 눈에 띄는 증상이 없으면 스스로가 어디가 얼마나 아픈지 말로 표현하는 능력이 부족하다(임미혜·정정옥, 2010). 그러므로 매일 아침 등원 시간에 영유아를 맞이할 때 그들의 건강상태를 매일 살피고 간단한 건강관찰의 실시 및 건강상태를 파악하는 일은 매우 중요하다.

또한, 등원 시간은 교사와 영유아의 부모와 소통할 수 있는 시간이기도 하므로, 주요한 사항들을 서로 전달하고 받으며 공유하는 시간으로 활용할 수 있다(이순형 외, 2016). 보호자로부터 영유아의 기분, 건강상태, 아침식사의 여부, 전날 귀가 후 기관에 등원할 때까지 집에서 있었던 중요사항 및 건강상태 등을 전달받아 기록할 수 있고(임미혜·정정옥, 2010), 이를 반영하여 하루 일과 시 영유아의 건강상태에 대한 관찰과 관리를 할 수 있다. 교사가 등원 시간에 부모와의 개별적인 만남이 어려울 경우에는 교실 입구나 게시판에 전달사항을 붙여 놓을 수 있게 하여 부모와 교사가 서로 전하고 싶은 의견을 교환할 수 있다.

〈표 5-1〉 건강관찰표

구분	세부내용	관찰결과 (✓또는 내용기록)
표정	· 밝은 얼굴	
	· 웃는 얼굴	
	· 활기찬 얼굴	
병색의 유무	· 기침	
	· 콧물, 코막힘	
	· 눈곱	
	· 피부의 상처나 염증	
	· 입술 부르틈 또는 입안 상처	
	· 열(37±2℃ 이상은 열이 있는 것임)	
	· 호흡할 때의 냄새	
	· 멍 자국	
	· 창백함	
	· 두통	
	· 복통	
	· 코피	
	· 귀의 통증	
행동특징	· 부모와 잘 떨어지는가?	
	· 정상적인 자세인가?	
	· 보통 때처럼 활동에 참여하는가?	
	· 화장실에 자주 가지 않는가?	
	· 피곤해하거나 지친 듯하지 않은가?	
	· 눈을 자주 비비거나 귀를 자꾸 만지지 않는가?	
	· 보통 때처럼 잘 먹는가?	
청결감	· 얼굴, 손, 머리 등이 깨끗한가?	
	· 손톱을 잘 깎았는가?	
	· 입이나 몸에서 냄새가 나지 않는가?	
	· 의복은 깨끗하고 기후에 맞는가?	

출처: 임미혜 · 정정옥(2010). pp. 57-58, 이기숙 외(1996)에서 재인용.

교사는 일반적으로 영유아의 행동이나 활동수준, 기침, 콧물, 눈곱, 호흡, 부종, 안색, 발열, 복통, 설사, 식욕, 기분 상태 등과 같은 증상을 통해 개별 영유아의 건강상태를 확인할 수 있다. 등원 시간에 영유아를 맞이하며 건강상태를 체크할 때, 교사는 영유아의 눈높이로 자세를 낮추고, 인사를 하며 가볍게 안아 주거나 얼굴이나 목덜미를 쓰다듬는 스킨십을 통해 발열이 있는지 확인할 수 있다. 또한, 영유아의 표정이나 병색의 유무, 피부상태, 청결함 등도 함께 살필 수 있다. 만일 조금이라도 이상이 있으면 하루 일과 동안 영유아의 행동이나 불편한 부분이 없는지 주의 깊게 관찰하고 이상이 발견되면 상태에 따라 즉시 또는 귀가 시 부모에게 구체적으로 알리도록 한다(임미혜·정정옥, 2010; 정미라 외, 2012 재인용). 또한, 보호자에게 영유아의 증상을 알려 줄 때에는 구체적으로 전달하여 건강상태를 바르게 이해하여 빨리 진단하는 데 도움이 되도록 하는 게 중요하다.

[사진 5-1] 등원맞이하는 교사와 아이

"오늘 ㅇㅇ가 많이 아픈 거 같아요."라고 말하기보다 "ㅇㅇ가 오늘 몇 시경부터 배가 아프다고 이야기하며 설사를 두 번 정도 하고, 보통 때와는 달리 식사를 거의 먹지 않았어요."와 같이 구체적인 증상과 관찰을 말해 주어 부모가 영유아의 상태를 잘 알고 전문의에게 영유아의 건강상태를 바르게 전달하는 데 도움이 되도록 해 주어야 한다. 이때 교사는 의학전문가가 아니므로 본인의 주관적인 평가나 가치판단에 따른 생각을 전하는 것이 아닌, 영유아에 대한 신체적인 관찰을 통한 객관적 사실을 부모에게 있는 그대로 알려 주고 전달하는 역할을 수행하는 것이 중요하다(주영은 외, 2016).

2) 하원 시 건강점검

하루의 일과를 마치고 하원 지도를 할 때 교사는 영유아가 보호자와 함께 안전하게 귀가할 수 있도록 지도해야 한다. 이때에도 교사는 영유아의 신체적 상태, 기분, 피곤함, 병색, 감기증상, 상처 등을 철저히 점검해야 한다(양옥승 외, 2015). 하원 시간에 교사는 영유아의 하루 일과 중의 모습(식사량, 수면시간 등) 및 다친 곳, 공지사항 등을 보호자에게 전달할 수 있다. 귀가 지도 시 보호자를 직접 만나지 못하는 상황이라면 보호자에게 전할 내용이나 안내문, 보고 사항을 알림장이나 메모를 통하여 전달될 수 있도록 한다(이순형 외, 2016).

알림장은 개별 영유아의 하루 일과 경험에 대한 부모와 교사 간의 서면 의사소통(written communication) 방법으로, 〈표 5-2〉에서 보는 바와 같이, 일반적으로 알림장에는 '영아'의 경우 수유, 이유, 배변, 수면 상황, 영아의 전반적 기분과 건강상태 등을 기재하며, '유아'의 경우 하루 일과 중의 건강상태, 기분 등을 포함하여, 활동 시 유아의 개별적인 반응이나 행동, 또래와의 상호작용 등을 내용으로 하여 주기적으로 작성한다(중앙육아종합지원센터). 또한, 알림장에는 보호자의 영유아에 대한 투약의뢰 및 교사의 투약확인 기록을 통합적으로 작성하여 관리할 수 있으며, 보호자는 투약하는 약의 종류, 용량, 시간 및 횟수, 의뢰자를 필수로 기재하여야 한다. 영유아교육기관은 하원 시 교사와 보호자와의 의사소통이나 알림장 등을 통해 가정에서도 지속적으로 부모가 영유아 건강을 점검하고 관리하고, 이를 통해 가정과 기관이 연계하여 영유아 건강점검을 매일 해 나갈 수 있도록 지원하고 소통해 나가는 것이 중요하다.

특히 하원 시에는 차량 이용 과정에서 일어날 수 있는 부상이나 예기치 못한 사고를 예방함으로써 건강관리를 실시해야 한다. 이를 위해 영유아교육기관에서는 귀가동의서를 보호자로부터 받아두고 하원 시 영유아를 기재된 보호자에게 인계함으로써 안전사고를 예방할 수 있다. 〈표 5-3〉에 영유아교육기관에서 사용하는 '귀가동의'를 포함하는 부모 동의 및 조사서를 소개하고 있다.

〈표 5-2〉 알림장(예시)

20 년 월 일 요일

<table>
<tr><th colspan="3">가정에서</th><th colspan="3">어린이집에서</th></tr>
<tr><td rowspan="3">원아
상태</td><td>기분</td><td>좋음 보통 나쁨
(이유:)</td><td rowspan="3">원아
상태</td><td>기분</td><td>좋음 보통 나쁨
(이유:)</td></tr>
<tr><td>건강</td><td>좋음 보통 나쁨
(이유:)</td><td>건강</td><td>좋음 보통 나쁨
(이유:)</td></tr>
<tr><td>체온</td><td>열이 있음 많음 정상</td><td>체온</td><td>열이 있음 많음 정상</td></tr>
<tr><td rowspan="3">식사</td><td>저녁</td><td></td><td rowspan="3">식사</td><td>간식</td><td></td></tr>
<tr><td>간식</td><td></td><td>점심</td><td></td></tr>
<tr><td>아침</td><td></td><td>간식</td><td></td></tr>
<tr><td rowspan="2">배변</td><td>저녁</td><td>안했음 했음
(딱딱함 보통 설사)</td><td rowspan="2">배변</td><td>오전</td><td>안했음 했음
(딱딱함 보통 설사)</td></tr>
<tr><td>아침</td><td>안했음 했음
(딱딱함 보통 설사)</td><td>오후</td><td>안했음 했음
(딱딱함 보통 설사)</td></tr>
<tr><td>수면</td><td colspan="2">시 분부터 시 분 까지</td><td>수면</td><td colspan="2">시 분부터 시 분 까지
시 분부터 시 분 까지</td></tr>
<tr><td rowspan="4">투약*</td><td>약의 종류</td><td></td><td rowspan="4">투약*</td><td>증상</td><td></td></tr>
<tr><td>약의 용량</td><td></td><td>약의 용량</td><td></td></tr>
<tr><td>투약 시간/횟수</td><td></td><td rowspan="2">투약
시간</td><td rowspan="2"></td></tr>
<tr><td>의뢰자</td><td></td></tr>
<tr><td>전달
내용</td><td colspan="2"></td><td>전달
내용</td><td colspan="2"></td></tr>
</table>

*가정에서 투약용 약을 가져온 경우에는 반드시 기록한다.
*각 내용은 영유아의 연령에 따라 필요한 내용으로 기록한다.

출처: 한국보육진흥원(2016). 재인용.

〈표 5-3〉 부모동의 및 조사서

서식 II-6

부모동의 및 조사서

○○어린이집에서는 영유아보육법 및 시행규칙, 사업지침 등에 따라 아래의 내용을 대하여 보호자의 동의를 받아 진행 여부를 결정하고자 합니다. 구체적인 내용을 확인하시고 해당내용에 동의 여부를 빠짐없이 체크해 주시기 바랍니다.

〈영유아 기본 정보〉

성명	(남/여)	반 이름	
주소		생년월일	
보호자	성명	영유아와의 관계	연락처

1. 응급처치 및 귀가동의

구분	처리내용
응급처치	- 응급상황 발생 시 위의 보호자에게 연락하여 주십시오. - 필요시 119구조대에 연락하여 □ 기관지정 의료기관(　　　　)이나 □ 보호자지정 의료기관(　　　　)으로 수송해 주십시오.
귀가동의	- 위 영유아의 귀가 시 위의 보호자에게 인도하여 주십시오. - 정해진 보호자 외 다른 사람에게 인계할 경우 사전에 반드시 연락을 취하겠습니다. ※ 우리 어린이집에서는 영유아를 성인 보호자에게 인계하는 것이 원칙입니다. 다만, 보호자가 보육아동의 13세(중학생) 이상 형제·자매에게 인계를 희망하는 경우에는 예외적으로 가능하며, 이때 인계 후 발생하는 안전사고 등에 대한 책임은 보호자에게 있습니다. (□ 동의함) - 등·하원방법: □ 보호자 동행　□ 차량(어린이집) - 차량이용 시 등하원 시간: 등원(　시　분), 하원(　시　분) (필요시 기재) - 부모외 인계보호자: (필요시 기재)

2. 특별활동 프로그램 참여

*특별활동 프로그램 참여 여부: □ 참여하지 않음　□ 참여함(해당경우에만 아래 서식 작성)

특별활동 프로그램						참여 여부
명칭	내용	실시 횟수(주·월)	요일	운영 시간	비용(원)	
		회		~		
		회		~		
		회		~		

※ 특별활동에 참여하지 않은 영유아에 대해서는 대체 프로그램을 마련하여 진행하고 있음

3. 식품알레르기 조사

어린이집 급·간식 제공 시 식품알레르기가 있을 경우, 영유아의 건강에 심각한 문제가 발생할 수 있습니다. 식품에 대한 알레르기 반응이 있을 경우, 해당식품과 대체가능 식품을 알려 주시기 바랍니다.

식품알레르기 여부	알레르기 유발식품	알레르기 증상	대체가능 식품

※ 알레르기를 유발하는 대표적인 식품(예): 난류, 우유, 메밀, 땅콩, 대두, 밀, 고등어, 게, 새우, 돼지고기, 복숭아, 토마토, 아황산염 등

※ 현재 식품알레르기 증상이 없으나 이후 증상이 발생할 경우, 반드시 어린이집으로 관련 내용을 알려 주시기 바랍니다.

4. 개인정보활용

개인정보 보호법에 의거 귀하의 개인정보를 아래와 같이 '수집·이용·제3자 제공'에 동의를 얻고자 합니다. 다음의 사항을 충분히 읽어 보신 후, 동의 여부를 체크, 서명하여 주시기 바랍니다.

1) 개인정보의 수집 및 이용

수집·이용하려는 개인정보의 항목	개인정보의 수집·이용 목적
영유아 및 부모의 이름, 생년월일, 주소, 전화번호, 건강검진정보, 사진 등	영유아보육활동, 건강관리, 가정과의 연계 긴급한 상황 시 대처

☐ 동의함 ☐ 동의하지 않음

2) 개인정보의 제3자 제공

개인정보를 제공받는 자	제공하는 개인정보의 항목	개인정보를 제공받는 자의 개인정보 이용목적	개인정보를 제공받는 자의 개인정보 이용기간 및 보유기간
CCTV 영상 확인 요청자	CCTV 영상	아동의 사고 시 발생 상황 파악	영상을 확인하는 기간 (보조매체로 인해 영상을 보관할 경우 영상 저장 시, 보유기간을 정함)

☐ 동의함 ☐ 동의하지 않음

5. 어린이집 운영내용 확인 및 협조사항

신입 및 재원아 학부모 오리엔테이션(운영안내서)을 통해 안내해드린 어린이집 운영과 관련된 부모님들의 협조사항에 대해 충분히 이해하고 공감해 주시리라 생각합니다.

아래의 내용은 우리 자녀들이 건강하고 안전하게 어린이집 생활을 하는 데 기본이 되는 사항으로 ㅇㅇ어린이집 모든 부모님들의 적극적인 협조와 이해 부탁드립니다. 어린이집에서도 우리 아이들이 건강하게 성장해 나갈 수 있도록 최선을 다해 보살피도록 노력하겠습니다.

1. 신입원아 적응프로그램
2. 어린이집의 개방원칙 및 인계규정
3. 감염병 질환의 예방과 관리대책
4. 아프거나 다친 영유아에 대한 처리 절차(환아처리지침, 상해유형에 따른 응급처치 등)
5. 부모동의 및 조사서 작성 안내(귀가동의, 응급처지동의, 식품알레르기 관련, 개인정보활용 등)
6. 상해, 화재, 배상보험 가입 안내
7. 안전사고 발생 시 어린이집이 갖는 책임한계에 관한 규정
8. 맞춤형 프로그램 운영(맞춤형 운영기준 포함)
9. 보육교직원 윤리강령(아동학대 예방지침 포함)

※ 위 사항의 자세한 내용은 오리엔테이션에서 배부해드린 자료를 참고해 주시기 바라며, 문의사항이 있을 경우에는 ㅇㅇ어린이집(00-000-0000)으로 연락주시기 바랍니다.

ㅇㅇㅇㅇ년 ㅇㅇ월 ㅇㅇ일

영유아명: 보호자(서명):

출처: 보건복지부(2020b). 2020년도 보육사업안내(부록), pp. 348-349.

2 하루 일과에서의 건강점검

영유아의 일일 건강관리에서 교사는 영유아의 건강상태를 매일 수시로 확인하는 것이 중요한데, 교사는 등·하원 시간을 포함하여 일상생활 속에서 일과를 진행하면서 영유아들의 행동을 관찰하여 영유아의 건강상태를 파악할 수 있어야 한다(임미혜·정정옥, 2010). 영유아교육기관의 하루 일과에는 대·소집단 활동시간 및 자유선택활동시간을 포함하여, 정리정돈시간, 휴식(낮잠)시간, 간식 및 점심시간, 전이활동시간, 화장실 사용 시간 등이 포함된다. 교사는 하루 일과의 운영 과정에서도 영유아의 건강상태를 늘 세심하게 관찰하고 점검함으로써, 건강에 이상이 생겼을 때 조속히 발견할 수 있어야 한다.

영유아에게 질병이 발생하면 보통 행동에 변화가 나타나는데, 일반적으로 활동이 감소하고 조용해지며, 식욕을 잃거나 안색이 창백할 수 있고 힘이 없어 보이거나 칭얼댈 수 있다(권혜진 외, 2012) 이러한 행동의 변화와 함께 흔히 나타날 수 있는 동반 증상으로는 발열, 두통, 복통, 구토, 설사, 불쾌감 등이 있으며(권혜진 외, 2012; 최민수·정영희, 2010에서 재인용), 영유아의 행동에서 이상이 있을 시 영유아가 이러한 증상을 느끼고 있는 것은 아닌지 살펴보아야 한다. 영유아교육기관에 있는 동안 영유아의 건강상태에 이상을 보이고 아프게 되었다면, 부모에게 연락으로 알려 적절한 조치를 취할 수 있게 해야 한다.

영유아교육기관을 다니는 영유아가 감염성이 아닌, 경미한 건강 이상이나 질병증상을 보일 때는 기관을 계속 통원하면서 치료해 나가는 경우가 많은데, 일상생활 속에서 교사는 체온을 재고 약을 먹이는 등의 영유아의 건강을 관리하는 역할을 하기도 한다(권혜진 외, 2012). 영유아교육기관에 지내는 동안 몸이 아픈 영유아가 약을 먹어야 할 경우에는 부모에게서 약과 함께 투약의뢰서를 받아서 그 내용에 따라 약을 먹여야 한다. 〈표 5-4〉는 영유아교육기관에서 사용하는 투약의뢰서와 투약확인서 예시 양식인데, 투약의뢰서에는 증상, 약의 종류, 투약 용량 및 시간, 의뢰인 서명 등을 기재하게 되어 있다. 투약을 의뢰하는 부모는 투약의뢰서를 반드시 미리 작성해서 약과 함께 전달해야 하며, 담당교사는 부모의 투약의뢰서 내용을 확인하여 정확한 분량과 투약 시간을 지켜 약을 먹인 후, 투약확인서를 작성한다. 투약확인서는 2부를 작성하여, 1부는 부모에게 보내고, 1부는 기관에 보관하며, 투약일지에 투약내용을 기록한다. 투약 후 특별한 증상이 있는지 관찰하며 필요시에는 보호자에게 연락을 취한다.

〈표 5-4〉 투약의뢰서와 확인서 양식

서식 II-4 예시 1

투약의뢰서	투약확인서
금일 투약을 의뢰합니다.	자녀의 투약을 보호자의 의뢰에 따라 아래와 같이 투약하였음을 알려드립니다.
원 아 명:	
원아 증상:	원 아 명: 원아 증상:
약의 종류: □ 물약 □ 가루약 □ 연고	약의 종류: □ 물약 □ 가루약 □ 연고
보관 방법: □ 상온 □ 냉장	보관 방법: □ 상온 □ 냉장
투약 시간: 시 분	투약 시간: 시 분
투약 횟수: 회 투약 용량:	투약 횟수: 회 투약 용량:
20 년 월 일 요일	20 년 월 일 요일
투약으로 인한 책임은 보호자(의뢰자)가 집니다.	담당자 (서명)
의뢰자 (서명)	○○○ 어린이집

출처: 보건복지부(2020b). 2020년도 보육사업안내(부록), p. 337.

서식 II-4 예시 2

<table>
<tr><td colspan="2">투약의뢰서

금일 자녀의 투약에 대해 어린이집 선생님께 의뢰합니다.</td></tr>
<tr><td>반명</td><td></td></tr>
<tr><td>원아 이름</td><td></td></tr>
<tr><td>증상</td><td></td></tr>
<tr><td>약의 종류</td><td></td></tr>
<tr><td>약의 용량</td><td></td></tr>
<tr><td>투약 시간</td><td></td></tr>
<tr><td colspan="2">년 월 일 요일

의뢰자 (서명)

*투약에 대한 책임은 의뢰자가 집니다.</td></tr>
</table>

--- 절 취 선 ---

<table>
<tr><td colspan="2">투약확인서

금일 본원의 ㅇㅇㅇ어린이에 대해 의뢰하신 내용대로 투약하였음을 알려 드립니다.

년 월 일 요일

담당교사 (서명)</td></tr>
<tr><td>기타 특이 사항</td><td></td></tr>
<tr><td colspan="2">ㅇㅇㅇ어린이집</td></tr>
</table>

출처: 보건복지부(2020b). 2020년도 보육사업안내(부록), p. 338.

일상생활 속의 영유아의 건강점검은 부모와 영유아교육기관의 소통을 통해 영유아 개개인의 생활리듬, 수면습관, 식품알레르기 등과 같은 영유아의 신체적 특성과 생활경험을 파악함으로 효과적으로 지원할 수 있다. 특히, 영유아가 기관에 입학하기 전의 건강상태, 질병, 사고, 수술경험, 식습관, 알레르기 여부, 배변습관, 수면습관 등을 기록해 두면 영유아 건강상태 점검 시 참조할 수 있으며(임미혜·정정옥, 2010; 충청남도 교육청, 2002에서 재인용), 주치병원, 비상연락처, 예방접종 기록에 대한 정보 등도 일상생활 속의 원아 건강상태를 점검하는 데 도움이 되므로 모든 건강관리에 관한 내용을 기록·보관한다. 영유아의 건강을 관리하는 데 활용할 수 있는 것으로 생활기록부가 있는데, 생활기록부에는 영유아의 수면, 식사, 배변 등의 생활습관, 예방접종 기록, 병력, 신체 발달 상황 및 특징 등 건강과 관련된 내용을 적도록 되어 있으며, 이러한 정보를 활용하여 영유아교육기관에서 영유아 개인의 건강점검, 이해 및 관리에 유의할 점을 파악할 수 있다(권혜진 외, 2012).

또한, 영유아교육기관은 가정에서도 지속적으로 부모의 자녀에 대한 건강관리가 이루어질 수 있도록 부모교육, 가정통신문 그리고 지역사회의 의료기관 및 전문인들과의 연계를 통한 건강교육특강 등을 실시하여 부모들에게 건강관리에 관한 정보나 영유아의 건강을 해치는 질병 종류 등에 관한 지식을 제공해 줌으로써 가정과의 소통 및 일상생활 속 영유아의 건강점검을 증진해 나갈 수 있다.

〈표 5-5〉 생활기록부

생활기록부(영아)

1. 인적사항

<table>
<tr><th colspan="2">어린이집명</th><td colspan="4"></td><td></td></tr>
<tr><td rowspan="3">아동</td><td>이름</td><td colspan="2">(한글)
(한자)</td><td>성별</td><td>남 · 여</td><td rowspan="3">사진
(3×4cm)</td></tr>
<tr><td>생년월일</td><td colspan="2"></td><td>입 · 퇴소일</td><td>입소
퇴소</td></tr>
<tr><td>주소</td><td colspan="2"></td><td>혈액형</td><td></td></tr>
<tr><td rowspan="3">보호자</td><td>아동과의 관계</td><td>부</td><td colspan="2">모</td><td colspan="2">기타</td></tr>
<tr><td>이름</td><td></td><td colspan="2"></td><td colspan="2"></td></tr>
<tr><td>전화번호</td><td></td><td colspan="2"></td><td colspan="2"></td></tr>
</table>

2. 기본생활 습관 및 발달상황

영역 \ 연령		0세	1세	2세
기본생활습관	수면			
	배변			
	식사			
활동발달	신체운동			
	사회관계			
	의사소통			
	자연탐구			
	예술경험			

3. 출결상황

구분 \ 연령	0세	1세	2세
보육일수			
결석일수			
의견			

4. 영유아 표준예방접종

대상전염병	백신종류 및 방법	접종차수	접종일자	접종기관
결핵	BCG(피내용)	1회		
B형 간염	HepB	1차		
		2차		
		3차		
디프테리아, 파상풍, 백일해	DTaP	1차		
		2차		
		3차		
		4차(추가)		
폴리오	IPV	1차		
		2차		
		3차		
B형 헤모필루스 인플루엔자	Hib	1차		
		2차		
		3차		
		4차		
홍역, 유행성이하선염, 풍진	MMR	1차		
수두	Var	1회		
일본뇌염	JEV(사백신)	1차		
		2차		
		3차		
	JEV(생백신)	1차		
		2차		
인플루엔자	Flu	매년접종		
장티푸스 (24개월 이상부터)	주사용	고위험군에한함		
A형 간염	HepA	1차		
		2차		
폐렴구균	PCV(단백결합)	1차		
		2차		
		3차		
		4차		
	PPSV(다당질)	고위험군에 한함		

대상전염병	백신종류 및 방법	접종차수	접종일자	접종기관
기타 임시예방접종 등		명칭 기재		
		명칭 기재		

(※ 예방접종 도우미 사이트 참조)

5. 건강진단

연령	실시 여부	실시일자	실시기관	비고
0세				□영유아 건강검진(차수: ________차) □영유아 건강검진 외 □미실시(사유:______________, 고지 횟수 · 일자: _______)
1세				□영유아 건강검진(차수: ________차) □영유아 건강검진 외 □미실시(사유: ______________, 고지 횟수 · 일자: _______)
2세				□영유아 건강검진(차수: ________차) □영유아 건강검진 외 □미실시(사유: ______________, 고지 횟수 · 일자: _______)

※ 실시 여부 표시: 실시의 경우 ○, 미실시의 경우 ×
※ 비고: 해당항목 체크 및 내역 기재

6. 병력기록

병명	질병 발생 연월일 및 질병의 정도	
	입소 전	입소 후

7. 신체 발달상황

비고: 18개월 미만의 영아는 2개월마다, 그 이상의 영아는 6개월마다 측정 · 기록한다.

구분 \ 측정시기								
신장(cm)								
몸무게(kg)								
측정자								

기록관리자	

출처: 보육사업안내(2020).

생활기록부(유아)

1. 인적사항

어린이집명					
아동	이름	(한글) (한자)	성별	남 · 여	사진 (2.5×3cm)
	생년월일		입 · 퇴소일	입소 퇴소	
	주소		혈액형		
보호자	아동과의 관계	부	모	형제(자매)	기타
	이름				
	전화번호				

※ 비고: 보호자란 중 부 · 모가 있을 경우 양자 모두 기재

2. 출결상황

구분 \ 연령	3세	4세	5세
보육일수			
결석일수			
의견			

3. 신체 발달상황

구분 \ 측정시기								
신장(㎝)								
몸무게(㎏)								
측정자								

기록관리자	

4. 영유아 표준예방접종

대상전염병	백신종류 및 방법	접종차수	접종일자	접종기관
디프테리아, 파상풍, 백일해	DTaP	5차(추가)		
폴리오	IPV	4차(추가)		
홍역, 유행성이하선염, 풍진	MMR	2차		

대상전염병	백신종류 및 방법	접종차수	접종일자	접종기관
일본뇌염	JEV(사백신)	3차		
		4차(추가)		
인플루엔자	Flu	매년 접종		
장티푸스	주사용	고위험군에 한함		
기타 임시예방접종 등		명칭 기재		
		명칭 기재		

5. 건강진단

연령	실시 여부	실시일자	실시기관	비고
3세				□영유아 건강검진(차수: ________차) □영유아 건강검진 외 □미실시(사유:_______________, 고지 횟수 · 일자: _______)
4세				□영유아 건강검진(차수: ________차) □영유아 건강검진 외 □미실시(사유: _______________, 고지 횟수 · 일자: _______)
5세				□영유아 건강검진(차수: ________차) □영유아 건강검진 외 □미실시(사유: _______________, 고지 횟수 · 일자: _______)

※ 실시 여부 표시: 실시의 경우 ○, 미실시의 경우 ×
※ 비고: 해당항목 체크 및 내역 기재

6. 행동발달상황

성명			
영역별 \ 연령	3세	4세	5세
기본생활 습관			
신체운동 · 건강			
의사소통			
사회관계			
예술경험			
자연탐구			
종합의견			

출처: 보건복지부(2020).

6장

신체 및 정신 건강관리

영유아는 질병에 대한 면역이 약한 시기이므로 쉽게 감염이 될 수 있다. 여성의 사회 진출, 국가의 다자녀 출산 권장 등으로 많은 영유아가 각종 영유아교육기관을 이용하게 되면서, 교사들은 영유아의 신체 및 정신 건강관리에 올바른 인식을 가지고 영유아가 최상의 컨디션을 유지할 수 있도록 도와야 한다.

본 장에서는 신체 건강관리와 정신 건강관리로 구분하여 영유아 건강관리에 대해 살펴보고자 한다.

1 신체 건강관리

현대사회 이전에는 가정에서 육아를 하는 경우가 많아 유아의 건강관리는 가정이나 부모가 전적으로 책임을 지게 되었으나 가족의 구조와 기능이 변화됨에 따라 영유아교육기관에 취원하는 영유아가 증가하게 되었다. 또한, 영유아가 영유아교육기관에 머무는 시간이 증가함으로써 영유아교육기관에 종사하는 교사들도 영유아의 건강관리에 관한 책임 비중이 증대되었다. 따라서 부모와 영유아교육기관의 교사들은 영유아의 건강 문제에 대해 올바른 인식을 가지고 영유아가 최상의 건강상태를 유지할 수 있도록 협력해야 한다.

1) 영유아의 신체 건강

(1) 시력 관리

출생 시 눈의 기능은 제한적이지만 점차 성숙되며, 주변 시야는 신생아 때 완전히 발달이 된다. 안구 근육 조정 능력은 만 1세 이전에는 완전히 성숙되지 않고, 생후 수개월 동안 가성사시인 일시적 과도 수렴이 정상적일 수도 있다.

눈 건강관리를 위하여, 필요한 태도와 습성 변화로 바람직한 생활습관을 배양하는 것이 필요하다. 취학 전에는 유아의 시력검진을 통해 정상 시력 발달 기회를 제공하고 후천적으로 발생할 수 있는 장애를 예방하도록 한다. 또한, 유아 스스로 눈의 소중함을 깨달아 관리할 수 있도록 교육하고, 시력 장애를 예방하고 관리하도록 한다.

(2) 청력 관리

영유아의 외이도는 성인보다 짧고 위쪽으로 굽어져 있다. 이관이 성인에 비해 상대적으로 더 넓고 짧아 감염이 잘 되기 때문에 청결을 유지해야 한다. 청력 검사는 30~60㎝ 떨어진 거리에서 영유아의 반대쪽 귀를 가리고 부드럽게 속삭이는 소리를 내거나 귀로부터 2~5㎝ 떨어진 곳에 째깍거리는 시계를 두어 소리를 듣도록 한다.

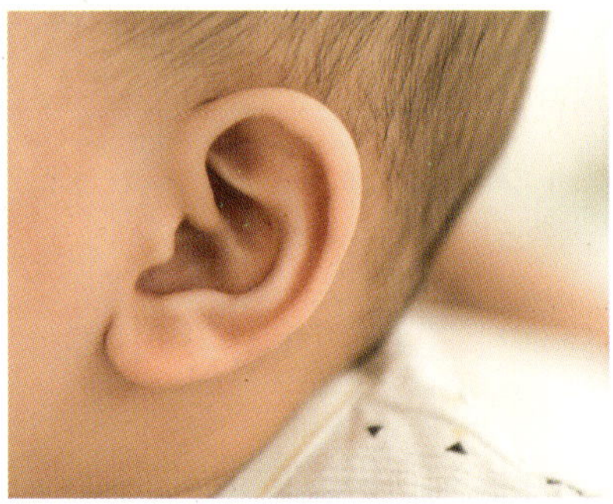

[사진 6-1] 귀

(3) 피부 관리

정상적인 영유아의 피부는 기름이나 끈적임 없이 약간 건조하다. 피부 탄력성은 엄지와 검지로 복부의 피부를 팽팽히 잡아당긴 후 재빨리 놓음으로 평가할 수 있다. 탄력 있는 조직은 자국이나 주름 없이 본래의 위치로 돌아가지만, 조직 긴장도가 떨어지면 피부는 원래 상태로 회복하는 데 몇 초가 걸린다. 피부 긴장도는 적절한 수분 상태, 영양 상태를 평가하는 가장 최적의 척도이다.

2) 영유아 건강검진

(1) 신체검사

영유아들의 신체검사에 대해서 살펴보면, 영유아교육기관에서는 영유아들의 기본적인 신체검사를 생활기록부에 기록할 수 있다. 영아의 경우 2개월마다, 유아의 경우 6개월마다 간단하게 키와 몸무게를 측정하여 생활기록부에 기록하는 것이 좋으며, 신체발육상태 이외에도 구강검사, 체질 및 체력검사 등을 정기적으로 실시하여 기록하는 것이 좋다(권혜진 외, 2012). 신체검사의 결과는 학부모 통지와 더불어 기관 보관용으로 기록을 남겨 참조하며 건강관리에 참조할 수 있다.

신체검사 시 주의사항

- 신장을 측정할 때는 발뒤꿈치, 엉덩이, 머리 뒷부분이 자에 닿도록 선다.
- 몸무게는 영양과 성장의 총체적 지표가 될 수 있다. 식사시간을 피해 가벼운 복장으로 측정한다.
- 머리둘레는 뒷머리 부위와 후두의 돌출된 부위를 기점으로 측정한다.
- 가슴둘레는 양팔을 벌린 뒤 자를 유두 부위에 가도록 하고 편안하게 팔을 내리도록 한 후 편한 호흡 상태에서 측정한다.

「영유아보육법 시행규칙」 제33조와 「유아교육법 시행규칙」 제2조의 5에 따르면, 어린이집과 유치원 원장은 기관을 다니고 있는 영유아에 대해 1년에 한 번 이상 건강검진을 실시해야 한다. 건강검진은 영유아검진기관으로 지정받은 기관인 보건소, 의원, 병원, 종합병원 등에서 실시하며, 영유아가 이러한 기관에 직접 방문하여 검진을 받아야 하고 출장검진은 불가능하다.

(2) 영유아 건강검진

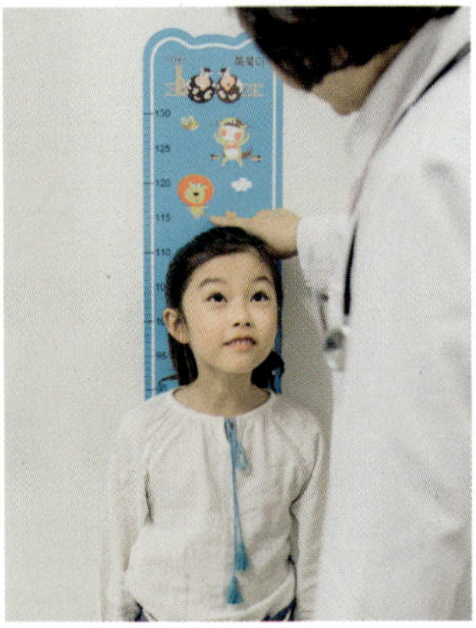

[사진 6-2] 건강검진 받는 아이

우리나라에서는 「건강검진기본법」 제11조 및 제12조에 따라 국가와 지방자치단체가 영유아보육법에 따라 영유아에게 무상으로 건강검진을 실시하고 있다(국민건강보험 홈페이지). 영유아 건강검진은 총 1~7차에 걸쳐 진행되며 구체적인 시기는 〈표 6-1〉과 같다.

영유아 건강검진에서 일반검진과 구강검진의 각 검사 항목의 구체적인 프로그램은 〈표 6-2〉, 〈표 6-3〉과 같다(정아란, 2011). 검사에 포함되어야 하는 항목은 문진 및 진찰, 신체계측, 시력검사, 청력검사, 구강검사 등이며 영유아의 발달 단계에 따라 필요한 항목을 검사한다. 검사 후 치료가 필요한 질병이 있는 것으로 판명된 영유아에 대해서는 보호자와 협의를 통해 필요한 치료를 받도록 조치를 취해야 하며, 감염성 질병이 있는 것으로 판명되거나 의심되는 경우에는 영유아가 영유아교육기관에 등원하지 않은 상태에서 치료받도록 조치해야 한다(교육부, 2015; 보건복지부, 2016).

〈표 6-1〉 영유아 건강검진 & 구강검진 시기

건강검진	실시시기
1차 검진	생후 4~6개월
2차 검진	생후 9~12개월
3차 검진	생후 18~24개월
4차 검진	생후 30~36개월
5차 검진	생후 42~48개월
6차 검진	생후 54~60개월
7차 검진	생후 66~71개월

구강검진	실시시기
1차 검진	생후 18~29개월
2차 검진	생후 42~53개월
3차 검진	생후 54~65개월

출처: 찾기 쉬운 생활법령정보(http://easylaw.go.kr). 「건강검진 실시기준」 제9조 제2항.

〈표 6-2〉 영유아 건강검진 프로그램 (일반검진)

항목	
문진 및 진찰	문진표, 진찰표, 청각문진, 시각, 시력검사
신체계측	키, 몸무게, 머리둘레
건강교육	영양, 수면, 안전, 구강, 대소변 가리기, 정서 및 사회성, 개인위생, 취학준비
발달평가	K-ASQ, DENVER-II 등에 의한 검사

〈표 6-3〉 영유아 건강검진 프로그램 (구강검진)

항목	
구강문진 및 진찰	문진표, 진찰표 (치아검사, 치주조직 검사)
구강보건교육	매뉴얼을 이용한 보호자 및 유아교육

어린이집은 「영유아보육법」에 따라 보육교직원 및 어린이집 거주자(가정어린이집의 경우 어린이집에서 함께 거주하는 사람)는 1년에 한 번 이상 건강진단을 실시하여야 한다. 보육교직원의 건강진단 항목에는 결핵 등 감염성 질병이 포함되어야 하며(개정 2011. 12. 8.), 검진을 통해 감염성 질병에 감염된 것으로 밝혀지거나 의심되는 영유아 및 어린이집 거주자는 어린이집으로부터 격리시키고, 감염성 질병에 감염된 것으로 밝혀지거나 의심되는 사람은 즉시 보육업무를 중단하고 완치될 때까지 휴직 등의 조치를 하여야 한다고 명시되어 있다(개정 2011. 12. 8.). 또한, 보육교직원으로 채용될 때에도 채용신체검사를 받고 그 결과를 어린이집에 제출해야 하는데, 이는 건강상태가 영유아보육기관의 교직원으로 근무에 지장이 없으며 다른 사람들에게 감염시킬 수 있는 질병이 없음을 확인해 준다(권혜진 외, 2012).

영유아교육기관에서의 건강점검 및 관리는 영유아의 신체적, 정서적 건강을 위한 예방적 역할을 하게 된다.

3) 전염병 질병의 예방과 관리

영유아기 전염성 질병의 종류로는 감기나 설사, 구토, 발열 등이며, 영유아에게 자주 나타나는 질병은 신체적, 정신적 발육을 저해하는 중요한 요인이다. 그 외에도 기관지염, 중이염, 편도선염, 급성후두염, 뇌막염, 식중독, 수두, 홍역, 볼거리, 바이러스성 간염이 있다.

(1) 감기

원인균이 바이러스에 의해서 생기는 질환으로, 찬바람이나 습한 공기에 노출되었을 때, 저항력이 약한 상태나 알레르기 및 영양불량 상태에서 바이러스 침입이 쉽게 된다. 증상은 주로 두통, 오한, 재채기, 콧물로 시작하여 39~40℃ 발열이 있고, 팔과 다리가 쑤시고 식욕이 떨어진다. 수분을 충분히 섭취하고, 몸을 따뜻하게 하고 휴식을 취하면서 증상에 따른 해열제나 처방된 약을 먹으면 쉽게 낫는다.

[사진 6-3] 감기에 걸린 유아

(2) 설사

설사는 대변의 횟수가 많아지며 대변 내 수분의 함량이 높은 것을 의미한다. 영유아의 경우 신체의 수분 함유량이 높으므로 장기간 심한 설사나 구토는 탈수증을 유발한다. 설사의 원인은 대개 위장 계통의 질환에 의한 것이며, 내분비계의 이상이나 신경성으로 식중독

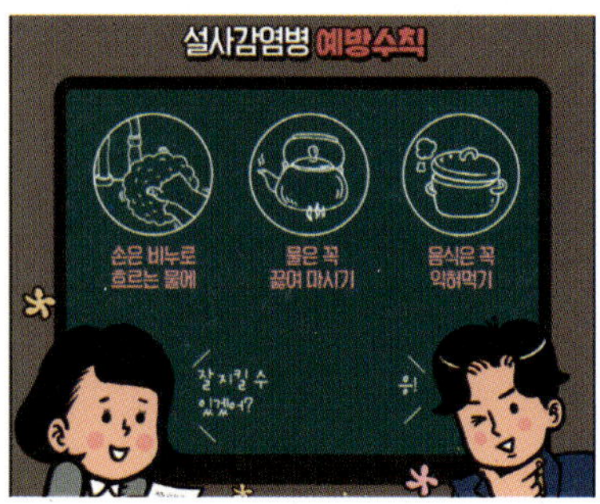

[그림 6-1] 설사감염병 주의 홍보자료
출처: 질병관리본부(https://www.cdc.go.kr/)

이 설사와 구토의 주요 원인이 된다. 설사가 심하면 12시간 정도 음식을 먹지 않고 보리차와 같은 액체만을 공급하여 탈수를 막도록 한다.

(3) 구토

구토의 주된 이유는 과식이며, 그 외의 응급 상황으로 독극물에 중독되었을 때 구토증을 유발할 수 있다. 구토증은 대부분 복통과 함께 일어나는데, 뇌질환, 호흡기 질환, 비뇨기 질환, 순환기 질환, 기생충 감염 시에도 구토를 한다. 만 3~7세 유아에게 관련되는 주기적인 구토증은 그 원인이 확실하지 않다. 구토 시 옷을 느슨하게 하고 편안한 자세를 취하며 가슴을 차갑게 하거나 등을 문질러 준다. 또 누워 있다가 갑자기 토하는 경우에는 토사물이 기도에 들어가지 않도록 머리를 옆으로 돌리고 토하게 한 후 입 주위를 깨끗이 하고 반드시 헹구도록 한다.

(4) 발열

발열은 열이 나는 경우로, 숨이 가쁘고 맥박이 빠르며, 목말라하고 입술이 바싹 마르게 된다. 기운이 없어 보이며, 심한 경우 몸을 떠는 것을 볼 수 있다. 여러 가지 감염성 질환에 걸리거나 구토, 설사 후에 발열이 동반되는 것을 볼 수 있다. 영유아기 가장 많은 호흡기 질환의 경우 고열이 특징이고, 전염성이 강하므로 다른 영유아와 격리해야 한다. 열이 높은 영유아는 안정을 취하게 하고 체열을 떨어뜨리기 위하여 찬 물수건이나 알코올로 몸을 닦아 준다. 열이 난다고 의사의 처방 없이 함부로 해열제를 투여하지 않도록 주의한다.

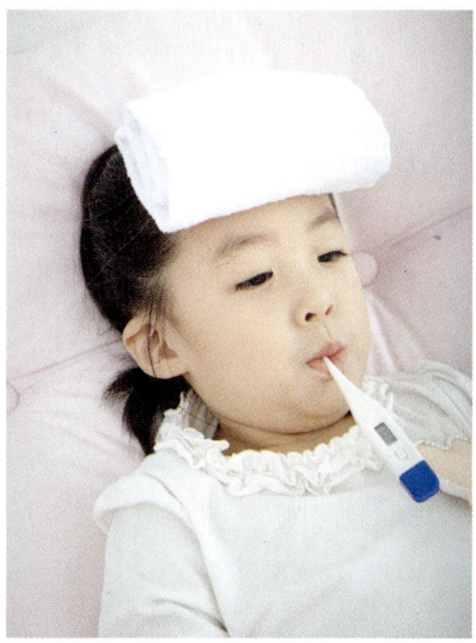

[사진 6-4] 체온을 재는 유아

(5) 기관지염

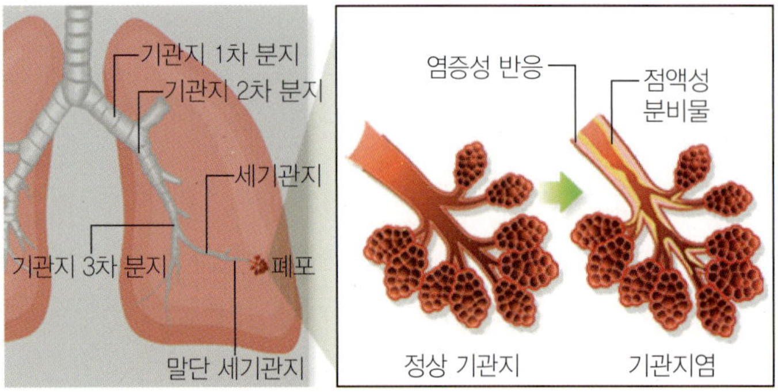

[그림 6-2] 세기관지와 세기관지염

출처: 국가건강정보포털 의학정보.

기관지염은 폐에 이르는 큰 기관지 내부의 얇은 막에 염증이 생긴 것을 말한다. 감기 등으로 면역이 떨어진 상태나 영양 상태가 좋지 않은 경우, 바이러스나 박테리아에 의해 기관지로 염증이 옮겨져 기관지염을 일으킨다. 기관지염에는 마른기침, 가래, 호흡 곤란, 기침과 구토를 동반할 수 있으며 입술과 혀가 파래지고 식욕이 떨어진다. 열이 날 경우 미지근한 물수건으로 마사지를 하고 수분을 자주 보충해 주는 것이 필요하다.

(6) 중이염

고막 안쪽의 중이 부분이 감염되는 증상으로, 고막 안쪽에 분비물이 고여 심한 통증이 있고 때로는 귀가 안 들리기도 한다. 영유아기는 이관이 짧기 때문에 코나 목구멍으로 침입한 박테리아나 바이러스가 쉽게 중이까지 도달할 수 있다. 39℃ 이상의 열이 나며 토하고 귀에서 고름이 나고 통증을 동반한다. 통증이 심할 경우 뜨거운 물병을 잘 싸서 귀에 대 주면 통증을 줄일 수 있다.

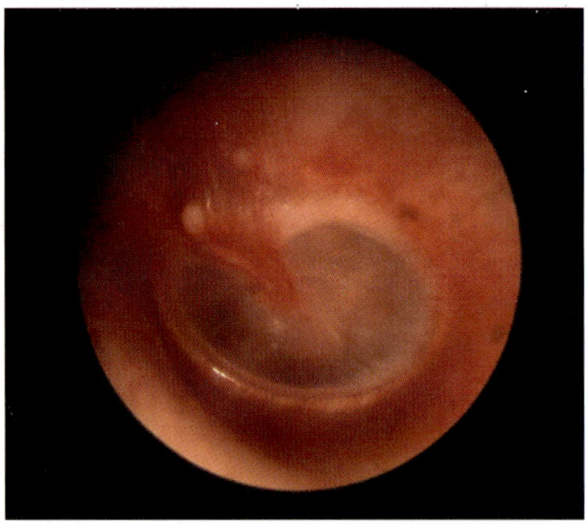

[사진 6-5] 급성중이염 환자의 중이

출처: 위키백과

(7) 편도선염

편도선염은 대개 연쇄상구균성 세균에 의해 편도선에 일어나는 급성 질환으로, 바이러스에 의해 감염되기도 한다. 만 5세 이후, 유아에게 흔히 나타나며 만 10세 이후가 되면 감염에 대한 저항력이 커져 발생 빈도가 줄어든다. 음식이나 침을 못삼킬 정도로 목이 아프고, 열이 나기도 한다. 편도선이 커지고 빨개지며 목 주위의 임파선이 붓고, 코로 잘 숨을 못 쉬어 콧소리를 낸다.

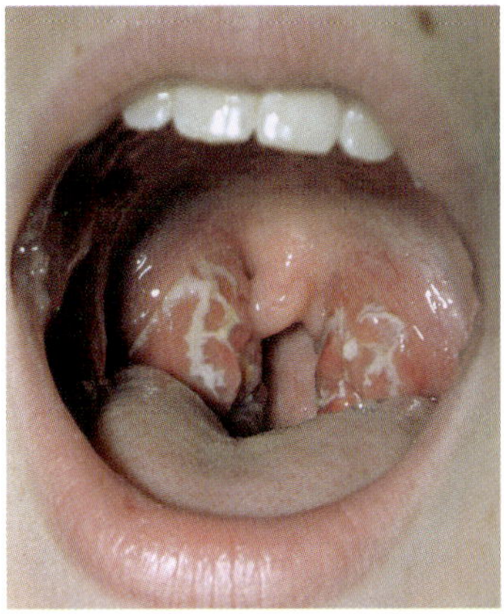

[사진 6-6] 편도염 환자의 입안

출처: 위키백과

(8) 급성후두염

감기의 합병증으로 발생하는 후두염은 여러 가지 바이러스에 의해 감염된다. 컹컹거리는 기침소리가 나며 호흡하는 데 곤란이 생기고 경우에 따라서는 얼굴이 새파랗게 된다. 영유아는 기관지가 가늘기 때문에 염증으로 생긴 가래가 기관지를 막을 염려가 있으므로 전문의의 치료를 받아야 한다.

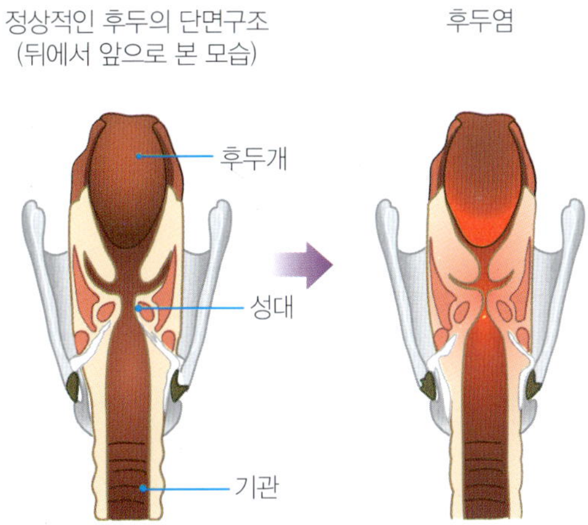

[그림 6-3] 후두염 증상이 나타난 후두의 단면구조

(9) 뇌막염

뇌막염은 뇌 조직을 싸고 있는 막에 염증이 생긴 병으로 바이러스성 뇌막염과 세균성 뇌막염으로 나뉜다. 바이러스성 뇌막염은 볼거리 후에 잘 오며 그다지 심각하지 않지만 세균성 뇌막염은 위중하다. 초기에 발견되면 항생제로 완전히 치유된다.

주요 증상으로 열이 39℃까지 오르며 목이 뻣뻣해지고 두통, 나른함, 혼수상태가 있고, 자줏빛 발진이 일어나 빛을 보기 어렵다. 그러나 만 2세 미만 영아는 의사소통이 잘 안 되어 뇌막염 진단이 어려우므로, 증세가 보이면 즉시 의사의 진찰을 받도록 해야 한다.

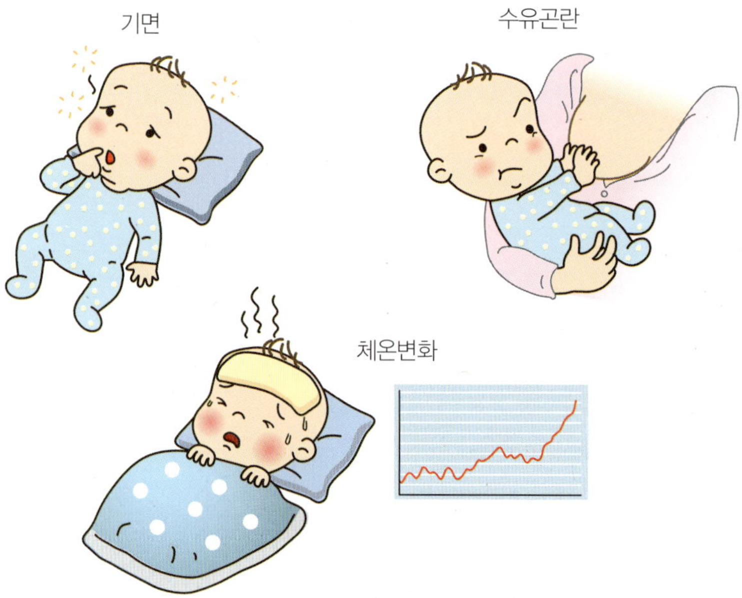

[그림 6-4] 신생아 뇌막염 증상

출처: 보건복지부 · 대한의학회.

(10) 식중독

여러 가지 살모넬라균이 주된 원인이며 보균자 또는 동물이 전염원이 될 수도 있다. 상한 음식이나 오염된 음식을 먹은 후 구역질, 구토, 설사, 복통을 일으키며 38~39℃까지 체온이 오르고 점액성, 혈액성 변을 보기도 한다. 비위생적인 음식을 먹지 않고 손을 깨끗이 씻으며 위생적인 조리 과정과 조리 환경을 통해 예방할 수 있다.

▶ 손은 비누로 깨끗이 씻자　▶ 물은 끓여 마시자　▶ 음식물은 익혀 먹자

[그림 6-5] 식중독 예방을 위한 3대 원칙

출처: 질병관리본부 홈페이지.

(11) 수두

수두는 수포창, 작은마마라고 하는데, 직접 또는 물품을 매개로 하여 감염이 되기도 한다. 수두는 모든 연령층에서 볼 수 있지만, 특히 만 2~8세 아동에게 많으며 한 번 걸리면 종생 면역을 얻을 수 있다. 잠복기는 14일 정도로, 발열, 수면 장애, 식욕부진 등을 나타낼 때도 있지만 일반적으로는 발열과 동시에 약간 더디게 발진이 나타난다. 발진은 작은 홍반으로 시작하여 빠른 속도로 부어올라 구진이 되고, 반나절 정도 지나면 팥 크기의 원, 타원형의 수포로 된다. 2~3일이 지나면 말라서 흑갈색의 가피가 7~10일 정도 지나면 떨어져서 낫게 된다.

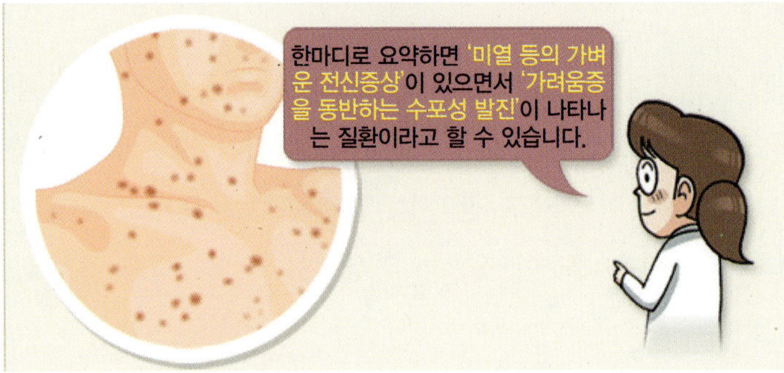

[그림 6-6] 수두의 증상

출처: 질병관리본부 국가건강정보 홈페이지.

(12) 홍역

전염성이 강한 소아 감염병의 하나로 잠복기는 10~11일 정도이며 감기 증상으로 시작하여 3~4일간 발열, 기침, 온몸에 붉은 반점이 생긴다. 발열 후 4~5일이 지나면 전신에 발진이 생기는데 발진 시작 후 3일에 최고조에 달하다가 점차 열이 내리고 발진도 쇠퇴한다. 합병증으로는 기관지 폐렴, 중이염을 들 수 있고 경우에 따라 위막성 후두염과 뇌염으로 전이될 수 있다. 생후 15개월에 홍역 백신을 맞아 예방이 가능하나 철저한 관리를 위해서는 만 4~6세에 한 번 더 예방접종할 것을 권하고 있다.

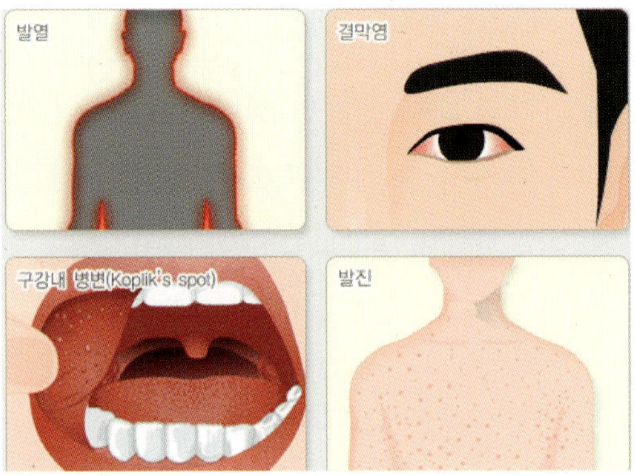

[그림 6-7] 홍역의 증상

출처: 질병관리본부 국가건강정보포털.

(13) 볼거리

기침이나 타액으로 인해 점염된다. 증상으로 두통, 인후염, 발열, 구토, 식욕 부진을 나타낸다. 보통 처음에는 얼굴 한쪽에만 종창이 나타나지만 다른 쪽에도 종창이 생겨 동통과 압통을 느낀다. 귀를 중심으로 나타나는 통증은 1~3일째 최고조에 달하며, 6~10일 후부터 점차 가라앉는다. 남아는 고환이 붓고 여아는 하복부에 통증을 느낀다. 볼거리 백신을 접종하여 예방하도록 한다.

[사진 6-7] 볼거리 증상을 진찰하는 유아

(14) 바이러스성 간염

A형 간염, B형 간염, C형 간염 간염균에 의해 발생한다. A형 간염은 수시로 혹은 유행성으로 전염하는 바이러스성 질병이다. 입을 통해 감염되는 경구전염이나 오염된 주삿바늘에 의한 비경구전염이 있다. 잠복기는 2~6주이며 증상으로는 소아기에 불현성 감염으로 자기도 모르게 앓고 낫게 되어 혈청 내에 항체가 형성되어 평생 면역력이 생긴다. B형 간염은 전염 보균자의 혈액이나 수혈, 오염된 면도기, 식기나 수건을 통해 전염되며 특히 유아의 경우 출산 과정이나 모유를 통해 어머니에게서 전염되기도 한다. 증상은 무력감, 불쾌감, 근육신경통, 관절염, 전신 피로, 식욕 감퇴, 구토, 콧물, 인후통, 설사, 변비, 발열을 동반한다. 생후 2개월, 3개월, 4개월, 6개월에 접종하고 만 5~7세부터 5년마다 추가 접종을 하도록 한다.

이와 같은 영유아기에 발병할 수 있는 질병을 예방하고 건강을 유지하기 위하여 가정과 영유아교육기관에서 다음과 같은 점에 유의하여야 한다.

- **생활습관 기르기**: 손 씻기, 일찍 자고 일찍 일어나는 습관, 치아 관리, 편식하지 않기, 운동, 손톱 깨끗이 깎기 등 몸을 청결하게 하기
- **청결한 환경**: 깨끗한 공기, 적절한 온도와 습도, 가정과 기관의 청결한 환경
- **영양**: 충분한 열량과 균형 잡힌 영양 섭취, 위생적인 음식 등
- **수면과 휴식**: 만 2~3세는 12시간~15시간, 만 4~5세는 10~12시간의 충분한 수면, 몸의 상태에 따라 낮잠 자기, 한 가지 일이나 놀이에 몰두한 후 휴식 취하기
- **질병의 조기 발견**: 질병을 조기에 발견하여 치료하며, 합병증의 유발 예방하기, 적절한 시기에 감염병 예방접종을 실시한다.

4) 예방접종

예방접종이란 전염성 질환을 예방하기 위하여 미생물 병원성을 제거하거나 약하게 하여 인체에 주사 또는 접종하여 특정 질병에 대하여 면역을 가지도록 하는 것이다. 평소에 충분한 영양 공급과 적당한 휴식, 수면을 취하며 신선한 공기를 마시고 적당한 운동을 하여 건강상태를 유지·증진시키면 감염병에 대한 저항력이 생긴다. 만일 예방접종을 맞지 않은 상태에서 영유아기에 그 병에 걸릴 경우 중증이 될 수 있는데, 예방접종으로 병에 대한 감염을 막을 수 있다. 영유아기에 발병하는 전염성 질환은 1차 예방접종 및 추가접종으로 어느 정도 예방이 가능하므로 철저한 예방접종이 필요하다. 또한, 적절한 시기에 예방접종을 실시하여 신체에 병원체가 침입하더라도 이에 대한 방어 능력인 저항력을 증가시켜 영유아가 질병에 걸리지 않도록 하여야 한다.

〈표 6-4〉 표준예방접종 일정표

구분	대상 감염병		0개월	1개월	2개월	4개월	6개월	12개월	15개월	18개월	24개월	36개월	만 4세	만 6세
국가 예방 접종 (필수)	결핵		1회											
	B형 간염		1차	2차			3차							
	디프테리아, 파상풍, 백일해				1차	2차	3차		4차(추가)				5차(추가)	
	폴리오				1차	2차	3차						4차(추가)	
	B형 헤모필루스 인플루엔자				1차	2차	3차	4차(추가)						
	폐렴구균				1차	2차	3차	4차(추가)						
	홍역, 유행성이하선염, 풍진							1차					2차	
	수두							1차						
	A형 간염							1~2차						
	일본뇌염	사백신						1~3차						4차(추가)
		생백신						1~2차						
	인플루엔자	사백신					매년접종							
		생백신									매년접종			
기타 예방 접종 (선택)	로타바이러스	로타릭스			1차	2차								
		로타텍			1차	2차	3차							

출처: 교육부(2016). 유아 감염병 예방 · 위기대응 매뉴얼(유치원용: 상세본), p. 186.

〈표 6-5〉 각 백신의 최소 접종간격

질병	백신	접종 권장시기	최소 연령	다음 접종 간격	다음 접종 최소 접종간격
B형 간염	B형 간염(1차)	출생 시	출생 시	1개월	4주
	B형 간염(2차)	생후 1개월	생후 4주	5개월	8주
	B형 간염(3차)	생후 6개월	생후 24주	-	-
디프테리아, 파상풍, 백일해	DTaP(1차)	생후 2개월	생후 6주	2개월	4주
	DTaP(2차)	생후 4개월	생후 10주	2개월	4주
	DTaP(3차)	생후 6개월	생후 14주	6~12개월	6개월
	DTaP(4차)	생후 15~18개월	생후 12개월	3년	6개월
	DTaP(5차)	만 4~6세	만 4세	-	-
성인용 디프테리아, 파상풍	Td	만 11~12세	만 7세	10년	5년

질병	백신	접종 권장시기	최소 연령	다음 접종 간격	다음 접종 최소 접종간격
성인용 디프테리아, 파상풍, 백일해	Tdap	만 11세 이상	만 11세	-	-
폴리오 (불활성화 백신)	IPV(1차)	생후 2개월	생후 6주	2개월	4주
	IPV(2차)	생후 4개월	생후 10주	2~14개월	4주
	IPV(3차)	생후 6~18개월	생후 14주	3~5년	6개월
	IPV(4차)	만 4~6세	만 4세	-	-
B형 헤모필루스 인플루엔자 (뇌수막염 백신)	Hib(1차)	생후 2개월	생후 6주	2개월	4주
	Hib(2차)	생후 4개월	생후 10주	2개월	4주
	Hib(3차)	생후 6개월	생후 14주	6~9개월	8주
	Hib(4차)	생후 12~15개월	생후 12개월	-	-
폐렴구균	단백결합(1차)	생후 2개월	생후 6주	8주	4주
	단백결합(2차)	생후 4개월	생후 10주	8주	4주
	단백결합(3차)	생후 6개월	생후 14주	6개월	8주
	단백결합(4차)	생후 12~15개월	생후 12개월	-	-
	23가 다당(1차)	-	만 2세	5년	5년
	23가 다당(2차)	-	만 7세	-	-
홍역, 유행성이하선염, 풍진	MMR(1차)	생후 12~15개월	생후 12개월	3~5년	4주
	MMR(2차)	만 4~6세	생후 13개월	-	-
수두	Varicella	생후 12~15개월	생후 12개월	4주	4주
일본뇌염	불활성화 백신(1차)	생후 12~23개월	12개월	7~30일	7일
	불활성화 백신(2차)	생후 12~23개월	12개월	12개월	6개월
	불활성화 백신(3차)	생후 24~35개월	18개월	3~4년	2년
	불활성화 백신(4차)	만 6세	만 5세	6년	5년
	불활성화 백신(5차)	만 12세	만 11세	-	-
	약독화 생백신(1차)	생후 12~23개월	생후 12개월	12개월	4주
	약독화 생백신(2차)	생후 24~35개월	생후 13개월	-	-
A형 간염	A형 간염(1차)	생후 12~23개월	생후 12개월	6~18개월	6개월
	A형 간염(2차)	생후 18개월	생후 18개월	-	-
사람유두종바이러스 감염증	HPV(1차)	만 11~12세	만 9세	2개월	4주
	HPV(2차)	만 11~12세(+2개월)	만 9세(+4주)	4개월	12주
	HPV(3차)	만 11~12세(+6개월)	만 9세(+24주)	-	-
인플루엔자	불활성화 백신	생후 6개월 이상	생후 6월	1개월	4주
	약독화 생백신	생후 24개월~49세	생후 24월	1개월	4주
로타바이러스 감염증	1차	생후 2개월	생후 6주	2개월	4주
	2차	생후 4개월	생후 10주	2개월	4주
	3차	생후 6개월	생후 14주	-	-

출처: 질병관리본부 예방접종 도우미. https://nip.cdc.go.kr(2020년 기준).

갓 태어난 아기는 병원균에 대한 항체가 없으므로 생후 1개월 이내 접종하는 BCG를 시작으로 6개월 안에 B형 간염, DTaP, 뇌수막염 등을 3차까지 접종해야 하고, 만 12세까지 10종이 넘는 백신을 접종해야 한다.

예방접종할 때 주의할 점

- **아이의 컨디션이 좋은 날 접종한다.**
  가벼운 미열이나 급성질환을 앓아도 예방접종이 가능하지만 주사 자체가 아이에겐 스트레스이고, 약화된 균을 주입하는 것이기에 아이가 미열이 있거나 감기 기운이 있을 때는 예방접종을 피하는 것이 좋다.
- **접종 후에는 아이를 주의 깊게 관찰한다.**
  접종 후에는 병원에서 20~30분 정도 머물며 아이의 상태를 관찰하고, 사람이 많은 곳에 돌아다니거나 찬바람을 쏘이지 말고 바로 집으로 가 쉬게 한다. 3시간 정도 아이가 통증이나 열이 나지는 않는지 주의 깊게 살펴보고, 최소 3일 정도는 유심히 관찰하는 것이 좋다.
- **고열과 경련이 나면 곧바로 진찰을 받는다.**
  아이는 반드시 똑바로 눕혀서 재우고, 주사를 맞은 곳이 부어오르고 아파하면 찬 물수건을 대 준다. 고열이나 마비, 경련 등이 나타나면 곧바로 병원을 찾아 진찰을 받아야 한다.

만약 예방접종 일정을 준수해야 하나 불가피한 사유로 접종시기가 지연된 경우는 의사와 상의 후 지연접종일정에 따라 접종을 완료해야 한다.

〈표 6-6〉 지연 시 예방접종(4개월~만 6세)

최소연령	1~2차 최소 접종간격	2~3차 최소 접종간격	3~4차 최소 접종간격	4~5차 최소접종간격
DTaP (생후 6주)	4주	4주	6개월	6개월[1]
IPV (생후 6주)	4주	4주	6개월[2]	–
B형 간염 (출생 시)	4주	8주 (1차 접종 16주 후)	–	–
MMR (생후 12개월)	4주[3]	–	–	–
수두 (생후 12개월)	–	–	–	–
HIB[4] (생후 6주)	• **4주:** 만 12개월 이전에 1차 접종한 경우 • **8주(마지막 접종):** 만 12~14개월 사이에 1차 접종을 한 경우 • **더이상 접종이 필요하지 않은 경우:** 만 15개월 이후에 1차 접종을 한 경우	• **4주[5]:** 현재 연령이 만 12개월 미만인 경우 • **8주(마지막 접종):** 현재 연령이 만 12개월 이상이고 2차접종을 만 15개월 미만에 한 경우 • **더이상 접종이 필요하지 않은 경우:** 이전 접종을 만 15개월 이상에서 한 경우	**8주(마지막 접종):** 만 12개월 이전에 3번의 접종을 한 만 12개월~만 5세 소아만 필요	
PCV[6] (생후 6주)	• **4주:** 만 12개월 이전에 1차 접종하였고 현재 연령이 만 24개월 미만인 경우 • **8주(마지막 접종):** 만 12개월 이후에 1차 접종을 하였고 현재 연령이 만 24~59개월인 경우 • **더이상 접종이 필요하지 않은 경우:** 건강한 소아로 1차 접종을 24개월 이후에 한 경우	• **4주:** 현재 연령이 만 12개월 미만인 경우 • **8주(마지막 접종):** 현재 연령이 만 12개월 이상인 경우 • **더이상 접종이 필요하지 않은 경우:** 건강한 소아로 이전 접종을 만 24개월 이후에 한 경우	**8주(마지막 접종):** 만 12개월 이전에 3번의 접종을 한 만 12개월~만 5세 소아만 필요	

*지연된 예방접종이란 권장 접종시기보다 1개월을 초과하여 접종을 한 경우임. 접종이 지연되었더라도 처음부터 다시 접종하지 않고 지연된 접종부터 접종을 함

1) DTaP: 4차 접종이 만 4세 이후에 접종하였다면 5차 접종은 생략

2) IPV: 3차 접종이 만 4세 이후에 접종하였다면 4차 접종은 생략

3) MMR: 2차 접종의 표준 접종 시기는 만 4~6세이지만 홍역이 유행할 경우 상기 최소접종간격으로 접종할 수 있음

4) Hib: 만 5세 이상의 소아에서는 권장하지 않음

5) Hib: 현재 연령이 만 12개월 미만이고 1, 2차 접종을 PRM-OMP 백신으로 한 경우 3차 접종은 12~15개월에 접종하고 2차와 3차의 최소접종 간격은 8주임

6) PCV: 만 5세 이상의 소아에서는 일반적으로 권장하지 않음

출처: 질병관리본부 예방접종 도우미 http://nip.cdc.go.kr

(1) 결핵 예방접종(BCG)

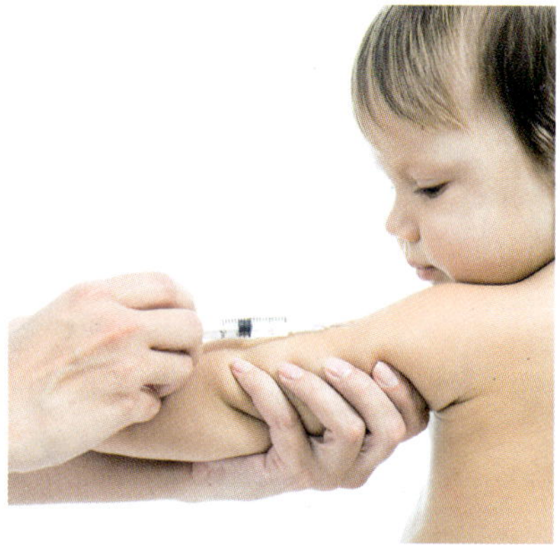

[사진 6-8] 예방접종하는 유아

접종시기는 출생 후 4주 이내에 실시한다. 만일 가족 중에 결핵 환자가 있으면, 출생 후 1주 이내에 투베르쿨린 반응 검사(PPD) 없이 BCG 접종을 해야 한다. 재접종은 접종 후 6주 이내에 투베르쿨린 반응 검사를 실시하여 음성이면 다시 접종한다. 접종 후 반응으로는 접종 부위에 결절이 형성되고, 접종 부위에 붉은색 변화와 궤양, 국부적 염증과 인파선염이 생긴다. 주의사항은 주사 부위의 흠집은 12주까지 가는데, 이때 진물이 나오면 치료를 받도록 한다.

(2) B형 간염 예방접종

간염 예방접종은 간염자의 혈액 내 존재하는 B형 간염 표면 항원으로 생산하여 실시하고 있으나, 다량 생산에 제한을 받고 또한, 동물인 침팬지를 이용하여 백신의 안전성을 검사해야 하므로 생산 단가가 높다.

접종시기는 유아의 혈액을 채취하여 인체 내의 B형 간염 항원의 여부를 확인하고, 혈액 검사를 실시한 후 음성자에게 접종한다. 생후 1개월에 접종하여 2개월, 6개월째 재접종한다. 접종 후 반응으로는 특별한 반응은 나타나지 않지만 예방접종을 실시하기 전에 건강상태를 살피고, 감기나 다른 질병이 없을 때 접종한다.

(3) 디프테리아, 파상풍 및 백일해 예방접종(DTaP)

접종시기는 출생 후 2개월부터 시작하여 2개월 간격으로 3회에 걸쳐 실시한다. 재접종은 출생 후 18개월과 만 4~6세 때 실시하며, 만 11~12세 때에는 백일해를 뺀 디프테리아, 파상풍(TD)만 접종한다. 접종 후 반응으로는 접종 후 2~3일간은 약간 열이 있으며 소화불량, 수면 장애를 일으키는 경우도 있다. 주의사항으로는 아동이 열, 감기, 그 밖에 건강이 좋지 않을 때에는 접종을 하지 않는다. 오한, 동통, 구토, 발열, 종창 등의 전신 증세가 나타나는데, 위의 증상이 심한 경우는 의사의 지시에 따라야 한다.

(4) 소아마비 예방접종

소아마비 예방접종에는 경구용 접종과 근육 주사용 접종으로 구분되어 있으며, 접종시기는 출생 후 2개월부터 시작하여 2개월 간격으로 3회에 걸쳐 실시한다. 즉 2차 접종은 생후 4개월, 3차 접종은 생후 6개월에 실시한다. 재접종은 만 4~6세 때 실시한다. 접종 후 특별한 반응은 나타나지 않는다. 주의사항은 소아마비가 유행하는 계절(대개 8~10개월 사이)은 피하며 열, 감기, 그 밖에 건강이 좋지 않을 때에는 접종을 연기한다.

(5) 홍역, 유행성이하선염(볼거리) 및 풍진 예방접종(MMR)

접종시기는 생후 15개월에 실시하고 만 4~6세 때 추가 접종한다. 접종 후 반응으로는 1주까지는 반응이 없으며, 1주 후 감기와 비슷한 증상이 나타난다. 그러나 대개 15일 이후면 회복된다. 주의사항은 홍역이 유행하는 계절에는 접종을 금지하며 열, 감기, 백혈병, 악성종양, 알레르기가 있는 아동과 그 밖의 건강이 좋지 않을 때에는 접종을 연기한다.

(6) 일본뇌염

접종시기는 1~2세 사이에 1~2주 간격으로 2회 접종하고 1년 후에 다시 접종한다. 재접종은 만 6~12세 사이 추가 접종한다. 접종 후 반응으로는 접종 부위에 붉은색 변화가 생기며, 열이 2~3일간 생기는 수도 있다. 주의사항은 예방접종을 실시하기 전에 건강상태를 살피고, 이상이 없을 때 실시한다.

2 정신 건강관리

1) 정신 건강의 개념

정신 건강은 개인의 정신 상태를 나타내는 보편적인 용어로, Kilander(1962)는 정신 건강에 대한 개념을 '인간이 환경을 바람직하게 조성하고 잘 적응하며 알맞은 만족과 성공, 능률과 행복을 누릴 수 있는 능력'이라고 보았다(채경선, 2007). 정신 건강은 곧 개인이 자신의 환경을 적극적으로 극복하고 성격의 통합성과 일관성을 나타내 보이며 자기 자신뿐 아니라 주위 세계를 현실적으로 지각할 수 있는 것으로 보았다.

사전적 의미의 정신이란 '사고, 정서, 언어 및 행동과 관련된 현상들로서 사고나 감정의 작용을 다스리는 인간의 마음'으로 보고 있다. 이영호(2003)는 '정신 건강이란 행복하고 만족하며 원하는 것을 성취하는 것 등의 안녕 상태'라고 정의하였다. 즉, 정신이 건강하다는 것은 '인간이 정신적, 신체적, 행동적, 사회적인 측면에서 완전히 건강하여 인간관계 및 자신이 처한 환경에 잘 적응하며 행복을 누릴 수 있는 건강한 상태'로 정의할 수 있다.

정신 건강 활동은 적극적 활동과 소극적 활동으로 나눌 수 있다. 적극적 활동은 주로 정신적 적응을 증진시키며 정신적 이상을 예방하기 위해 정신 건강 문제에 대한 올바른 이해와 자세를 갖도록 지도하고 계몽하여 여가를 효율적으로 사용하도록 도와주거나 창의적 자기표현을 할 수 있는 기회를 마련할 수 있다.

정신 건강의 소극적 활동은 정신질환의 증상을 파악하고 인식시켜 주며 초기에 환자를 발견하여 치료할 수 있도록 각종 정보를 제공하여 정신질환을 감소시킬 수 있도록 돕는 임상적 활동이 중심이 된다.

정신 건강의 적극적 활동은 적극적으로 정신 건강을 유지하고 그 상태를 보전하고 향상시키기 위한 예방적 기능을 하는 것이고, 정신 건강의 소극적 활동은 정신적으로 장애를 입고 있는 사람들의 건강 회복을 돕는 임상적 기능으로 볼 수 있다(채경선 · 김주아, 2007).

2) 정신 건강에 영향을 미치는 요인

정신 건강에 영향을 주는 개인 내적, 외적 요인은 매우 다양하다. 이 중 영유아에게 큰 영향을 미치는 개인 내적요인으로 유전적, 생리적 요인과 신체적 요인을, 개인 외적 요인인 사회화 요인으로는 가족, 영유아교육기관, 사이버 환경을 들 수 있다.

(1) 개인 내적 요인

① 유전적, 생리적 요인

정서적 표현이나 행동은 두뇌의 발달적 변화와 관련이 있어서 신경계의 발달 이상이 있으면 정신 건강에 문제가 생기게 된다. 특히 신경 생리적 특성의 영향을 받는 기질은 직·간접적으로 정서표현에 영향을 갖고 있는데, 반응성·활동성 수준, 쉽게 달래지는 정도는 부정적 정서 및 긍정적 정서표현과 직접적인 관련이 있다. 정신 건강 문제에 유전적 오인이 관여하기는 하지만, 어떤 사람에게는 결정적으로 작용하고 어떤 사람에게는 그렇지 않을 수도 있다.

② 신체적 요인

비만이나 만성 신체질환과 같은 신체적 요인이 개인의 정신 건강에 영향을 미칠 수 있다. 비만이 열등감이나 우울증을 일으키게 되는 원인은 인간이 저마다 형성하게 되는 신체상과 관련이 있다. 신체상은 자신의 신체를 마음속으로 떠올려 보는 것으로 자아개념을 이루는 요소가 되고, 최근 매스컴의 발달은 대중스타를 모델로 따라하여 인위적인 신체상을 이상적인 것으로 삼고 자신을 비하하거나 건강을 해치는 경우가 늘고 있다.

(2) 사회화 요인

① 가족

가족은 인간이 접하는 최초의 사회로 인간 발달에 가장 중요한 영향을 미친다. 뿐만 아니라, 가정의 분위기는 부모와 자녀 관계 그리고 정신 건강까지 영향을 끼친다. 가정환경에 대한 자녀의 지각이 긍정적일수록 정신 건강이 양호하며, 부정적일수록 정신 건강에 부정적 영향을 미친다.

② 영유아교육기관

영유아교육기관은 영유아에게 가정 다음으로 중요한 의미를 갖는 곳으로, 교사와 관계가 좋을수록 영유아의 사회적 지지가 높고 자신에 대한 존중감도 높아질 뿐 아니라 또래 관계도 좋아지고 정신 건강에도 긍정적인 영향을 미친다.

③ 사이버 환경

인터넷 사용이 증가하면서, 인터넷은 또 하나의 사회 및 커뮤니티를 형성하는 원동력으로 기능한다. 다양한 사람과 소통할 수 있다는 점에서 긍정적인 역할도 하지만, 인터넷 또는 게임 중독에 빠질 수 있는 부정적인 측면도 있다.

3) 정신병리의 종류

영유아기 정신병리의 종류를 만 0~2세, 만 2~3세, 만 4~6세로 나누어 살펴보면 다음과 같다(대한신경정신의학회, 1988).

(1) 만 0~2세

① 감각발달

어머니 몸이 불편하거나 영유아가 보기 싫어서, 영유아에게 신체의 감각적·인간적 애정 어린 자극을 주지 않으면, 대뇌가 정상인 영아라도 1~2년 후면 지능박약이 될 가능성이 크며, 감각발달의 정도에 따라 정신기능 발달장애 또는 정신지체가 오게 된다.

② 모성 결핍

어머니가 나름대로 관심과 애정을 주지만 그 정도가 미흡한 경우 영아는 정신적 영양결핍상태로 자라고 여리고 자신감이 없고 이해력이나 분별력이 떨어지고 생동감이 없는 영아가 된다. 모성 결핍을 심하게 겪은 영아는 자라지 못하는 증후군이나 신사회성 난쟁이, 우울증, 문제 행동, 학습 장애, 경계선 지능을 가지게 된다.

③ 급성 격리반응

애착관계가 형성된, 또는 낯익은 존재와 격리될 때 이에 저항하는 것을 말한다. 유아가 격리를 싫어하고 저항하는데 계속 격리를 시키면 영아는 일정 시간이 지난 후 자신이 처한 격리상황을 변화시키는 것을 포기하고 저항을 멈추게 된다. 급성 격리로 한 번 상처를 받은 영아는 작은 변화에도 예민하게 반응하게 되고, 급성 격리반응을 제대로 도와주지 못하고 반복하거나 장기화되면 반응성 애착장애가 된다.

④ 발달 지연

여러 가지 신체적인 이유로 발달이 늦게 되는데, 치료는 원인에 따라 달라진다. 감각박탈 아동은 전반적인 발달지연을 보이며 빨리 적절한 정신적, 신체적 감각 자극을 제공해 주어야 한다. 정확한 원인은 진단을 받아야 하며, 교정이 불가능하거나 원인이 불명인 경우 소아정신과에서 주기적 점검과 특수교육지침을 받아 키워야 한다. 특정한 기능의 발달만 지연되는 경우 특수발달장애에 해당되는데 말이 늦거나 걷기가 늦는 경우이다.

⑤ 수유장애

원인에 따라 치료가 다르지만 어린 시기 영양이나 수유장애는 영아의 정신과 신체에 큰 장애가 되므로 반드시 원인을 찾아 교정해 주어야 한다.

⑥ 자폐아

자폐아란 영아의 발달수준에 비해 언어, 비언어적 표현능력이 비정상적으로 발달하고 타인과 대인관계를 형성하는 사회적 상호작용이 현저하게 저하되며 제한된 범위의 관심영역에만 강박적으로 집착하고 동일한 행동을 반복적으로 하는 특이한 행동이 함께 나타나는 발달장애이다.

⑦ 정신지체

정신지체의 종합적 특성은 낮은 지적 수준과 사회적 기술의 결합으로, 적응행동에 결함을 보이며 IQ 69 이하로 전체 소속 연령집단의 2.2%에 해당되는 경우를 말한다. 신체 발육이나 운동기능을 제외한 정신기능에 주로 결함을 보인다. 생후 2~3개월 이내라도 진단이 가능하면 치료를 서두르는 것이 좋다.

(2) 만 2~3세

① 수면장애

이 시기에 불안정한 아동은 불면증을 보여, 편히 잠들지 않고 자주 깨거나 울어 낮잠과 밤잠의 주기가 깨어진다. 피곤해하면서도 자지 않거나 특별한 조건이 갖추어져야만 잠을 잔다.

② 과잉보호

이 시기의 과잉보호는 분리개별화 과정에 큰 해를 미치는데, 결국 아동은 정신적 속박 상태에 지내게 된다. 과잉보호로 인해 여리고 불안정한 유아로 과잉

행동장애, 도덕적인 문제행동을 일으키는 행동장애, 산만한 주의력 결핍, 과잉운동장애로 진단된다.

③ 생떼 쓰고 발악함

어른이 자신의 요구나 필요에 적절히 상응하지 못했을 때, 길바닥에 드러누워 발악하는 행동을 한다.

④ 반항적이고 부정적인 행동

지속적으로 부모에게 반항하거나 타인에게 해가 되는 행동을 하는데, 매사가 싫고 부정적인 반응을 한다. 비정상적이며 지속적으로 유아 자신과 부모에게 어려움을 이야기한다.

(3) 만 4~6세

① 불안장애

현실적 이유가 없이 불안해하거나 자극에 비해 지나친 불안장애를 보이는 경우로, 불안이 주된 증상으로 나타나면서 가정이나 유아교육기관에서 정상적인 생활을 할 수 없는 경우를 말한다.

② 공포장애

이유 없이 특정 환경에 가기를 무서워한다.

③ 야뇨증

일반적으로 만 2.5세가 되면 낮에 소변을 가리고, 만 3.5~4세가 되면 밤에도 소변을 가리게 된다. 그러나 야뇨증은 밤에 오줌을 가릴 수 있는 나이가 되었음에도 불구하고 실수를 하는 경우로, 생리적 요인으로는 방광이나 괄약근의 미성숙으로 인해 소변 통제가 자의적으로 이루어지지 못한 경우고, 심리적 요인은 질투심, 적개심, 불안증으로 인해 발생한다.

④ 유분증

만 6세에 특별히 기질적인 문제가 없는데도 대변을 잘 가리지 못하여 옷에 싸거나 적절한 장소에서 대변을 보지 못하는 경우가 많다.

⑤ 악몽

악몽은 수면 중 무서운 꿈으로 인해 깨는 장애이고, 대개 수면의 후반부에 일어나며 보통 아침에 일어나서 간밤에 있었던 꿈을 기억한다. 악몽은 스트레스와 밀접한 관계가 있으며 성장하면서 없어질 수 있는 장애이다.

⑥ 주의력결핍 과잉행동장애

주의력결핍 과잉행동장애는 비슷한 발달수준에 있는 유아에게 관찰되는 것보다 더 심하고 지속적인 부주의나 과잉활동 및 충동을 보이는 장애이다. 이 장애는 심하게 움직이고 부산스럽게 뛰는 과다 활동, 집중력이 짧고 쉽게 싫증을 잘 내는 주의 산만함, 참을성이 없고 감정변화가 많은 충동적 행동의 특징적 행동을 갖는다.

[그림 6-8] 주의력결핍 과잉행동장애의 특징

출처: 질병관리본부 국가건강정보포털.

7장

영양 건강관리

출처: 산들노인복지센터.

옛 어른들은 흔히 세상에서 제일 듣기 좋은 소리로는 '마른 논에 물 들어가는 소리', '자식 목구멍에 밥 들어가는 소리', '아이 글 읽는 소리'라고 하였다. 60~70년대까지만 해도 먹고 사는 게 쉽지 않은 일이었고, 부모들의 밥상 고민은 자식들 배곯지 않게 하기 위한 양의 확보였다. 최근 급속한 산업화에 따라 보다 경제적인 여유와 함께 자녀수가 감소하면서 밥상 고민도 변화되었다. 단순하게 먹고 사는 게 아니라 영양적 가치를 따지며, 부모들은 "너만 입이니, 너만 먹니?"에서 "딱 한 숟가락만 더 먹자"를 말하고 있다.

영양은 1차적으로 '먹는다(食)'를 의미한다. 영양의 개념을 구체적으로 살펴보면, 인체에 필요한 영양소를 섭취하는 것이다. 영유아기의 영양 공급은 현재의 성장과 발달뿐만 아니라 일생의 건강과 발달에 지속적인 영향을 미친다. 즉, 영양소의 섭취는 신체의 발달 및 감염과 질병 저항력에 영향을 줄 뿐 아니라 두뇌 발달을 좌우하며 성격 형성에도 영향을 미친다(Brown & Pollitt, 1996; Mahan & Escot Stump, 2000). 따라서 영양은 단순히 '먹는다'에서 그치는 것이 아니라 사람의 육체적·정신적 발달과 밀접한 관련을 맺고 있으므로(이기현, 2009), 가정과 영유아교육기관에서는 영유아를 대상으로 균형 잡힌 영양섭취를 위한 영양 관리가 필요하다(주영은 외, 2016).

본 장에서는 영유아기에 발생되는 영양관리, 영양문제, 식습관 지도 및 식사 예절에 대해 살펴보고자 한다.

1 영양관리

영유아기는 신체의 성장, 발육이 왕성하고 활동량이 많은 시기이므로 이에 소요되는 영양소의 공급이 이루어져야 한다. 영유아의 식품 기호도를 충분히 이해하고 결핍되기 쉬운 영양소의 보충, 바람직한 식생활 습관을 형성하는 것이 필요하다.

영양소는 영양의 근본이 되는 것으로, 우리의 몸을 만들고 에너지를 제공하며 몸의 생체 기능을 조절한다. 우리 몸은 탄수화물, 단백질, 지방의 3대 영양소와 비타민, 무기질, 물 등을 합한 6대 영양소가 필요하다. 영양소가 결핍될 경우 성장이 지연되거나 몸에 이상이 생기므로 평소에 균형 있는 영양소를 섭취하도록 한다. 연령별 영양관리는 다음과 같다.

1) 만 0세

분만 후 며칠 동안 나오는 모유는 초유로, 초유는 면역 기능을 가진 단백질, 지방, 유당, 비타민 D, 철 등을 함유하고 있다. 따라서 신생아의 질병에 대한 면역성을 제공하고, 태변이 잘 나오도록 하며, 장을 튼튼하게 해 준다.

[사진 7-1] 모유수유 캠페인

출처: http://www.doubleheart.co.kr/

(1) 단백질

모유에는 신생아에게 필요한 영양소가 풍부하다. 아미노산은 신생아에게 이상적인 것으로, 아기의 성장과 발달을 도와준다.

(2) 지방

모유의 지방 함유량은 개인차가 크고 계절에 따른 차이가 있다.

(3) 탄수화물

탄수화물의 주요 성분은 유당으로 우유보다 모유에 더 많다. 유당은 산성 환경을 만들어 장내에 좋지 않은 미생물이 번식하지 못하도록 해 준다.

(4) 비타민

모유에는 모든 비타민이 들어 있으며, 양은 개인에 따라 차이가 난다. 모유에는 비타민 D의 양이 적기 때문에 모유를 먹는 영아는 일조량을 적절하게 조절하도록 한다. 비타민 A는 산모가 섭취하는 음식물의 양과 질에 영향을 받기 때문에 과일과 채소도 섭취해야 한다.

2) 만 1세

생후 12개월부터 24개월까지는 신장과 체중이 늘어나며, 골격의 크기와 수가 증가하여 성장이 매우 왕성한 시기이다. 영아기에 건강하게 성장하기 위하여 적절한 열량과 영양소를 공급해야 한다. 같은 체격의 영아라도 개인의 신체 활동량에 따라 음식에 대한 요구량이 다르므로, 영아의 특성에 맞는 다양하고 영양가 있는 식사를 제공하는 것이 중요하다.

영아의 건강한 성장을 위하여 적절한 식품을 선택하고 음식 섭취 방법이나 식품 위생에 각별한 주의를 기울여야 한다. 또한, 영아기의 영양결핍은 신체적 성장 발육에 영향을 미칠 뿐 아니라 정신적 발달에도 영향이 있으므로, 영양가 있는 음식을 공급하고 건전한 식습관을 길러 주어야 한다.

영유아에게 권장하고 있는 제1식품군은 우유 및 유제품으로 하루 4회, 제2식품군은 단백질 식품으로 하루 3회, 제4식품군인 곡류 및 빵류는 하루 4회, 제3식품군은 과일 및 야채류로 하루 1회, 무기질과 비타민을 공급하는 과일이나 야채류는 2회 정도 제공하는 것이 바람직하다. 영유아기에 제1식품군은 2컵 정도의 우유를 섭취하여 칼슘을 충족시키고, 제2식품군은 부드럽게 조리된 달걀, 뼈를 제거한 생선, 부드러운 닭고기, 씹기 쉬운 식품을 주도록 한다. 제3식품군인 야채 및 과일은 제철에 나는 과일을 섭취하도록 한다. 제4식품군인 곡류 및 전분류는 균형 있게 맞추어 제공하도록 한다.

3) 만 2~7세

올바른 영양소 섭취로 건강한 삶을 영위할 수 있도록 도와야 한다. 특히 유아기에는 신체가 자라고 인지적, 정의적으로 발달하는 데 소요되는 영양이 부가적으로 더 필요하기 때문에 단위 체중당 에너지, 단백질, 수분의 필요량이 성인에 비해 훨씬 크다(김숙이 외, 2016).

(1) 탄수화물

탄수화물은 인간의 생명을 유지하기 위해 필수적인 주요 에너지원이다. 탄수화물 섭취는 두뇌의 기능을 돕는 데 필요한 영양소로, 곡류, 감자류, 단순당질에 많이 함유되어 있다. 탄수화물 섭취가 부족하게 되면 식욕 저하, 당뇨, 갈증뿐 아니라 두뇌 발달에 치명적인 악영향을 미칠 수 있다.

(2) 단백질

단백질은 근육, 혈액, 내장, 머리카락과 같은 신체조직을 구성하며 호르몬이나 효소의 구성 성분으로 기능한다. 단백질 구성단위는 아미노산으로 이 중 체내에서 합성되지 않아 반드시 식품으로 섭취해야 하는 필수 아미노산은 육류, 생선 등의 동물성 식품과 콩이다. 단백질의 불충분한 공급은 정상적인 발육 지연, 근육 강도 저하, 영양실조성 부종, 신경계 이상 등 영유아의 성장 발달을 지연시키거나 신체장애를 유발한다.

(3) 지방

지방은 동물성 식품에 주로 함유된 포화지방산과 식물성 식품에 주로 함유된 불포화지방산으로 구분된다. 불포화지방산 중 필수지방산은 체내에서 합성되지 않아 반드시 식품으로 섭취해야 한다. 필수지방산 섭취가 부족하면 성장발육장애, 생식기 장애, 지질대사의 이상, 지방간 등을 발생시킬 수 있기에 충분한 섭취가 필요하다.

(4) 비타민

비타민은 체내 호르몬과 효소와 같은 생체 화합물을 구성하고 그 기능을 도와주는 등 체내 생리 기능을 조절하는 주요한 영양소이다. 비타민 섭취가 부족할 때 정상적인 신체 발달과 성장을 저해하고, 비타민 종류에 따라 특유의 결핍증이 나타난다.

비타민 A는 성장을 촉진하고 시력 건강과 피부 건강을 돕고 뼈나 치아의 성장 등을 돕는 성분이 포함되어야 한다. 비타민 B는 우리 몸의 에너지 발생과정을 돕는데 결핍 시에는 피로, 식욕 부진, 설염을 일으킨다. 비타민 C는 상처 회복, 철의 흡수를 돕고 세균에 대한 몸의 저항력을 길러 주므로 유아에게 필요한 영양소이다. 비타민 D는 칼슘의 흡수를 도와 뼈와 치아를 튼튼하게 해 주는 등 영유아의 골격 성장에 중요하다.

(5) 무기질

무기질은 우리 몸의 조직을 구성하고 체내 생리 기능을 조절한다. 무기질에 해당하는 칼슘은 뼈와 치아를 구성하는데 결핍 시 구루병, 골다공증, 골연화증 등을 유발한다. 영유아기는 골격과 뼈가 급격하게 성장하므로 칼슘이 함유된 식품인 우유, 요구르트 멸치, 치즈의 섭취가 반드시 요구된다.

(6) 물

물은 우리 신체의 60~70%를 차지하며 혈액의 주요 성분으로 영양소를 운반하고 체온을 조절한다. 또한, 소변이나 땀으로 체내의 노폐물을 배출시키는 등 인체의 기본적인 신진대사를 돕는다. 특히 활동량이 많은 영유아기에 수분 공급이 부족하지 않도록 과일, 주스 등 수분이 많은 식품을 보충해 줄 필요가 있다.

2 영양문제

1) 대표적인 영양문제

(1) 소아비만

비만증은 라틴어의 지방(adeps)과 다식(多食, obedo)이란 어원에서 유래되었으며, 비만이란 지방조직과 관련된 질환 혹은 지방조직의 비율이 정상범위를 초과한 상태이다. 비만증이 발생하는 시기는 출생 후 1년간, 만 4~11세, 청소년기로 분류한다. 의학적인 비만아의 정의는 체중이 신장별 표준체중보다 20% 이상일 때로 하며, 비만도 20~30%는 경도 비만, 30~50%는 중증도 비만, 50% 이상은 고도비만이다. 소아비만은 지방세포만 커지는 성인 비만과 다르게 지방세포의 수도 같이 증가하고 신체구조상 비만이 고착될 가능성이 매우 크다.

우리 아이 비만 계산법

$$\text{비만도}(\%) = \frac{\text{실측 체중} - \text{신장별 표준체중}}{\text{신장별 표준체중}} \times 100$$

비만의 원인은 아직까지도 명확히 규명되지 않았으나 크게 유전, 식습관, 운동부족, 정신적·사회적 요인으로 구분할 수 있다(Kagamimori et al., 1999; Muecke et al., 1992). 유전적으로는 부모가 비만인 경우가 해당되며, 과도한 인스턴트 식품 섭취, 아침식사의 결식, 빠른 식사속도와 과식, 편식, 빈번한 간식 섭취 등의 잘못된 식습관도 원인이 된다. 또한, TV, 비디오, 컴퓨터에 앉아 있는 시간이 많아지면서 운동부족의 문제, 사회적으로 놀이 공간부족, 교통수단의 발달로 인한 자가용 이용의 보편화, 애정결핍과 같은 욕구불만을 해소하는 수단으로 폭식을 선택하는 정신적 요인 등이 복합적으로 작용할 수 있다.

유아는 자의식이 발달하는 시기이므로 비만으로 인한 뚱뚱함에 대한 부끄러움, 친구들의 놀림 등은 콤플렉스로 이어져 좌절감을 유발시키고, 이는 성격형성에 부정적 영향을 초래할 수 있다. 신체적 열등감은 정서불안을 초래하면서 또다시 스트레스 해소를 위해 과식을 택하는 악순환을 밟게 된다. 또한, 소아비만도 성인비만과 마찬가지로 비염, 폭식증, 천식, 소화기장애, 소아 관절염 등의 합병증과 당뇨병, 고혈압, 고지혈증 등의 성인병까지도 유발한다.

소아비만은 식생활환경의 개선으로 충분히 해결 가능하며, 비만은 치료하는 것보다 조기에 발견하여 예방·관리하는 것이 보다 효과적이다. 식생활 관리에 대해 구체적으로 살펴보면 다음과 같다.

소아비만 예방을 위한 방법

- 천천히 먹는 습관을 들여야 한다. 하루 세끼 식사는 정해진 양을 규칙적인 시간에 먹고, 간식은 하루에 두 번 정도 일정한 시간에 준다. 그리고 잘 씹어 먹으면 음식의 맛이 깊어짐과 동시에 음식물이 작은 알갱이가 되어 소화와 흡수가 빨라진다. 더불어 먹는 양도 줄게 된다.
- 영양을 고루 섭취할 수 있도록 식단을 짠다. 저열량, 저탄수화물, 고단백질 식이요법을 원칙으로, 총칼로리의 25~30%는 지방질, 55~60%는 탄수화물, 나머지는 단백질을 섭취하게 식단을 짜야 한다.
- 올바른 생활 패턴을 익혀야 한다. 집안이나 밖에서 자주 움직이고, 아파트도 엘리베이터보다는 계단을 이용하며, TV를 볼 때는 눕지 말고 앉아서 보고, 독서도 바르게 앉아서 하도록 한다.
- 아이에게 맞는 운동을 찾아야 한다. 아이들은 체계적인 운동이 아니라 밖에서 한두 시간 뛰노는 것만으로도 운동 효과를 볼 수 있다. 걷기, 체조, 자전거 타기, 수영 등은 대표적인 유산소 운동이다. 특히 자전거와 수영은 무릎이나 발목 관절에 부담을 주지 않아 적당하다.
- 그릇 크기는 작게, 횟수는 자주 먹는 것이 좋다. 그릇의 크기를 줄이고 자주 먹도록 지도하면 식사량이 줄어 체중 증가를 억제할 수 있다.

영유아교육기관에서는 급식은 정상적인 발달에 필요한 영양을 섭취할 수 있도록 영양사가 작성한 식단에 의하여 공급하되, 영유아 100인 미만을 보육하는 경우에는 인근 육아종합지원센터, 보건소 및 「어린이 식생활 안전관리 특별법」 제21조에 따른 어린이급식관리지원센터 등의 영양사 지도를 받아 식단을 작성해야 한다. 또한, 영유아 단체급식에 있어 과학적 근거에 기반한 영양관리가 필요함에 따라 영유아 영양기준량과 공급량을 설정해야 한다.

〈표 7-1〉 식품군별 대표식품 영유아 1인 1회 분량

식품군						
곡류 (190kcal)	밥 ⅔공기 (130g)	백미 (55g)	국수 ½대접 (건면 60g)	떡국용 떡 1인분 (80g)	모닝빵 2개 (60g)	고구마(0.5회) (중) ⅓개 (80g)
고기·생선·달걀·콩류 (50kcal)	육류 ½접시 (생 30g)	닭고기 1조각 (생 30g)	생선 ½토막 (생 30g)	콩 (10g)	두부 1조각 (약 ⅛모) (40g)	달걀 ½개 (30g)
채소류 (7kcal)	콩나물 ½접시 (생 35g)	시금치나물 ½접시 (생 35g)	버섯 (생 15g)	미역 (불린 것 15g)	배추김치 (생 20g)	오이소박이 (30g)
과일류 (25kcal)	사과(중) ¼개 (50g)	귤(소) 1개 (50g)	참외(중) ¼개 (100g)	딸기(소) 5알 (100g)	바나나(중) ½개 (50g)	오렌지주스 ¼컵 (50g)
우유·유제품류 (60kcal)	우유 ½컵 (100g)	호상요구르트 ¼컵 (시판제품 약 ½개) (50g)	액상요구르트 ⅓컵 (시판제품 약 ½개) (75g)	아이스크림 ¼컵 (50g)	치즈 ½장 (10g)	
유지·당류 (23kcal)	식용유 ½작은술 (2.5g)	버터 ½작은술 (2.5g)	마요네즈 ½작은술 (2.5g)	설탕 ½큰술 (5g)	꿀 ½큰술 (5g)	

* ½대접, ½접시, ½조각, ½토막이라 함은 성인 1인 분량(한국영양학회 1회 분량 기준)을 1로 했을 때의 ½을 뜻함

출처: 식품의약품안전처·어린이급식관리지원센터(2013).

(2) 식품알레르기

알레르기(allergy)는 그리스어로 변형된 것을 뜻하는 'allos'에서 유래된 말로, 식품알레르기란 특정 식품을 섭취한 후에 인체의 면역계가 과민하게 반응하는 것이다. 일반적으로 식품알레르기는 성인보다 유아기, 아동기에 발생 빈도가 더 높고, 영유아의 약 4~8%, 성인의 1~2%에서 증세를 보인다(Lee et al., 2012). 이유식과 간식을 처음 접하게 되는 생후 3~6개월 무렵부터 특정 식품에 대한 알레르기 반응이 나타나며 생후 24개월 동안 가장 높은 발생률을 보인다. 생후 24개월 이전에 나타나는 식품알레르기 반응은 만 3세 이후에 위장관계가 성숙해지고 면역력이 좋아지면 자연스레 사라지기도 한다(〈표 7-2〉 참조).

〈표 7-2〉 식품알레르기 처음 발생 시기와 자연 소실되는 시기

식품	주로 시작되는 시기	자연 소실되는 시기
달걀흰자	6~24개월	만 7세(75% 정도가 자연 소실)
우유	6~12개월	만 5세(76% 정도가 자연 소실)
땅콩	6~24개월	계속 지속 (20% 정도는 만 5세경에 자연 소실)
견과류(tree nut)	만 1~7세(어른의 경우 꽃가루와 교차 반응 후 시작됨)	계속 지속 (9% 정도는 만 5세경에 자연 소실)
참깨	6~36개월	계속 지속 (20% 정도는 만 7세경에 자연 소실)
생선(fish)	초등학교 후반이나 성인기	계속 지속
조개류(shell fish)	60% 정도가 성인기에 시작	계속 지속
밀	6~24개월	만 5세(80% 정도가 자연 소실)
대두	6~24개월	만 2세(67% 정도가 자연 소실)
키위	전 연령	알려져 있지 않음
사과, 당근, 복숭아	초등학교 후반이나 성인기	알려져 있지 않음

출처: 서울특별시 식품안전추진단(2010). 식품알레르기 교육 및 급식관리매뉴얼. 서울특별시.

식품알레르기는 인간이 보유하고 있는 단백질과 다른 일부 단백질에 반응해 일어나는 경우가 흔하다. 식품 속의 단백질은 조리 과정이나 소화 과정에서 분해되는 것이 일반적인데 일부 단백질이 분해되지 않고 체내로 흡수되면서 식품알레르기를 유발시킨다. 특히 영아들은 소화기관이 미성숙해 분자량이 큰 단백질 식품을 섭취하게 되면 신체에서 다른 종류의 단백질로 인식해 식품알레르기 반응이 나타날 수 있다. 한편 식품알레르기는 유전적인 원인이 높은 편이다. 부모 중 한 사람이 알레르기가 있으면 아이에게 식품알레르기가 나타날 가능성이 두 배 높아진다. 또한, 가족 중 아토피 피부염, 천식, 알레르기성 비염 등의 알레르기 질환을 겪는 경우 발생 빈도가 더욱 높은 것으로 알려져 있다.

특정 식품에 대한 알레르기가 있으면 보통 섭취 후 입술과 혀, 입안이 붓고 간지러운 느낌과 두드러기 같은 피부반응이 나타난다. 예를 들어, 새로운 재료로 만든 이유식을 먹이기 전 아기 입술 주위에 살짝 묻혔을 때 빨갛게 부어오르고 시간이 지나면서 기침을 하거나 두드러기, 붉은 반점 등의 증상을 보이면 식품알레르기를 의심해야 한다. 발진과 두드러기, 가려움 등의 피부 반응 외에 기침이나 콧물, 호흡곤란 등 호흡기 증상, 급작스러운 복통이나 구역질, 구토, 설사 같은 위장과 관련된 증상을 보이기도 한다. 알레르기 반응이 심할 경우 드물게는 맥박 상승, 혈압 강하를 동반한 아나필락시스[1] 쇼크와 같은 치명적이고 위급한 상태에 이를 수 있다.

1) 그리스어로 대항한다(against)라는 뜻의 아나(ana)와 방어(protection)라는 뜻의 필락시스(phylaxis)의 합성어로 항원과 항체 면역 반응이 원인이 되어 발생하는 급격한 전신 반응이다. 심할 경우 호흡곤란이나 의식저하, 쇼크 등이 발생할 수 있으며, 적절한 치료를 하지 않으면 사망에 이르기도 한다.

어린이집 식품알레르기 조사에 관한 안내

안녕하세요?

우리 어린이집 급·간식에 애정과 관심으로 지켜봐 주시는 부모님께 감사드립니다. 어린이집 급·간식을 실시함에 있어 식품알레르기로 인하여 영유아들이 건강에 심각한 문제가 발생할 수 있는 점을 고려하여 식품에 대한 알레르기 반응 여부 및 증상에 대한 조사를 실시하고자 합니다. 식품에 대한 심각한 알레르기가 있는 영유아가 있으면 아래 해당 식품과 반응에 대해 기록해서 보내 주시기 바랍니다.

▶ 식품의약품안전처 고시 알레르기 유발식품(13종) 예시

① 난류(가금류) ② 우유 ③ 메밀 ④ 땅콩 ⑤ 대두 ⑥ 밀 ⑦ 고등어 ⑧ 게 ⑨ 새우 ⑩ 돼지고기 ⑪ 복숭아 ⑫ 토마토 ⑬ 아황산염

※ 식품명과 증상은 되도록 구체적이고 자세하게 적어 주시기 바랍니다.

※ 미제출 시 해당사항이 없는 것으로 간주됩니다.

---------------------------------- 절 취 선 ----------------------------------

영유아 식품알레르기 조사서

반 이름:

알레르기 식품명	증상	대체식품 제공자
		□ 어린이집 제공 □ 부모님 제공

*어린이집에서 제공을 원할 경우 특별급식 제공 안내에 기준하여 제공됩니다.

년 월 일

학부모: (인)

연락처:

○○○어린이집

식품알레르기를 예방하기 위해서는 이유식을 시작할 때부터 신경써야 한다. 이유식은 보통 쌀죽으로 시작해 1주 정도 간격을 두고 가장 먼저 고기, 그다음 잎채소, 노란 채소, 과일 순으로 첨가해서 먹인다. 초기에는 반드시 한 가지씩 첨가해서 이상반응 유무를 살펴봐야 한다. 평소 이유식 일지를 작성해 재료와 먹인 뒤 반응 등을 정리해 두면 알레르기 반응을 일으키는 식품을 쉽게 찾아낼 수 있다.

유아기에는 모유나 조제유 이외의 식품을 먹게 되면서 더욱 다양한 식품에 노출된다. 특히 가공품에 포함된 항원을 의식하지 못하고 먹는 경우가 있기 때문에 보다 철저한 관리가 필요하다. 일반적으로 특정 음식에 이상반응을 보인다면 일단 그 음식은 제한해야 한다. 한편 식품알레르기는 아이들이 성장하면서 자연스럽게 없어지는 경우도 많아, 대체식품 없이 무조건 제한하면 아이들의 영양문제를 초래하게 된다. 더불어 아이가 음식에 대한 부정적 생각이나 심리적 불안, 위축, 소외감을 느낄 수도 있으므로, 무조건 금지할 것이 아니라 병원에서의 정확한 진단과 전문가의 도움을 받아 체계적으로 관리해야 한다.

영유아교육기관에서는 입학원서 작성 시 알레르기 질환 관련 내용(예: 알레르기를 유발하기 쉬운 식품의 예 등) 기입을 안내해야 하며, 필요시 전체 원아를 대상으로 한 식품알레르기 조사도 실시한다. 교사는 식품알레르기 유발식품 표시제의 목적 및 표시 방법을 이해하고 원아들의 식사 지도에 적극 참여해야 한다. 특히 식품알레르기가 있는 원아를 파악한 후 해당 알레르기 식품이 포함된 메뉴를 배식받지 않도록 지도하고, 다른 원아들과 나눠 먹지 않도록 해야 한다. 또한, 식품알레르기가 있는 영유아에게는 알레르기 원인이 포함된 음식을 대체식품으로 섭취하도록 한다(〈표 7-3〉 참조).

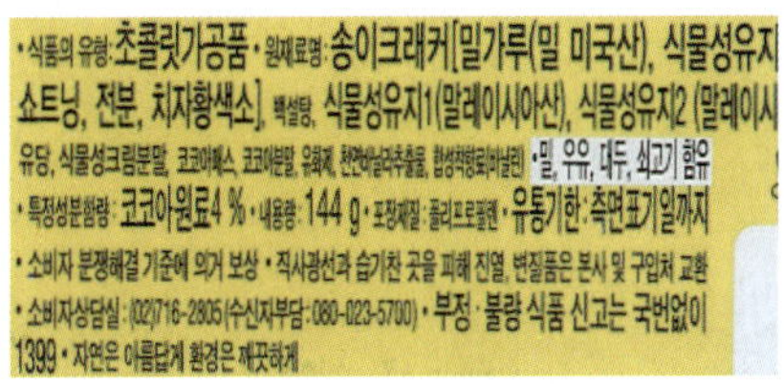

[사진 7-2] 식품알레르기 유발식품 표시제

〈표 7-3〉 식품알레르기 유발식품의 대체식품

알레르기 식품	주의해야 할 식품	대체식품	알레르기 식품	주의해야 할 식품	대체식품
우유	요구르트, 아이스크림, 치즈, 분유, 초콜릿	칼슘두유, 멸치	고등어	등푸른 생선	흰살생선
달걀	어묵, 마요네즈, 케이크, 메추리알	소고기, 닭고기	게, 새우	게맛살	닭가슴살, 두부
땅콩	잼류	아몬드, 잣, 깨	돼지고기	햄, 소시지, 돈가스	해조류, 생선류
밀, 메밀	빵, 과자, 국수	쌀가루로 만든 음식	복숭아	잼류	사과, 배, 바나나
대두	두유, 두부, 콩기름, 된장, 간장	치즈, 소고기, 돼지고기	토마토	주스류	배추, 오이, 무

출처: 어린이급식관리지원센터 홈페이지.

(3) 편식

편식이란 음식에 대한 선호 감정이 강하여 영양적으로 불균형하며(정미라 외, 2012), 식품 선호가 특정 종류에만 치우쳐 발육과 성장에 지장을 초래하는 경우를 의미한다(김연진·송주미, 2009). 편식은 심리적 변화가 많은 만 3세부터 만 7세 전후에 많이 나타나고, 만 4세를 전후해서 음식에 대한 선호와 식욕이 변덕스럽고 불안정해질 수 있다(신은수 외, 2009).

영유아들이 편식을 하게 되는 원인을 살펴보면 첫째, 음식물 자체에 원인이 있는 경우로, 음식물의 색이나 강한 냄새, 그리고 촉감 등이 불편감을 주어 편식을 한다(노은호·김정신, 2007). 대표적인 예로 채소류와 콩류에 대한 편식을 하는 유아를 볼 수 있다.

둘째, 영유아는 익숙하지 않은 맛(오유진·장유경, 2006), 새로운 음식에 대한 막연한 두려움으로 음식에 대한 거부감이 생길 수 있다(고경미, 2012). 예를 들면, 생후 6~7개월의 영아는 낯선 사람들에게 강한 공포 반응을 보인다. 흔히 낯가림이라고 알려진 이런 반응을 심리학에서는 '네오포비아'라고 부른다. '네오

(neo)' 즉 새로운 것이나 낯선 것에 대한 '공포(포비아, phobia)'를 나타낸다. 네오포비아는 상황이나 물건, 사람뿐만 아니라 음식에서도 나타난다. 이유식을 시작하는 6~7개월에 '음식 네오포비아'가 나타나고 만 2~5세에 가장 높게 나타났다가 조금씩 줄어들게 된다. 즉, 나이가 들수록 음식에 대한 친밀도가 점점 높아지기 때문에 네오포비아는 감소한다. 따라서 네오포비아를 줄이기 위해서는 아이가 싫어하는 음식을 받아들이기까지 최소한 8번 이상의 노출이 필요하며, 새로운 음식을 제공하기 전 동화책이나 사진 등을 자주 보여 주어 친숙해지도록 도와주는 것이 좋다.

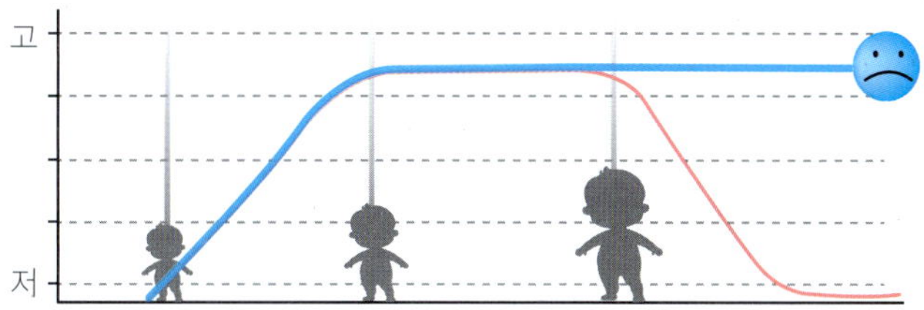

[그림 7-1] 연령에 따른 음식 네오포비아

셋째, 지역 환경에 따라 식품의 사용 범위가 제한된 환경에서 성장하게 되면 처음 접한 음식에 길들여진다. 영유아는 친숙해진 식품을 더 자주 선택하는 경향이 있고 특히 어려서 자주 접한 식품을 커서도 선호하게 된다(곽동경, 2006).

넷째, 영유아들이 부모 또는 가족의 식생활에 영향을 받으며 동화, 모방하면서 식사의 기호 등이 형성된다. 예를 들면, 새로운 식품을 소개하는 부모의 태도에 민감하게 영향을 받는다(Wright & Radiclife, 1992). 예를 들면, 낯선 채소를 참고 먹었을 때 아이에게 칭찬해 주는 것보다 부모가 낯선 채소를 맛있게 먹는 모습을 보여 주는 것이 더 도움이 된다.

영아가 특정 음식에 대하여 거부감을 나타냈는데도 억지로 음식을 먹이려고 하면 부정적인 인식이 형성되어 특정 음식에 대한 편식이 더 강해지게 되고, 교사와의 관계도 나빠지기에 효과적인 식습관 지도가 필요하다(전도근 · 조효연, 2010). 영유아교육기관에서는 영유아가 처음 접하는 음식이나 좋아하지 않는 음식을 간식이나 점심으로 제공할 경우, 모두 먹는 것을 강조하기보다는 한 번이라도 씹어 먹는 것을 격려해야 한다. 반면에 좋아하는 반찬만을 고집해서 먹고자 할 경우에는 나머지 모든 반찬을 먹은 후에 추가로 반찬을 먹을 수 있다는 식사원칙을 정해 놓는 것이 좋다. 또한, 식사에 즐겁게 참여하고 스스로 음식을 골고루 먹어 볼 수 있도록 식사할 때마다 지속적이고 반복적으로 지도해야 한다.

편식에 대한 지도 방법

- 영유아의 경우 좋아하는 음식과 싫어하는 음식에 대한 선호가 뚜렷하다. 싫어하는 음식은 조리법을 바꾸어 조금씩 주어 본다. 기피하는 음식을 보이지 않게 조리하는 것도 한 방법이다.
- 1회 식사는 20~30분으로 제한한다. 싫어하는 음식을 끝까지 먹이려는 노력은 편식을 교정하는 데 도움이 되지 않는다.
- 식사를 소홀히 하고 간식에 치중하는 경우, 규칙적인 식사를 위해 간식의 양과 횟수를 줄인다.
- 음식의 재료나 조리 방법, 맛을 조리하는 사람의 기준에 맞추지 않는다.
- 충분한 운동으로 식욕을 돋운다.
- 배가 고플 때는, 싫어하지만 영양상 먹어야 하는 음식을 먼저 주고 좋아하는 음식은 나중에 준다.
- 즐거운 식사 환경을 만든다.
- 식사량에 대하여 지나치게 관심을 나타내거나 강요하지 않는다. 단, 영양공급은 충분한가를 확인한다.

(4) 변비

대변은 소화 · 흡수되고 남은 음식물 찌꺼기, 소장에서 떨어져 나온 점막세포를 비롯해 세균, 바이러스 등으로 구성되어 있다. 그런데 배변 활동이 규칙적이지 못하거나 변비를 앓고 있다면 대장 속 변이 숙변이 되어 다량의 독소를 뿜게 된다. 즉, 쾌변은 독소 배출의 지름길이다.

변비는 돌이 지난 아이에게 특히 많이 생긴다. 유아의 경우 3일 이상 배변이 없거나, 매일 본다 해도 변이 굳고 충분하지 않은 경우 변비라고 볼 수 있다. 돌이 지난 아이에게서 흔히 보는 변비는 우유를 많이 먹어서 생긴다. 왜냐하면 우유에는 섬유질이 거의 없기 때문이다. 따라서 생우유를 줄이고 채소나 과일을 많이 먹이도록 한다.

유아에게 변비가 생겼을 때는 우유, 아이스크림, 요구르트, 치즈, 삶은 당근, 감, 바나나, 노란 호박 등 변을 딱딱하게 만드는 음식은 변비가 해결될 때까지 먹이지 않는 것이 좋다. 반면에 변비에 좋은 음식은 자두, 살구, 배, 복숭아, 콩, 완두, 시금치, 건포도, 브로콜리, 양배추, 사과 등으로 즙으로 먹이지 말고 건더기 형태로 먹인다(〈표 7-4〉 참조).

〈표 7-4〉 쾌변에 도움을 주는 식품

구분	식품
곡류	현미, 보리, 옥수수, 오트밀, 통밀, 고구마, 감자, 토란
두류	팥, 대두, 강낭콩, 완두콩, 녹두, 비지
견과류	밤, 호두, 은행, 참(들)깨, 잣, 땅콩, 아몬드, 해바라기씨
채소류	배추, 무청, 양배추, 파, 오이, 미나리, 상추, 부추, 풋고추, 도라지, 고사리, 버섯
해조류	김, 미역, 미역줄기, 다시마, 파래, 톳
과일류	사과, 배, 수박, 참외, 자두, 살구, 딸기, 키위, 무화과
기타	곤약, 우무묵

변비에 잘 걸리거나 소화기관이 약한 아기인 경우 배 마사지를 해 주면 효과를 볼 수 있다. 배 마사지는 아기의 면역력을 높여 주고 성장 발육에도 도움이 되어 '영유아 마사지'의 꽃으로 불린다. 마사지는 생후 2개월부터 시작할 수 있고, 하루 2~3회 한 동작당 3~7회 정도 반복하는 것이 기본이다. 수유한 다음에는 1시간 정도 경과해야 하며, 예방주사를 맞았다면 1~2일 뒤에 하는 것이 바람직하다.

〈표 7-5〉 영아를 위한 마사지법

마사지법	방법
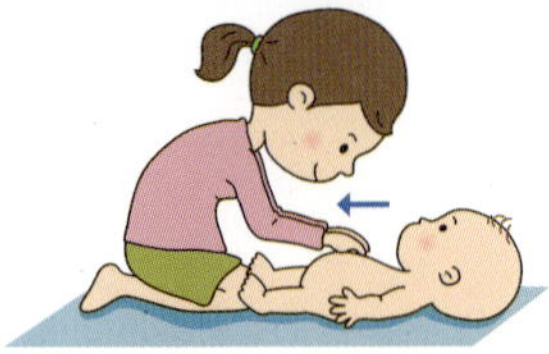 물레방아 수장법	수장은 손바닥을 말함. 엄마의 손바닥을 사용해서 아기의 배를 위에서 아래로 쓸어내리기
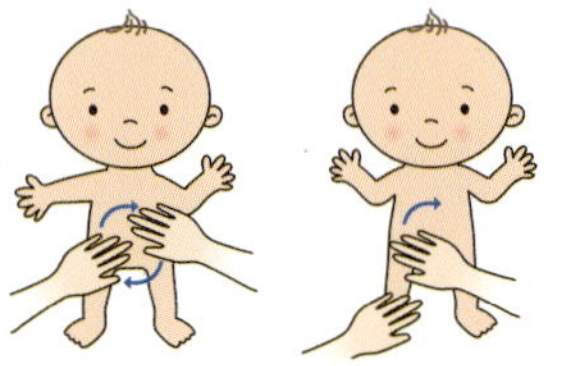 해와 달	엄마의 오른손은 해, 왼손은 달이 됨. 배꼽을 중심으로 오른손과 왼손을 번갈아 가며 반원 그리기
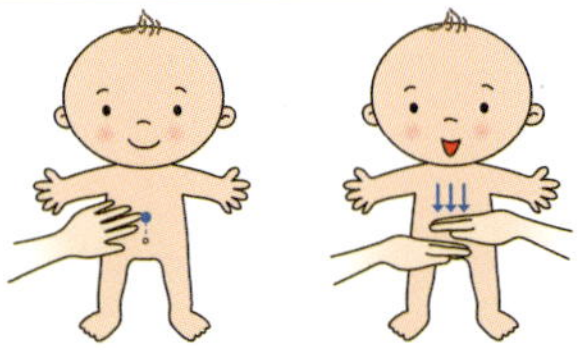 물레방아 소지구법	손바닥을 세워 위에서 아래로 쓸어내리기. 특히 새끼손가락 아래 도톰한 부위를 주로 사용해서 소지구법이라고 함
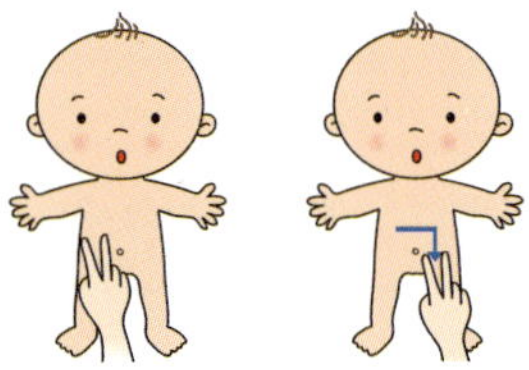 손가락 걷기	장 모양(한글 'ㄱ')을 따라 손가락 걷기
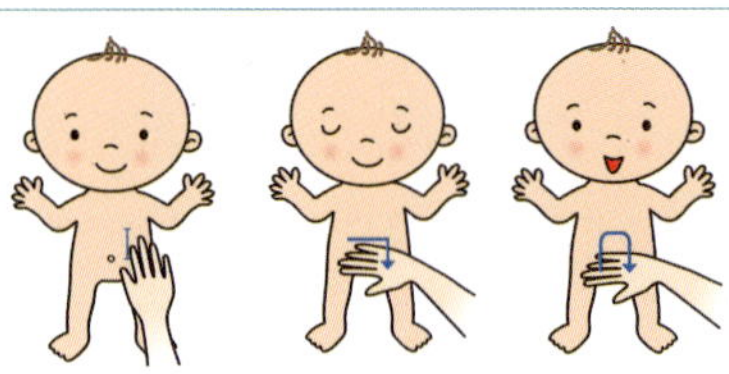 I LOVE YOU	아기가 자신의 배를 내려다보았을 때 기준으로 알파벳 'I', 'L', 'U'를 그려 주기
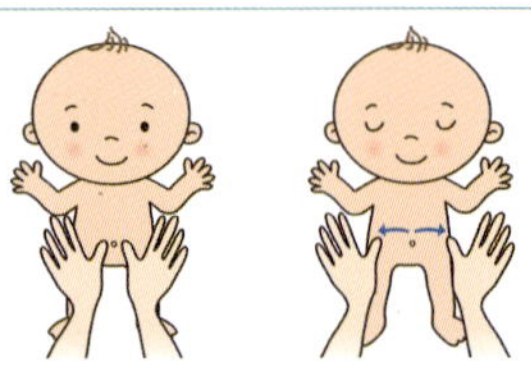 양 엄지로 가로 밀기	부드럽게 배꼽에서 옆구리 방향으로 밀어 주기

(5) 유아 빈혈

유아 빈혈은 대부분 철분이 부족해서 생기는 철 결핍성 빈혈이다. 유아 빈혈이 발생하는 원인은 미숙아로 태어나서 영양분이 부족한 경우, 모유수유를 하거나 미음이나 죽 위주의 이유식을 하면서 철분을 충분히 섭취하지 못한 경우에 나타난다. 또한, 예전에 비해 영양 상태는 좋아졌지만 영양소는 고르게 섭취하지 않는 것도 원인이 된다.

먼저 미숙아로 태어났거나 모유수유를 하는 중에 소아빈혈이 생겼다면 엄마의 철분 부족을 원인으로 봐야 한다. 즉, 아이는 엄마의 영양분을 그대로 받기 때문에 엄마가 철분이 함유된 음식을 꾸준히 섭취하거나 철분제를 복용해서 부족한 철분을 채워야 한다. 하지만 엄마에게 전해 받은 철분은 대략 생후 4~6개월쯤 되면 사라진다. 따라서 그 이후부터는 철분이 풍부하게 들어 있는 이유식을 통해 보충해야 하는데, 그렇지 않을 경우 철결핍성 빈혈이 나타나게 된다.

유아 빈혈이 가장 두드러지는 시기는 생후 6개월과 체중이 급격하게 늘어나는 15개월 무렵으로 이때는 특히 이유식이나 유아식 등 음식의 영향을 많이 받는다. 이유식이나 유아식을 하면서 고기나 생선 등 철분이 함유된 식품을 잘 먹지 않고 편식하면 빈혈이 나타나기 쉽다.

대표적인 빈혈 증상은 피곤해 보이고 운동 능력이 떨어지고, 식욕이 떨어지고 키와 몸무게도 늘지 않고, 피부와 점막이 지나치게 창백해 보인다. 또한, 밤에 잠을 잘 자지 않고 심하게 보채며, 입 주변 피부가 거칠거칠해지고 혀에 염증이 잘 생긴다.

특히 철 결핍성 빈혈은 아이의 신체와 두뇌 성장에 영향을 미친다. 면역력이 떨어져서 병에 자주 걸리고 잘 낫지 않을 뿐 아니라 성장 발달도 지연된다. 무엇보다 철분이 부족하면 뇌에 혈액과 산소 공급이 원활하지 않아 집중력 저하 및 학습장애를 유발시키기도 한다.

유아 빈혈을 예방하기 위해서는 첫째, 생후 6개월 이전에 이유식을 시작하는 것이 좋다. 신생아는 모체로부터 철분을 받은 상태로 태어난다. 하지만 생후 6개월이 지나면 다 소진되므로 이유식을 먹여 철분을 공급해야 한다. 둘째, 철분이 풍부한 음식을 섭취해야 한다. 철분 함량이 높은 식품은 소고기, 닭고기 같은 육류가 대표적이며 콩, 달걀, 건과일, 감자, 시금치, 당근, 브로콜리, 청경채, 미역, 다시마 등이 있다. 셋째, 우유 섭취량을 적절히 제한해야 한다. 우유는 철분이 부족한 대표적 음식일 뿐 아니라 체내 철분 흡수를 방해하는 음식이다. 돌이 지난 아이라면 하루 우유 섭취량은 300~400㎖로 제한하는 게 좋다. 넷째, 철분 흡수를 돕는 식품을 같이 먹는게 좋다. 단백질, 비타민 B·C, 엽산 같은 영양소는 체내 철분 흡수를 돕는다. 육류와 비타민 C가 풍부한 채소 및 과일, 오렌지 주스 등을 같이 먹으면 철분 흡수량을 두 배 정도 늘릴 수 있다. 반면에 콩류나 통밀에 많은 피트산, 우유에 많은 칼슘 등은 철분 흡수를 방해한다.

(6) 식품첨가물

[사진 7-3] 식품 첨가물 표시의 예

출처: 식품의약품안전처.

여성의 경제활동비율이 증가하고 1인 가구의 증가 등으로 과거에 비해 패스트푸드나 인스턴트식품을 이용하는 사람들이 점점 늘고 있다. 식품첨가물은 이미 우리 먹거리 깊숙이 파고들었다.

식품첨가물은 식품을 오래 보관하고, 맛을 좋게 하고, 먹음직스러운 색깔을 내기 위해 음식에 첨가하는 물질을 말한다. 국내에서 많이 사용되는 주요 식품첨가물로는 식품의 산도를 높이는 데 사용되거나 신맛을 주기 위해 사용되는 산미료(구연산, 빙초산 등), 분말제품 등에서 입자가 서로 부착되어 고형화되는 것을 방지하기 위해 사용하는 고결방지제(규산, 마그네슘 등)가 있다. 또한, 기름과 물처럼 식품에서 혼합될 수 없는 물질을 균일한 혼합물로 만들거나 이를 유지시키기 위해 사용되는 유화제(예: 글리세린지방산에스테르, 카세인나트륨), 식품의 맛과 향을 강화시키기 위해 사용되는 향미증진제(예: L-글루타민산 나트륨, 효모 추출물) 등이 있다(〈표 7-6〉 참조).

〈표 7-6〉 식품첨가물의 종류, 기능, 사용식품

종류	기능	사용식품
산미료	· 식품에 신맛을 내기 위해 사용함 · 식품의 맛을 향상시키고 소화효소의 분비를 촉진해 소화흡수를 도움 · 미생물의 번식을 억제하는 효과	음료, 젤리, 잼 등
착색료	· 식품 본래의 색을 유지하거나 향상시킴	사탕, 젤리, 빙과류 등
보존료	· 식품을 오랫동안 보존하기 위해 미생물의 생성을 억제 · 식품의 부패방지와 식중독 예방에 중요한 역할 · 소량을 사용하기 때문에 식품의 맛과 향에는 영향을 주지 않음	빵, 소시지, 치즈 등
산화방지제	· 식품에 함유된 기름의 산화를 막음 · 식품의 영양 손실 및 유해물질의 생성을 억제	껌, 식용유, 마요네즈 등
착향료	· 식품 고유의 향을 유지할 목적으로 사용 · 자연에 존재하는 성분을 이용한 천연착향료와 화학적인 합성을 통해 만드는 합성착향료가 있음 · 식품의 향을 살려 주고, 식욕을 돋우어 주며 다양한 가공식품의 개발을 가능하게 함	껌, 아이스크림, 음료 등
팽창제	· 탄산가스를 발생시켜 케이크, 빵 등을 부풀림 · 식품의 촉감을 개선해 빵은 더욱 부드럽게, 비스킷은 더욱 바삭하게 함	케이크, 빵, 도넛 등
표백제	· 식품의 색소 성분을 표백 · 표백뿐만 아니라 보존 목적으로 사용되기도 함	건조과실류, 곤약분, 건조감자 등

식품첨가물에 대한 안전성 논란은 현재까지도 계속되고 있다. 정부에서는 식품첨가물 엄격한 안전기준을 통과했기에 안전하다고 주장한다. 식품첨가물은 동물실험을 통해 독성시험을 한 후 임상시험을 거쳐 식품에 첨가된다. 실제 가공식품에는 1일 섭취 허용량보다 적은 양이 첨가되기 때문에 적당량의 식품 섭취는 안전하다. 단, 한 가지 식품을 섭취하는 첨가물의 양은 안전수준을 넘지 않도록 조절되지만, 하루에 여러 가지 가공식품을 섭취하는 경우 식품첨가물을 과잉 섭취할 수 있으므로 주의해야 한다.

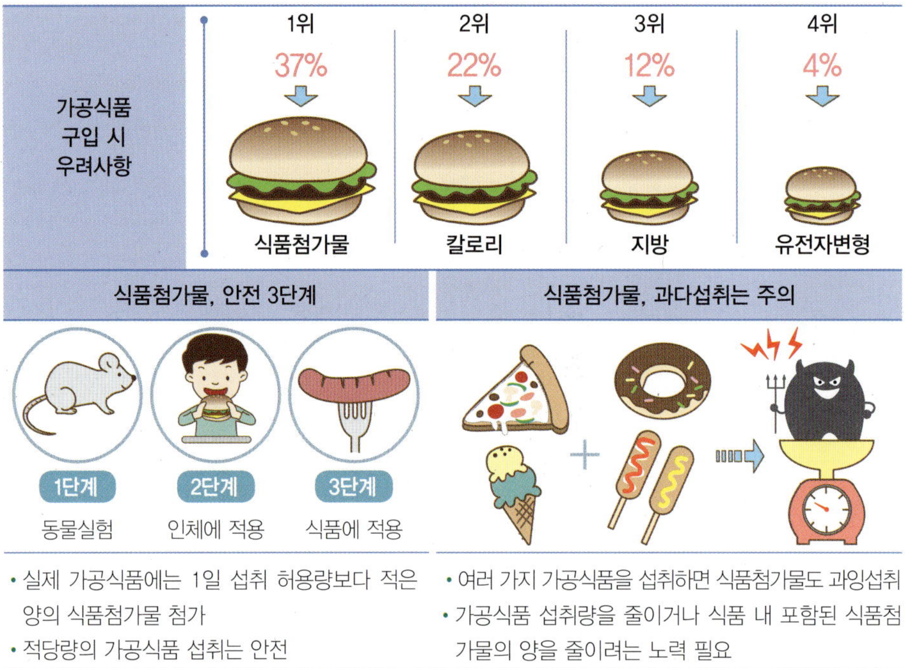

식품첨가물 섭취를 줄이는 방법은 첫째, 두부제조 공정 중에 발생하는 거품을 제거하기 위해 사용하는 소포제와 같은 식품첨가물은 먹기 전 찬물에 헹군다. 둘째, 단무지에 첨가되는 사카린나트륨과 같은 식품첨가물은 찬물에 5분 정도 담가 둔다. 셋째, 어묵에는 미생물 증식에 의해 일어나는 식품의 변질을 막기 위해 첨가하는 보존료 중 대표적인 소르빈산칼슘이 들어 있으며, 햄과 소시지에는 빨간색을

내는 대표적인 발색제 아질산나트륨이 들어 있다. 이러한 가공식품을 섭취할 경우에는 뜨거운 물에 헹구거나 뜨거운 물에 2~3분 데친 뒤 섭취하는 것이 좋다.

식품첨가물, 섭취를 줄이는 방법

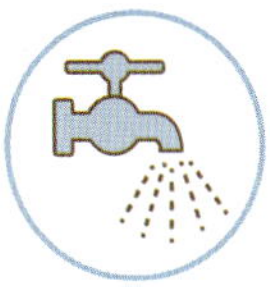

1 물에 헹군다.
예 두부 등

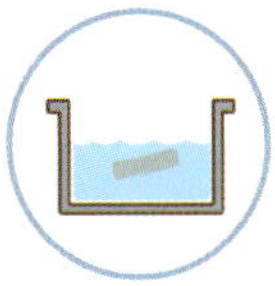

2 물에 담가 둔다.
예 단무지 등

3 뜨거운 물에 데친다.
예 어묵, 햄 등

2) 기타

(1) 어린이 기호식품 품질인증

어린이 기호식품 품질인증이란 안전하고 영양을 고루 갖춘 어린이 기호식품의 제조 가공 유통 판매를 권장하기 위하여 식품의약품안전처장이 정한 기준에 적합한 어린이 기호식품에 대하여 품질인증을 주는 제도이다. 따라서 건강한 먹거리를 위해 학부모나 어린이가 마트에서 간식을 고를 때 제품 포장지에 '어린이 기호식품 품질인증 식품' 마크가 있는지 확인해야 한다.

〈표 7-7〉 어린이 기호식품 품질인증 기준

기준	
안전기준	1. 가공식품: HACCP기준에 적합한 식품 및 수입식품 등 사전확인 등록식품 2. 조리식품: 모범업소 조리식품 및 모범업소 기준에 준하는 업소 조리식품 등
영양기준	1. 당류를 첨가하지 않은 식품(과·채주스) 2. 1회 섭취 참고량당 영양소기준치에 적합(열량, 포화지방, 당류)하거나, 영양소기준치의 10% 이상(단백질, 식이섬유), 영양성분기준치의 15% 이상(비타민, 무기질) 중 2개 이상 함유식품
식품첨가물 사용기준	1. 식용타르색소, 합성보존료(빵류, 어육가공품, 음료류, 즉석섭취식품, 조리식품) 및 화학적 합성품(어육가공품, 용기면) 미사용 식품

(2) 어린이 식품안전 보호구역(그린푸드존, Green Food Zone)

어린이 식품안전 보호구역 또는 그린푸드존은「어린이 식생활안전관리 특별법」제5조에 의해 안전하고 위생적인 식품판매 환경의 조성으로 어린이를 보호하기 위해 시장·군수 또는 구청장이 학교와 해당학교의 경계선으로부터 직선거리 200m의 범위 안에 지정하여 관리하는 구역이다.

[그림 7-2] 그린푸드존 지도

출처: 식품의약품안전처(2016). 어린이 식생활안전관리 매뉴얼.

여기서 상인들은 불량 식품, 패스트 푸드, 탄산음료, 지방이 많이 들어 있는 과자를 판매할 수 없다. 어린이 식품안전 보호구역에는 어린이 식품안전 보호구역의 표지판 등을 설치하고, 어린이 기호식품을 조리 또는 진열·판매하는 즉석판매제조·가공업, 식품자동판매기영업, 휴게·일반음식점영업 등은 '어린이 기호식품 조리·판매업소'로 관리된다.

[사진 7-4] 어린이 식품안전 보호구역 표시판

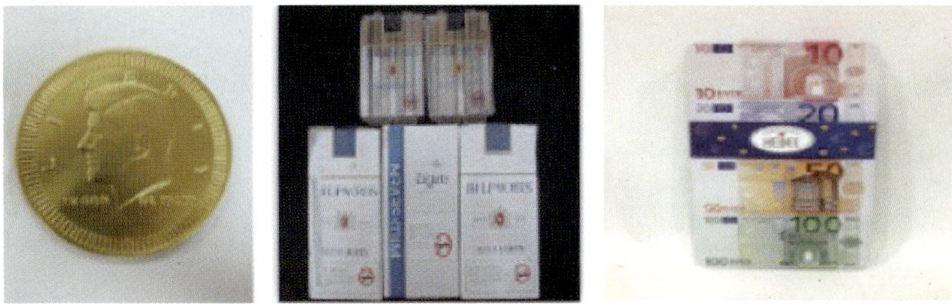

[사진 7-5] 돈, 화투, 담배 모양의 도안을 용기. 포장에 사용하여 만든 식품

출처: 식품의약품안전처(2016). 어린이 식생활안전관리 매뉴얼.

보호구역으로 지정되면 정기적으로 어린이 기호식품 전담 관리원이 어린이 기호식품 조리·판매업소의 식품위생에 관한 지도 및 계몽을 실시하며 어린이 식품안전 보호구역에서 고열량·저영양 식품, 고카페인 함유 식품 및 정서저해식품(골격모양을 포함한 사람의 형태나 머리, 팔, 다리 등의 특정 부위 모양으로 혐오감을 유발하는 식품) 판매 여부 등을 확인 점검한다.

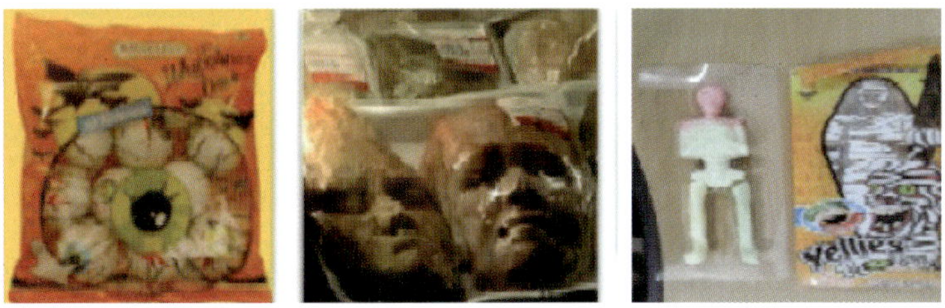

[사진 7-6] 정서저해식품의 예시

출처: 식품의약품안전처(2016). 어린이 식생활안전관리 매뉴얼.

3 식습관 지도 및 식사예절

식습관이란 개인이 가진 식생활 관련 습관을 말하며, 학습된 과정을 통해 습득한 식생활 행동이 자동적으로 반복되는 것이다. 영유아기는 성인과 달리 왕성한 신진대사와 계속적인 성장발육이 이루어지므로 생명유지에 필요한 영양소

외에도 성장과 활동에 필요한 영양소가 요구되는 시기이다. 이때 형성되는 생활의 습관들이 성인이 되어서도 지속되기 때문에 올바른 식습관 형성은 중요하다(장소영, 2002). 올바른 식습관이란 영유아가 적절한 영양소 섭취를 위한 올바른 식사태도 및 식사 예절을 익혀 습관화하는 것을 의미하며 적당히 먹기, 적절하게 도구 사용하기, 바른 자세로 먹기 등이 포함된다(주영은 외, 2016). 이러한 식습관은 영유아의 건강 문제, 사회적 관계 형성, 긍정적 자아감 형성에 영향을 주기에 일상생활 속에서 올바른 식생활이 꾸준히 이루어지도록 해야 한다.

특히 유아기는 유즙 하나로 모든 영양소를 공급받던 영아기와 달리, 성장 발달이 활발히 진행되는 시기로, 영양요구량은 많으나 소화기의 용량이 작고 소화 기능이 미숙하여 정규 식사만으로는 충분한 영양을 섭취하기 어려우므로 세끼의 식사 외에 적어도 하루 두 번의 간식을 통해 영양 보충을 받아야 한다(정미라 외, 2012). 또한, 유아는 간식 시간을 통하여 음식에 대한 기호와 태도, 식사 예절 등 여러 가지의 바람직한 식습관을 형성하게 되므로 간식은 성장기의 유아에게 영양적으로 정서적으로, 또 교육적으로 꼭 필요하다(문수재 외, 1994; 박유미·안연경, 2012). 그러나 간식을 통해 과도하게 열량을 공급할 경우 다음 식사에 영향을 줄 수 있으며, 식욕을 감퇴시키거나 바람직하지 못한 식습관을 조장하는 등 좋지 못한 결과를 가져올 수 있으므로 분별력 있고 계획적인 식사를 제공해야 한다(신은경, 2005).

일반적으로 영유아교육기관의 기본 보육 시간 동안 한 끼의 식사와 오전과 오후 각 1회의 간식을 제공한다. 점심시간은 영유아들이 건강한 생활의 기초를 다지고(문정욱·서영숙, 2008) 식사습관 및 태도 등의 기본생활 습관을 형성하는 매우 중요한 시간이 된다(정혜민, 2009). 특히 올바른 식생활 습관과 음식 수용 태도가 또래 관계와 관련이 있고(김은지, 2004), 식습관이 인성과 사회성 발달, 공동체 의식 형성에도 효과가 있다는 점(양일선·김온기, 1997)에서 간식 및 점심시간의 식습관 지도를 통한 영유아기의 적절한 영양 섭취와 바람직한 식습관 형성이 매우 중요하다.

교사는 식습관 지도를 통하여 영유아들이 균형 있는 영양식을 섭취하며, 음식물과 건강의 관련성을 알게 하고, 식사예절을 몸에 익히도록 함으로써 바른 태도를 형성하고 나아가 원만한 성격으로 성장할 수 있도록 지도하여야 한다(김은희, 2005). 또한, 모든 아동의 요구를 수용해서 음식을 준비할 수 없지만 어떤 아동이 특정 음식을 좋아하지 않을 때는 대체음식을 제공해 주어야 하며, 영양이 풍부한 간식 또한 반드시 제공되어야 한다.

올바른 식습관을 돕는 방법으로 영유아를 식사 준비나 요리과정에 직접 참여할 수 있게 하여 수저 놓기, 음식 나르기, 간단한 설거지, 채소 씻기, 과일 껍질 벗기기, 음식물 혼합하기, 요리과정에 참여하기 등을 통해 식생활에 대한 올바른 태도를 형성할 수 있다.

[사진 7-7] 식습관에 대해 지도하는 모습

사진출처: 3차 어린이집 표준보육과정 교사용 지침서

편식에 대한 지도 방법

- 식사 전 테이블을 행주로 닦아 쾌적한 환경에서 식사를 하도록 한다.
- 식사 시간에는 수저와 포크를 사용하고, 음식을 흘리지 않고 먹도록 한다.
- 식사 전후로 감사하는 마음을 가지도록 하며, 입에 음식이 있을 때 말하지 않고 먹는 예절을 가르치도록 한다.
- 영아의 경우 직접 숟가락을 들고 먹도록 하며, 골고루 먹는 습관을 가지도록 한다.
- 식사 시 먹는 속도가 느린 유아의 경우 부지런히 먹도록 격려한다.
- 식사를 다 한 경우에 다른 사람의 식사를 방해하지 않도록 한다.

HEALTH EDUCATION

제4부

영유아교육기관의 건강교육

8장

국가수준 교육과정과 기관평가인증

국가적 수준에서 영유아가 경험해야 할 태도와 가치, 지식과 기술을 제시하는 것은 표준보육과정과 누리과정이다. 표준보육과정은 입법화된 보육과정으로 보육의 질적 기회 균등을 보장하기 위해 2007년 표준보육과정의 구체적 보육내용 및 교사지침이 고시된 이후 국가수준의 보육의 질적 수준을 높이는 데 크게 기여하였다.

2020년에 고시된 제4차 어린이집 표준보육과정은 만 0~1세 보육과정, 만 2세 보육과정, 만 3~5세 보육과정(누리과정)으로 구성되어 있는데, 만 0~2세 표준보육과정은 기본생활, 신체운동, 의사소통, 사회관계, 예술경험, 자연탐구의 6개 영역을 중심으로 구성되어 있다.

누리과정은 유치원 교육과정과 어린이집 표준보육과정을 통합한 공통과정으로 2011년 만 5세 누리과정이 공포된 후 2012년 만 3~5세로 확대되어 고시되었으며, 2013년부터는 만 3~5세를 대상으로 적용되기 시작하였다. 2019년 누리과정이 개정되었으며, 신체운동·건강, 의사소통, 사회관계, 예술경험, 자연탐구의 교육과정 5개 영역은 유지하되, 만 3~5세 연령별 누리과정 세부 내용을 연령별 구분 없이 통합하고 유아가 경험할 내용 59개로 간략화하였다.

본 장에서는 만 0~2세 영아의 건강교육은 어린이집 표준보육과정 중 '기본생활영역(보건복지부, 2020)'을 중심으로, 만 3~5세 유아의 건강교육은 2019 개정 누리과정의 '신체운동 · 건강 영역(교육부 · 보건복지부, 2019)'을 중심으로 살펴보고자 한다.

한편 우리나라 유치원과 어린이집은 모두 국가수준에서 개발된 평가인증지표로 다방면의 운영수준이 측정 · 평가되고 있다. 두 기관은 이원화되어 있기 때문에 각각 다른 평가제도와 항목을 가지고 있지만 세부적인 내용에는 유사점이 많은 편이다. 따라서 본 장에서는 건강교육 관련 교육내용과 함께 유치원과 어린이집의 평가인증과정에서 점검되는 건강 관련 평가항목도 살펴보고자 한다.

1 제4차 어린이집 표준보육과정과 건강교육

2020년 제정 · 고시된 제4차 표준보육과정은 만 0~1세, 만 2세 보육과정으로 구성되어 있다. 표준보육과정의 6개 영역 중 건강교육과 관련된 내용은 '기본생활'영역에 포함되어 있다. 기본생활 영역의 내용 및 세부 내용을 연령별로 살펴보겠다.

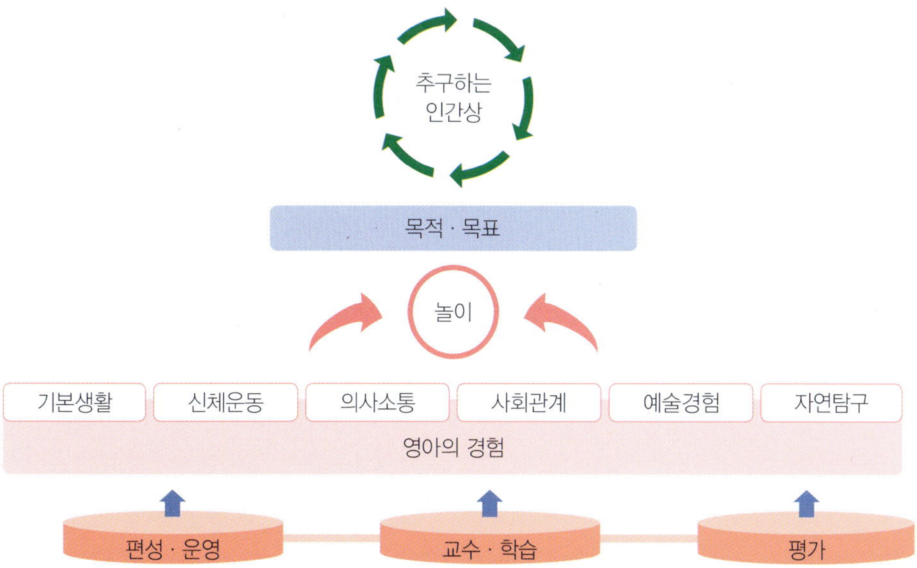

1) 기본생활 영역의 내용범주 및 세부내용

표준보육과정의 기본생활 영역의 내용범주는 '건강하게 생활하기'와 '안전하게 생활하기'로 구성되어 있다. '건강하게 생활하기'와 '안전하게 생활하기'는 건강하고 안전한 일상생활을 위한 기본생활 습관에 관한 내용을 포함하고 있다. 전체적인 내용은 연령이 높아질수록 기본생활 영역의 내용범주에 따라 연령별 내용이 점점 확장된다. 기본생활 영역의 내용범주와 연령별 내용은 다음 〈표 8-1〉과 같다.

〈표 8-1〉 표준보육과정 기본생활 영역의 내용범주와 연령별 내용

내용범주	내용	
	만 0~1세 보육과정	만 2세 보육과정
건강하게 생활하기	도움을 받아 몸을 깨끗이 한다.	자신의 몸을 깨끗이 해 본다.
	음식을 즐겁게 먹는다.	음식에 관심을 가지고 즐겁게 먹는다.
	하루 일과를 편안하게 경험한다.	하루 일과를 즐겁게 경험한다.
	배변 의사를 표현한다.	건강한 배변 습관을 갖는다.
안전하게 생활하기	안전한 상황에서 놀이하고 생활한다.	일상에서 안전하게 놀이하고 생활한다.
	안전한 상황에서 교통수단을 이용해 본다.	교통수단을 안전하게 이용해 본다.
	위험하다는 말에 주의한다.	위험한 상황에 대처하는 방법을 경험한다.

출처: 보건복지부(2020). 제4차 어린이집 표준보육과정 고시문.

2) 기본생활 영역의 성격 및 목표

(1) 성격

'건강하게 생활하기'에서는 건강, 영양, 위생적인 생활을 강조하며, 영유아의 위생과 청결, 수면과 휴식, 바른 식생활 등 의식주에 대한 올바른 습관을 기르도록 하여 발달을 촉진하고 심신을 건강하게 한다.

'안전하게 생활하기'에서는 안전사고 예방, 대처능력의 향상을 강조하며 영아가 안전하게 놀이하는 방법과 위험한 상황을 알고 위험한 상황에 처하게 되었을 때 침착하고 적절하게 대처하며 자신의 안전뿐만 아니라 타인의 안전을 배려하는 안전생활을 습관화하도록 한다.

(2) 목표

기본생활 영역은 영아가 건강하고 안전한 일상생활을 경험하도록 하고 건강하고 안전한 생활습관의 기초를 마련하는 데 목표를 둔다. 영아의 주변 환경을 청결하고 안전하게 조성해 주고 영아에게 건강 및 안전과 관련한 활동을 일상생활 속에서 경험하게 하여 기본생활 습관을 익히도록 한다.

3) '건강하게 생활하기'의 연령별 내용

〈표 8-1〉에서 나타난 바와 같이 기본생활 영역의 내용범주는 건강교육과 안전교육을 모두 포함하고 있다. 여기서는 만 2세 이하를 위해 표준보육과정에서 제시하고 있는 건강에 대한 교육내용을 연령별로 추출하여 소개하기로 하겠다.

(1) 만 0~1세

표준보육과정 중 기본생활 영역의 건강교육 관련 내용범주 및 내용은 다음의 〈표 8-2〉와 같다.

〈표 8-2〉 기본생활 영역 중 '건강하게 생활하기' 만 0~1세 내용 및 세부내용

내용범주	내용
	만 0~1세 보육과정
건강하게 생활하기	도움을 받아 몸을 깨끗이 한다.
	음식을 즐겁게 먹는다.
	하루 일과를 편안하게 경험한다.
	배변 의사를 표현한다.

출처: 보건복지부(2020). 제4차 어린이집 표준보육과정 고시문.

'건강하게 생활하기'는 심신을 건강하게 하여 최적의 발달과 더불어 바른 생활습관을 형성하는 데 중점을 두고 있다. 〈표 8-2〉에 나타나듯이 만 0~1세 표준보육과정의 기본생활 영역 중 건강교육과 관련된 '건강하게 생활하기'에서 다루어야 할 내용은 '도움을 받아 몸을 깨끗이 한다', '음식을 즐겁게 먹는다', '하루의 일과를 편안하게 경험한다', '배변 의사를 표현한다'로 구성되어 있다. '건강하게 생활하기'의 내용체계를 구체적으로 살펴보면 다음과 같다.

■ 도움을 받아 몸을 깨끗이 한다

'도움을 받아 몸을 깨끗이 한다'는 영아에게 청결하고 위생적인 생활습관이 들도록 몸과 손, 그리고 이를 닦게 하는 내용이다.

신체활동과 대사활동으로 인해 피부를 통하여 노폐물이 활발하게 배출되는 영아에게 자주 목욕을 해 주고, 흡수성이 좋은 의복으로 갈아입혀 청결상태를 유지하도록 한다는 것이다.

이는 수유, 식사 전후, 놀이가 끝났을 때, 그리고 배변 후 교사가 다정한 태도로 얼굴이나 손을 씻어 주거나 영아 스스로 씻도록 도와주는 것을 의미한다. 영아는 치아가 완전히 나지 않아 구강위생에 소홀해질 수 있다. 구강위생을 소홀히 하면 각종 호흡기 질환과 소화기 질환에 노출될 수 있으므로 수유를 한 뒤에는 반드시 양치를 해 준다. 영아의 구강 점막에 붙어 있는 우유나 토사물 찌꺼기

를 떼어내기 위해서는 온수를 적신 거즈에 아기용 구강세정제를 묻혀 손가락 사이에 끼워 넣고 잇몸, 혀, 구강 점막을 깨끗이 닦아 준다. 식사 후에는 영아들이 이를 닦도록 지도하고, 이 닦는 것이 서투른 영아는 부드러운 개인용 칫솔을 사용하여 칫솔질을 해 준다.

■ 음식을 즐겁게 먹는다

'음식을 즐겁게 먹는다'는 영아가 모유나 우유, 이유식 그리고 다양한 음식을 경험함으로써 음식에 대한 선호도, 식사예절, 위생적인 식습관 등 바른 식습관의 기초를 형성하도록 하는 내용이다.

어릴 때부터 건강한 몸으로 성장하도록 다양한 음식의 맛과 향, 질감을 경험하게 하여 먹는 일이 인생의 즐거운 경험 중의 중요한 한 부분으로 인식되도록 함으로써 영아가 올바른 식습관과 식사예절을 익히도록 지도하여야 한다. 영아가 15~18개월 무렵이 되면 대부분 이유가 완료되고 식성도 뚜렷해진다. 영아 개인의 기호와 식습관, 섭취량을 정확하게 파악하여 적당한 음식의 양과 적절한 영양을 섭취할 수 있도록 배려한다. 여러 가지 음식을 한 번에 한 가지씩 적응하도록 하고, 그 음식들에 익숙해지도록 자주 준다. 교사와 영아의 의사소통은 수유에서 시작하므로 영아 혼자 우유병을 들고 마시게 해서는 안 된다. 영아 혼자 우유병을 들고 마실 경우, 우유를 토하거나 폐로 흘러드는 등 위험한 상태가 될 수 있다.

또한, 영아가 이유를 시작하면서 숟가락으로 떠 먹는 방식에 익숙해지도록 하는 것이다. 만 1세 영아는 수저와 식기, 식탁을 사용하게 되고 여럿이 어울려 식사를 할 수 있다. 따라서 기본적인 식사예절을 지도하기 시작해야 한다.

'음식을 즐겁게 먹는다'는 함께 식사하는 것과 음식을 먹는 것 외에도 대인관계의 기초적인 기술을 배울 수 있다는 점에서 중요한 의미가 있다. 식사 양을 조절하지 못하는 영아에게는 처음 음식을 줄 때 양을 약간 적게 제공하고 영아가 원하면 더 주도록 한다. 또 영아가 음식을 거절하면 강요하지 않는다. 억지로 먹이면 음식 섭취에 심각한 문제가 생길 수 있기 때문이다. 영아가 식사시간을 즐거운 시간으로 인식할 수 있도록 통제는 되도록 적게 하되 다른 사람의 식사를 방해하지 않도록 지도한다. 올바른 식습관은 영양가 있는 먹음직스런 음식을 주고, 편안한 분위기에서 식사할 수 있도록 식사시간을 넉넉히 주며 바람직한 식사예절을 지도해 줌으로써 장려할 수 있다.

■ 하루 일과를 편안하게 경험한다

'하루 일과를 편안하게 경험한다'는 수면, 휴식, 활동, 배변 등 일상생활이 규칙적이고 안정감 있게 습관이 형성될 수 있도록 지도하는 내용이다.

대사활동이 왕성하고 활동량이 많은 영아들에게 수면을 충분히 취하게 하고 편안하게 쉬도록 하여 수면과 휴식의 중요성을 하루 일과 속에서 편안하게 경험하도록 한다. 수면시간이 부족한 영아는 집중력 부족, 성격 이상, 성장 발달 저하 그리고 질병 발생 등의 문제가 생길 수 있기 때문에 안정된 숙면을 취할 수 있도록 환경을 만들어 주어야 한다. 영아의 수면은 얼마나 잤느냐보다 얼마나 숙면할 수 있는지, 그리고 건강하고 원기 왕성하게 하루를 보내고 있는지를 살펴보아야 할 것이다. 낮잠을 자는 동안 영아들은 손가락을 빨 수도 있고 이불이나 옷자락을 빨기도 한다. 이러한 습관이 영아에게 안락감을 준다는 사실을 이해하고 습관을 교정하기 위하여 훈계하기에는 적절한 때가 아니므로 영아들의 개별적인 특징과 상황을 존중해야 하며, 영아 각자가 안정적으로 휴식을 취할 수 있도록 환경을 제공하고 심리적으로 편안한 분위기를 만들어 준다.

또한, 영아가 하루 일과를 편안하게 경험할 수 있도록 영아가 안정된 마음으로 놀이에 참여하게 한다. 어린이집의 보육환경은 생활의 장이며, 동시에 놀이의 장이기도 하다. 보육환경은 영아들의 놀이를 이끌어낼 수 있는 동적인 것과 정적인 것이 어우러진 공간을 제공해야 하며, 교사는 영아에게 부드러운 말씨와 표정으로 다가가 안심하고 즐겁게 놀이를 할 수 있는 분위기를 조성한다.

■ 배변의사를 표현한다

'배변 의사를 표현한다'는 영아의 배설하고자 하는 욕구 표현에 교사가 주의를 기울이고, 배뇨 간격을 파악하여 영아가 즐거운 분위기에서 배변 의사를 표현하도록 지도하는 내용이다. 생후 15~18개월 무렵부터 배설 패턴이 안정되므로, 영아의 배변 예상시간에 맞추어 화장실에 갈 시간이 되었다는 것을 알리고, 정해진 장소에서 배변하도록 지도한다. 영아가 변기에 배변하게 되면 칭찬을 해 주어 배변습관을 들이도록 한다.

[사진 8-1] 유아용 변기 및 화장실

[사진 8-2] 유아용 화장실

(2) 만 2세

표준보육과정 중 기본생활 영역의 건강교육 관련 내용범주 및 내용은 다음의 〈표 8-3〉과 같다.

〈표 8-3〉 기본생활 영역 중 '건강하게 생활하기' 만 2세 내용 및 세부내용

내용범주	내용
	만 2세 보육과정
건강하게 생활하기	자신의 몸을 깨끗이 해 본다.
	음식에 관심을 가지고 즐겁게 먹는다.
	하루 일과를 즐겁게 경험한다.
	건강한 배변 습관을 갖는다.

출처: 보건복지부(2020). 제4차 어린이집 표준보육과정 고시문.

만 2세 표준보육과정의 기본생활 영역 중 건강교육과 관련된 '건강하게 생활하기' 내용범주에서 다루어야 할 내용은 '자신의 몸을 깨끗이 해 본다', '음식에 관심을 가지고 즐겁게 먹는다'. '하루 일과를 즐겁게 경험한다', '건강한 배변습관을 갖는다'로 구성되어 있다.

'건강하게 생활하기'는 건강하고 건전한 생활습관을 길러 자신의 건강을 보호하고 바르게 생활하는 데 중점을 둔다. '건강하게 생활하기' 내용범주의 세부내용을 살펴보면 다음과 같다.

■ 자신의 몸을 깨끗이 해 본다

[사진 8-3] 손 씻기를 위한 유아용 세면대

'자신의 몸을 깨끗이 해 본다'는 스스로 손과 몸 씻기와 스스로 이 닦기를 시도하는 내용으로 구성될 수 있다. 손이 더러워지면 혼자 씻어 보게 한다. 식사 전후, 놀이가 끝났을 때, 배변 후에, 애완동물을 만지거나 먹이를 준 후 손을 씻도록 하며 청결한 습관을 들이도록 지도한다. 손 씻기는 병의 감염을 막고 건강을 유지하기 위한 일차적인 활동이다. 매일의 일과 속에서 손 씻는 방법, 손을 씻어야 하는 때를 영아에게 알려 주고 지속적으로 반복시켜 올바른 습관을 들일 수 있도록 한다. 이 닦기는 칫솔을 입안에 넣어서 겨우 닦는 동작을 할 수 있을 정도에 지나지 않지만, 스스로 양치질을 하도록 격려하고 뒷마무리는 교사가 도와주도록 한다. 이러한 시도는 이 닦기에 대한 관심을 높이고, 청결한 습관을 기르는 데 효과가 있다. 또 젖병을 늦게까지 사용하는 영아는 앞니에 충치가 생기기 쉬우므로 이 닦기에 더욱 유의해야 한다.

■ 음식에 관심을 가지고 즐겁게 먹는다

'음식에 관심을 가지고 즐겁게 먹는다'는 영아들이 안정적인 분위기에서 식사를 할 수 있도록 배려하고 필요한 도움을 주기 위한 내용으로 구성되어 있다. 만 2세 영아는 가족과 동일한 음식으로 식사를 하기는 하지만 아직 균형 있는 영양 섭취의 필요성을 잘 이해하지 못하고 자기중심적인 경향이 식생활에서 나타난다. 함께 식사를 하면서 자연스럽게 음식을 골고루 먹기, 그릇과 수저를 바르게 사용하기, 꼭꼭 씹어 먹기, 먹으면서 돌아다니지 않고 바른 자세로 먹기, 먹는 양 조절하기 등을 익히도록 한다. 또한, 불결한 음식을 구별할 수 있도록 하고 입에 넣었던 음식, 컵, 식기 등을 다른 사람과 함께 쓰지 않도록 지도한다. 아울러 식사에 대한 감사한 마음을 갖고 즐거운 분위기에서 스스로 식사하려는 마음을 갖도록 지도하고, 싫어하는 음식이라도 조금씩 먹을 수 있도록 한다. 영아가 식사시간을 즐거운 시간으로 인식할 수 있도록 통제는 되도록 적게 하되 다른 사람의 식사를 방해하지 않도록 지도한다. 식사를 마친 후 사용한 식기는 스스로 갖다놓도록 지도한다.

■ 하루 일과를 즐겁게 경험한다

'하루 일과를 즐겁게 경험한다'는 수면, 휴식, 활동 및 배변 등 일상생활 습관이 규칙적이고 안정감 있게 형성될 수 있도록 지도하는 내용이다.

교사가 규칙적인 일과에 따라 영아들이 수면할 수 있도록 하며, 정해진 시간의 휴식을 통해 쌓인 피로를 해소함으로써 에너지를 충전하도록 지도하여 건강한 발달의 바탕을 이루도록 한다. 만 2세 영아는 오후 1회 정도의 낮잠을 잔다. 영아들의 수면시간은 개인차가 있고 같은 영아라도 각자 독특한 수면주기와 습관이 형성되어 있다. 교사는 평소 영아의 수면 양상을 관찰하고, 보호자에게 영아의 수면 패턴과 수면량, 수면습관을 물어서 가정에서처럼 편안한 생활이 이루어지도록 한다.

영아가 하루 일과를 즐겁게 경험하도록 보육실의 편안한 분위기에서 밝고 자유롭게 행동하며 규칙적으로 즐겁게 생활하도록 지도한다. 영아의 정신적·육체적 건강을 위해 우선적으로 건강한 환경을 마련해 주고 자주 영아를 관찰하여 영아의 심신 건강상태를 파악한다. 이 시기의 영아는 다른 사람에 대한 관심이 높아지므로, 영아가 교사나 또래와 즐겁게 놀이에 참여할 수 있도록 배려해 주어야 한다. 교사는 영아의 관심과 흥미에 맞는 놀잇감과 환경을 제공해 주고, 영아의 개별적인 놀이에 참여할 뿐만 아니라, 또래와의 놀이에도 적극 참여한다.

■ 건강한 배변습관을 갖는다

교사는 영아가 정해진 곳에서 배변하고 화장실에서 배변할 수 있도록 하며 건강한 배설습관을 갖도록 지도한다. 만 2세 영아는 배변 훈련이 되었음에도 시행착오를 경험하는 시기이다. 영아가 성공했을 때 칭찬해 주고 실패했을 때는 꾸짖지 말고 격려해 주어 영아의 스트레스를 최소화한다. 배설훈련은 영아의 척추신경이 충분히 발달하고 항문과 요도의 조임근의 긴장력을 조절하는 능력이 생겼을 때 성공할 수 있다. 따라서 배설훈련은 영아에게는 매우 힘든 과제라는 점을 이해해야 한다. 배설 후에는 항상 손을 씻도록 지도한다.

2 2019 개정 누리과정과 건강교육

「2019 개정 누리과정」은 만 3~5세의 유아가 놀이를 통해 심신의 건강과 조화로운 발달을 이루고 바른 인성과 민주시민의 기초를 형성하는 것을 목적으로 하는 국가수준의 교육과정이다. 「2019 개정 누리과정」은 신체운동·건강, 의사소통, 사회관계, 예술경험, 자연탐구의 5개 영역을 중심으로 구성되어 있다. 누리과정 중 건강교육과 관련된 내용은 신체운동·건강 영역으로서 내용범주와 내용으로 구성되어 있다. 「2019 개정 누리과정」에 제시된 신체운동·건강 영역의 성격, 목표 및 교육 내용을 소개하면 다음과 같다(교육부·보건복지부, 2019).

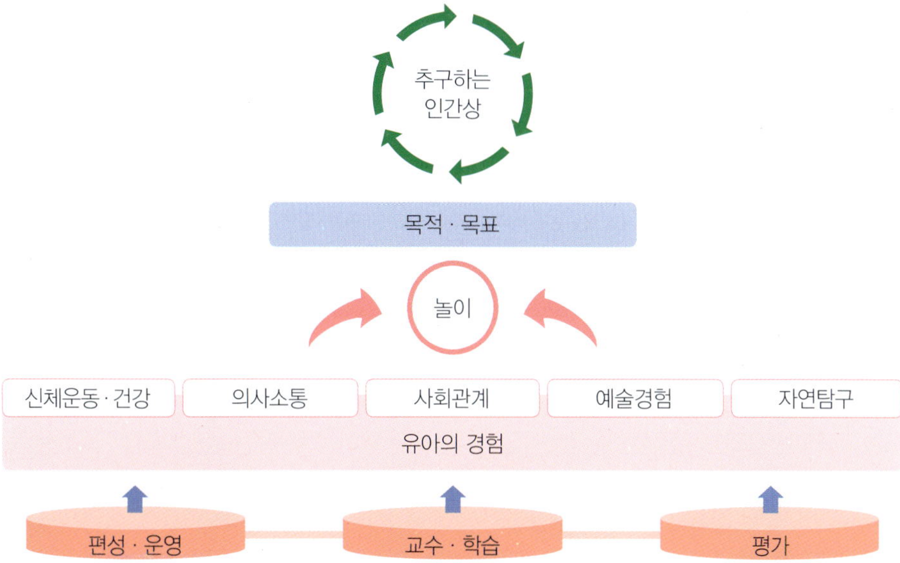

1) 신체운동 · 건강 영역의 성격

유아는 몸을 움직여 놀이하는 것을 좋아하며, 자신의 몸을 건강하고 안전하게 지키고자 하는 힘을 가지고 있다. 신체운동 · 건강 영역은 유아가 자신의 몸에 관심을 가지고 신체활동에 즐겁게 참여하며, 건강하고 안전한 생활을 해 나가는 다양한 경험과 관련된 영역이다.

2) 신체운동 · 건강 영역의 목표

신체운동 · 건강 영역의 총괄 목표는 실내외에서 신체활동을 즐기고, 건강하고 안전한 생활을 하는 것이다. 이러한 총괄 목표에 따라 건강교육과 관련된 구체적인 목표는 다음과 같다.

① 신체활동에 즐겁게 참여한다.

② 건강한 생활습관을 기른다.

③ 안전한 생활습관을 기른다.

신체운동·건강 영역의 목표 및 내용범주는 유아가 다양한 신체활동에 즐겁게 참여하고, 청결과 위생, 즐거운 식사, 적당한 휴식을 통해 건강한 생활습관을 기르며, 일상에서 안전하게 생활하는 방법을 배우고 실천하는 내용으로 구성되었다.

3) 신체운동·건강 영역의 내용

신체운동·건강 영역은 '신체활동 즐기기', '건강하게 생활하기'와 '안전하게 생활하기'의 세 가지 내용범주로 구성되어 있다. 이 중 '신체활동 즐기기' 하위영역은 주로 기본 운동능력과 신체 활동에 관한 내용이며, '건강하게 생활하기'와 '안전하게 생활하기'는 건강하고 안전한 일상생활을 위한 기본 생활습관에 관한 내용을 포함하고 있다. 이 세 가지 내용범주는 신체의 건강 및 신체 활동이라는 차원에서 상호 통합되지만 여기서는 유아들의 건강교육을 위한 구체적 내용으로는 '건강하게 생활하기'를 중심으로 제시하고자 한다.

건강교육과 관련된 신체운동·건강 영역의 전체적인 내용범주 및 내용은 〈표 8-4〉와 같다.

〈표 8-4〉 신체운동 · 건강 영역의 내용범주 및 내용

내용범주	내용
신체활동 즐기기	신체를 인식하고 움직인다.
	신체 움직임을 조절한다.
	기초적인 이동운동, 제자리 운동, 도구를 이용한 운동을 한다.
	실내외 신체활동에 자발적으로 참여한다.
건강하게 생활하기	자신의 몸과 주변을 깨끗이 한다.
	몸에 좋은 음식에 관심을 가지고 바른 태도로 즐겁게 먹는다.
	하루 일과에서 적당한 휴식을 취한다.
	질병을 예방하는 방법을 알고 실천한다.
안전하게 생활하기	일상에서 안전하게 놀이하고 생활한다.
	TV, 컴퓨터, 스마트폰 등을 바르게 사용한다.
	교통안전 규칙을 지킨다.
	안전사고, 화재, 재난, 학대, 유괴 등에 대처하는 방법을 경험한다.

출처: 교육부 · 보건복지부(2019). 2019 개정 누리과정 해설서.

4) 신체운동·건강 영역 중 '건강하게 생활하기'의 내용

「2019 개정 누리과정」의 신체운동·건강 영역 중 '건강하게 생활하기'의 내용을 구체적으로 소개하면 다음과 같다.

〈표 8-5〉 2019 개정 누리과정의 '신체운동 · 건강 영역'에 포함된 '건강하게 생활하기'의 내용

내용범주	내용
건강하게 생활하기	자신의 몸과 주변을 깨끗이 한다.
	몸에 좋은 음식에 관심을 가지고 바른 태도로 즐겁게 먹는다.
	하루 일과에서 적당한 휴식을 취한다.
	질병을 예방하는 방법을 알고 실천한다.

출처: 교육부 · 보건복지부(2020). 2019 개정 누리과정 해설서.

'건강하게 생활하기'의 내용은 유아가 스스로 몸과 주변을 깨끗이 하고, 즐겁게 식사하며, 자신의 신체 리듬에 맞게 휴식을 취하고, 질병을 예방하는 다양한 방법을 실천하는 내용으로 네 가지의 세부내용으로 구성되어 있다. 이를 구체적으로 살펴보면 다음과 같다.

(1) 자신의 몸과 주변을 깨끗이 한다

[사진 8-4] 사물함을 정리하는 유아

'자신의 몸과 주변을 깨끗이 한다'는 유아가 손을 씻고, 이를 닦는 등 몸을 깨끗이 하는 적절한 방법을 알고 실천하며 자기 주변을 깨끗하게 정리 정돈하는 내용이다. 유아가 질병을 예방하기 위한 기초로서 자신의 손과 몸을 깨끗이 하는 방법을 알고 실천하며, 나아가 유아가 생활하는 주변을 깨끗이 하는 습관을 기르도록 한다.

손과 치아의 청결은 건강 유지의 기본이 되므로 유아가 생활 속에서 항상 손과 몸, 치아를 청결히 유지하도록 지도한다. 유아들은 자신의 개인 사물함이나 유치원 및 어린이집을 비롯하여 유아가 이용하는 공간 등을 깨끗이 해야 하므로 생활 속에서 정리정돈의 경험을 반복 실천하게 함으로써 청결습관을 갖도록 돕는다(김연주 · 김연지 · 유현숙, 2020).

(2) 몸에 좋은 음식에 관심을 가지고 바른 태도로 즐겁게 먹는다

'몸에 좋은 음식에 관심을 가지고 바른 태도로 즐겁게 먹는다'는 유아가 몸을 건강하게 하는 음식에 관심을 가지고, 음식을 소중히 여기며, 바른 태도로 제자리에 앉아서 골고루 즐겁게 먹는 내용이다. 이는 유아가 건강을 유지하기 위해 음식을 골고루 적당량 먹고, 몸에 좋은 음식에 관심을 갖고 구별할 수 있게 하며, 유아가 바른 식사예절과 태도를 알고 실천할 수 있게 돕는다.

유아는 질감이나 특유한 향이 있는 식품을 거부하는 경향이 있으므로 유아가 거부하는 식품을 조리방법에 변화를 주어 제공하며, 유아가 몸에 좋은 음식을 충분히 섭취했을 때와 그렇지 못했을 때 우리 몸에 어떤 일이 생길 수 있는지를 알아 몸에 좋은 음식을 스스로 선택할 수 있게 한다. 유아가 식품의 생산과 공급, 조리과정에 참여하는 많은 사람의 노고를 이해함으로써 음식의 소중함을 알고 실천할 수 있게 돕는다(김연주 · 김연지 · 유현숙, 2020).

[사진 8-5] 점심시간에 교사의 지도로 점심식사를 준비하고 있는 유아들

(3) 하루 일과에서 적당한 휴식을 취한다

'하루 일과에서 적당한 휴식을 취한다.'는 유아가 몸이 아프거나, 피곤하거나, 몸을 많이 움직여서 쉬고 싶을 때, 적절한 휴식을 취하는 내용이다. 유아가 건강한 생활습관을 형성하는 데 필요한 규칙적인 수면과 휴식시간을 가져 즐겁게 생활하는 태도를 형성하도록 돕는다.

매일 일정하게 휴식하는 시간을 정하되 하루 일과의 특성, 날씨 등을 고려하고, 낮잠을 자지 않으려는 유아는 조용히 책을 보거나 음악을 들으면서 휴식을 취하게 함으로써 생활에서 휴식의 중요성을 알고 실천하게 한다(김연주·김연지·유현숙, 2020).

(4) 질병을 예방하는 방법을 알고 실천한다

'질병을 예방하는 방법을 알고 실천한다'는 유아가 질병의 위험으로부터 건강을 유지할 수 있는 다양한 생활방식(몸을 청결하게 하기, 날씨와 상황에 알맞게 옷 입기, 찬 음식 적당한 양 먹기, 정해진 시간에 자고 일어나기 등)에 대한 내용이다. 감염병에 대한 면역력이 약한 유아가 질병의 위험을 알고 주의하며, 날씨와 상황에 맞게 조절하여 입게 함으로써 체온을 조절하고 건강을 유지할 수 있도록 돕는다.

교사는 정기적으로 건강검진과 예방접종의 중요성을 설명하고 유아가 일상생활 속에서 질병을 예방할 수 있도록 돕는다. 유아들에게 날씨나 기온에 맞게 옷을 입고 벗는 일은 일정한 체온을 유지하기에 매우 중요하다. 특히, 사계절의 기후 변화가 뚜렷한 우리나라에서는 환절기에 기온 변화가 심하여 옷차림이 적절하지 못하면 감기에 걸리기 쉽다. 유아들이 때와 장소에 알맞은 옷차림에 대해 알아보고 상황과 장소에 맞는 옷을 선별하여 입을 수 있도록 돕는다(김연주·김연지·유현숙, 2020).

유아가 자신의 몸이 아플 때 어른에게 알려서 도움을 받을 수 있도록 지도하고, 교사는 수시로 유아의 건강상태를 보살핀다. 질병은 발생 전에 예방하는 것이 가장 효과적이다. 저항력이 약한 영아기에 감염병을 예방하는 가장 효과적인 수단은 예방접종을 실시하고, 매일의 건강상태를 살피는 것이다. 교사는 영아의 안색과 표정, 행동을 살펴야 한다. 영아의 표현을 귀담아 듣고 체온과 맥박, 호흡상태 등도 측정하여 건강상태를 파악한다.

3 기관 평가제도와 건강 관련 지표

현재 우리나라 어린이집과 유치원은 모두 국가수준의 평가지표로 운영수준을 다방면으로 측정한다. 영유아교육기관의 이원화로 인해 어린이집과 유치원은 각기 다른 평가제도와 평가지표로 평가되고 있다. 두 기관의 평가인증과정에서 점검되는 건강 관련 평가지표를 각각 살펴보고자 한다.

1) 어린이집 평가제

어린이집 평가는 영유아에게 안전한 보호와 질 높은 보육서비스를 제공하기 위하여 국가가 평가하고 관리하는 제도로 「영유아보육법」 제30조에 근거한다. 어린이집 평가제란 국가가 모든 어린이집의 상시적인 보육서비스 질 확보를 위해 국가수준의 기준을 정하고 주기적으로 평가하는 제도이다(보건복지부, 2020). 어린이집 평가제를 통하여 영유아가 자유롭게 놀이를 즐기고 일과를 통해 존중받도록 하며, 안심 보육환경을 조성하고자 실시하고 있다. 또한, 2020년 어린이집 평가지표는 2019 개정 누리과정과 2020년 보육지원체계 개편 내용을 반영한다.

평가과정은 평가대상 통보, 어린이집의 자체점검, 파견된 현장관찰자에 의한 현장평가, 종합평가위원회에 의한 종합평가 및 결과 통보 단계로 구성된다. 어린이집 평가 참여수수료는 국가가 전액 부담하며 평가결과 등급에 따라 사후 방문 지원, 확인점검 등 사후관리를 실시한다. 평가주기는 등급에 따라 3년 혹은 2

년이다.

[사진 8-6] 모든 어린이집 대상 평가제 시행을 위한 통합 사이트 사진

출처: http://kce.kcpi.or.kr/

2) 2020 어린이집 평가지표 제정

어린이집 평가제도는 양적으로 팽창한 어린이집의 질 관리를 위한 방안으로 인증제로 처음 도입되었으며, 2003년 '어린이집 평가인증제 모형' 개발 및 2004년 법적 근거 마련, 2005년 시범운영을 거쳐 2006년부터 본격적으로 확대 시행되었다. 2009년까지 제1차 시행시기를 마치고, 2010년부터 실시된 제2차 어린이집 평가인증에서는 지표의 개선·보완 외에도 어린이집의 법적 관련 사항을 확인하는 '기본사항 확인' 절차를 추가하여 이를 지자체에서 확인하게 함으로써 어린이집의 기본적인 법적 사항 준수 내용을 강화하였다. 또한, 2013년에는 평가인증 운영체계를 개선하여 평가인증 소요기간을 6개월에서 4개월로 단축하고, 상시 자체점검 시스템을 도입하여 상시 질 관리 체계를 마련하였다. 특히 재

인증 어린이집의 경우 재참여 과정을 폐지함으로써 인증유지 어린이집의 질 유지에 대한 노력을 강화하도록 하였다.

이처럼 2005년 도입된 어린이집 평가인증제도는 1, 2차 시행을 거치면서 어린이집이 전반적인 질적 수준 향상에 기여하였다. 그러나 최근 만 0~5세 무상보육 전면 실시, 만 3~5세 누리과정 도입에 따른 국가재정 지원이 증가함에 따라 보육서비스의 질 관리에 대한 국가의 책무성 강화 필요성이 강조되고 있다. 이에 보육서비스의 질적 수준 변별과 효과성 있는 질 관리 제도로서의 개선을 위하여 보건복지부 및 한국보육진흥원은 2020년에 어린이집 평가지표를 개발하여 모든 어린이집을 대상으로 의무 평가를 실시하기에 이르렀다(보건복지부·한국보육진흥원, 2020). 이에 모든 어린이집은 의무적으로 평가를 받아야 한다. 2019년 6월부터 2020 어린이집 평가지표에 따른 평가과정은 한국보육진흥원의 대상 어린이집 통보를 시작으로 자체점검, 기본사항 확인, 현장평가, 종합평가 등으로 이루어진다.

3) 2020 어린이집 평가지표 구성 및 내용

2020 어린이집 평가지표는 정원·운영형태와 관계없이 공통지표로 구성되어 있으며 4개 영역과 18개 지표로 구성되어 있다. 4개 평가영역으로는 보육과정 및 상호작용, 보육환경 및 운영관리, 건강안전, 교직원이며 평가는 관찰, 면담기록 확인의 방법으로 이루어진다.

〈표 8-6〉 2020 어린이집 평가 지표 개요

영역		지표 수
영역 1	보육과정 및 상호작용	5
영역 2	보육환경 및 운영관리	4
영역 3	건강 · 안전	5
영역 4	교직원	4
4개 영역 18지표 59항목		

출처: 보건복지부 · 한국보육진흥원(2020). 2020 어린이집 평가 매뉴얼.

4) 건강 평가지표

영유아기의 건강은 평생 동안 누려야 할 튼튼한 신체 발달의 초석이 되므로 영유아가 건강한 생활식습관을 형성하도록 지원하는 것은 매우 중요하다.

어린이집에서는 면역력이 약해 질병감염에 취약한 영유아를 위해 어린이집 실내외 공간의 청결을 유지하고 위생적인 생활습관을 형성하도록 지원하며 영유아가 안전하고 풍부한 식재료로 영양적 균형을 고려한 음식을 섭취함으로써 건강하게 성장할 수 있도록 지원해야 한다.

건강 관련 평가지표는 건강·안전 영역에 포함되어 총 3개의 지표로 구성되어 있다. 영유아의 건강을 위해 보육실 및 실내외 공간이 청결하고 쾌적하게 관리되는지, 보육교사와 영유아가 필요할 때마다 손 씻기 등의 위생습관을 실천하고 있는지 평가한다. 또한, 보육교사는 영유아가 아픈지 살펴보고 적절하게 지원하고 있는지, 영유아가 적합한 건강관리와 식습관 교육을 받고 있는지 알아본다. 영유아가 양질의 급·간식을 제공받는지 알아보기 위해 구입과 보관, 조리공간의 위생, 조리 및 배식 과정의 청결에 대해 살펴본다. 마지막으로 급·간식의 내용과 양이 영유아의 건강증진에 충분히 도움이 되는지 평가한다.

〈표 8-7〉 건강 · 안전 영역의 건강 지표 하위영역

영역 3: 건강 · 안전	
3-1	실내외 공간의 청결 및 안전
3-2	급 · 간식
3-3	건강증진을 위한 교육 및 관리
3-4	등 · 하원 안전
3-5	안전교육과 사고 예방

출처: 보건복지부 · 한국보육진흥원(2020). 2020 어린이집 평가 매뉴얼.

건강·안전 영역의 5개 지표 중 건강 관련 지표는 3-1, 3-2, 3-3으로 세 개이다. 건강 관련 지표별 평가방법 및 평가기준을 살펴보면 다음과 같다.

(1) 3-1: 실내외 공간의 청결 및 안전

본 지표는 총 3개의 항목으로 평정한다. 보육실의 온도와 공기가 쾌적한 정도, 채광과 조명의 적정성 등을 평가한다. 특히, 보육실의 청결은 청소 상태, 정기적인 대청소와 소독 관리, 놀잇감과 개별 침구의 청결한 관리 등을 중심으로 살펴본다.

항목		구성요소	평가방법	평가기준	결과
3-1-1 실내외 공간은 청결하고 쾌적하게 관리한다.	1	실내외 공간을 청결하게 유지함	관찰	4개 중 3개 이상 충족해야 Y로 평정	□ Y □ N
	2	실내외 놀잇감을 청결하게 유지함	관찰, 면담		
	3	개별 침구를 청결하게 유지함	관찰, 면담		
	4	실내의 공기질, 온도, 습도, 채광, 조명을 적정하게 유지함	관찰, 기록, 면담		
3-1-2 실내외 공간과 설비를 위험요인 없이 안전하게 관리한다.	1	현관문, 출입문, 창문, 천장, 바닥, 벽면을 위험요인 없이 안전하게 관리함	관찰	4개 중 3개 이상 충족해야 Y로 평정	□ Y □ N
	2	실내외 공간의 고정식 및 이동식 시설·설비, 전기설비 등을 위험요인 없이 안전하게 관리함	관찰		
	3	세면대, 정수기 온수 사용을 위험요인 없이 안전하게 관리함	관찰		
	4	영유아가 성인이 주로 사용하는 실내외 공간에 출입하지 않도록 관리함	관찰		
3-1-3 실내외 공간의 놀잇감 및 활동자료와 위험한 물건을 안전하게 관리한다.	1	보육실 내 놀잇감 및 활동자료를 안전하게 관리함	관찰	4개 중 3개 이상 충족해야 Y로 평정	□ Y □ N
	2	실내외 공간에 비치된 놀잇감 및 활동자료를 안전하게 관리함	관찰		
	3	보육실 내의 위험한 물건을 안전하게 보관·관리함	관찰		
	4	실내외 공간의 위험한 물건을 안전하게 보관·관리함	관찰		

출처: 보건복지부·한국보육진흥원(2020). 2020 어린이집 평가 매뉴얼.

(2) 3-2: 급간식

본 지표는 총 3개의 항목으로 평정한다. 신선한 식자재의 구입 및 사용, 식자재의 유통기한 준수 및 위생적 보관, 식자재 보관 장소 및 조리공간의 청결, 조리실의 시설·장비 및 가전제품의 청결 유지 등을 평가한다.

항목		구성요소	평가방법	평가기준	결과
3-2-1 영양의 균형을 고려한 급·간식을 제공하고 있다.	1	영양사가 작성한 식단에 따라 급·간식을 제공함	기록, 관찰	4개 중 3개 이상 충족해야 Y로 평정	□ Y □ N
	2	영유아의 연령 특성을 고려한 급·간식(양, 크기, 맛, 조리형태 등)을 제공함	관찰		
	3	인스턴트식품보다 자연식품 위주로 급·간식을 제공함	기록		
	4	식품알레르기 질환에 대한 지침을 마련하여 실행함	기록, 면담		
3-2-2 식자재의 구입·보관 및 조리공간을 위생적으로 관리하고 있다.	1	식자재는 신선한 것을 구입하고 이를 위생적으로 보관함	관찰	4개 중 3개 이상 충족해야 Y로 평정	□ Y □ N
	2	유통기한 경과 식품(식자재 등)이 없음	관찰		
	3	조리실 공간(바닥, 벽, 천장 등)과 조리실 내 시설·설비(개수대, 조리대, 식기수납장, 가스레인지, 후드, 환풍기, 주방가전 등)를 청결하게 유지함	관찰		
	4	식기류(컵 등)와 조리실 비품(조리기구, 행주 등)을 위생적으로 관리함	관찰, 면담		
3-2-3 조리 및 배식과정을 청결하고 위생적으로 관리하고 있다.	1	조리가 위생적으로 이루어짐	관찰	4개 중 3개 이상 충족해야 Y로 평정	□ Y □ N
	2	배식과정이 위생적으로 이루어짐	관찰		
	3	1회 조리된 음식은 당일 소모하고 재배식하지 않음	관찰, 면담		
	4	마실 물, 우유 등을 위생적으로 관리함	관찰		

출처: 보건복지부·한국보육진흥원(2020). 2020 어린이집 평가 매뉴얼.

(3) 3-3: 건강증진을 위한 교육 및 관리

본 지표는 총 3개의 항목으로 평정한다. 어린이집에서의 청결한 위생습관이 잘 갖추어져 있는지 알아보기 위해 영유아와 보육교사의 손 씻기, 이 닦기와 칫솔질 도구의 위생적 관리, 배변 및 분비물의 위생적 처리가 잘 이루어지고 있는지 등을 평가한다.

항목	구성요소		평가방법	평가기준	결과
3-3-1 손 씻기, 양치질 등 청결한 위생습관을 실천한다.	1	교사는 손을 씻어야 하는 상황에서 반드시 손을 씻음	관찰	4개 중 3개 이상 충족해야 Y로 평정	□ Y □ N
	2	영유아는 손을 씻어야 하는 상황에서 반드시 손을 씻음	관찰		
	3	식사 후 연령에 적합한 방법으로 이를 닦고 칫솔과 양치 컵을 위생적으로 관리함	관찰		
	4	교사는 영유아의 배변 후 뒤처리를 위생적으로 함	관찰		
3-3-2 교사는 영유아의 건강상태를 적절하게 지원한다.	1	아프거나 다친 영유아에 대한 지침을 구비함	기록	4개 중 3개 이상 충족해야 Y로 평정	□ Y □ N
	2	교사는 일과 중 여유아의 건강상태를 주의 깊게 살펴보고, 적절히 조치함	관찰, 면담		
	3	투약의뢰서를 관리하고, 부모에게 투약보고를 함	관찰,기록		
	4	비상약품을 용도별로 구비하여 유효기간 내로 관리함	관찰, 면담		
3-3-3 영유아와 보육교직원의 건강증진을 위한 예방관리와 교육을 실시한다.	1	개별 영유아의 건강검진 서류, 응급처치동의서를 작성 · 관리함	기록	4개 중 3개 이상 충족해야 Y로 평정	□ Y □ N
	2	영유아와 보육교직원을 대상으로 다양한 건강 및 영양교육을 실시함	관찰, 기록, 면담		
	3	보육교직원의 건강검진이 정기적으로 이루어짐	기록		
	4	영유아 및 보육교직원에 대한 감염병 관리수칙을 수립하여 실천함	관찰, 기록, 면담		

출처: 보건복지부 · 한국보육진흥원(2020). 2020 어린이집 평가 매뉴얼.

3) 유치원 평가지표

유치원 평가는 「유아교육법」 제19조(평가)에 근거하여 유치원의 교육력과 교육서비스의 질적 수준을 제고하고, 학부모에게는 알 권리를 보장하며 유치원 선택권을 제공하고자 실시되고 있다.

[사진 8-7] 유치원 평가를 받기 위해 비치한 자료파일

유치원 평가는 2007년 시범평가를 시작으로 2008년부터 3년 주기로 실시되고 있다. 유치원 평가는 유아교육진흥원이 주관하되 평가영역과 내용은 국가수준의 공통지표를 기준으로 유치원 교육공동체의 의견과 유치원의 교육활동 및 유치원 여건을 반영하여 국가수준의 평가지표에 따른 평가 문항을 자율적으로 구성할 수 있도록 하고 있다(서울시교육청 유아교육진흥원, 2020).

유치원 평가의 영역은 유아중심 교육과정 및 방과 후 과정, 민주적 유치원 운영, 안전하고 쾌적한 교육환경 및 유아를 위한 건강·안전 등 3개 영역으로 구성되어 있다. 평가결과 처리는 점수 공개와 서열화보다는 우수 사례의 일반화와 홍보에 주력하도록 하고 있다. 우수 유치원에 대해서는 행정·재정적 지원을, 그리고 개선이 필요한 유치원에 대해서는 컨설팅 장학 지원을 동시에 실시한다. 유치원 평가지표는 다음의 〈표 8-8〉과 같다.

〈표 8-8〉 유치원 평가지표

영역	평가지표	평가 문항
Ⅰ. 유아중심 교육과정 및 방과 후 과정	유아·놀이 중심 교육과정 편성·운영 및 교수·학습 지원	• 유치원에서는 유아 자신의 흥미와 요구에 따라 능동적으로 놀이에 참여하는 유아·놀이중심 교육과정을 실천하며 유아의 놀 권리를 보장하고 있다. • 교사는 유아의 성별, 종교, 신체적 특성, 가족 및 민족 배경 등으로 인한 편견이 없으며, 각 개별 유아의 차이를 긍정적으로 수용하고 배려하는 유치원 문화를 지향한다. • 유치원의 비전과 실정을 고려한 교육과정이 있으며, 구성원 모두가 교육과정 운영을 위해 노력한다. • 유치원에서는 유아의 전인적 성장과 발달을 위하여 유아의 능력과 발달수준, 발달 특성 및 경험에 맞춘 개별적인 교육과정을 편성·운영한다. • 유치원에서는 유아가 주도하는 놀이와 연계하여 유아의 요구와 특성을 반영한 교육과정을 운영하며 유아가 스스로 놀이하며 배우는 과정을 지원한다. • 교사는 유아의 개별 놀이 상황과 맥락에 따라 유아의 놀이를 촉진 및 활성화하는 노력(공간 확보, 시설 및 환경 마련, 자료와 재료 제공 등)을 한다. • 특수교육대상 유아를 위한 지원 및 관리, 맞춤형 프로그램의 편성 및 운영이 내실 있게 이루어진다.
	유아·교육과정 평가 및 환류	• 교사는 유치원 일과 운영 전반에 나타난 유아의 흥미와 놀이 모습에 근거하여 유아의 변화 및 특성, 발달 상황을 포괄적으로 파악한다. • 유치원에서는 자연스러운 일상 놀이 상황에 초점을 맞춘 다양한 평가방법을 개발하여 유아 이해 및 지원, 교육과정 재구성과 연계하여 평가를 운영한다. • 유치원에서는 구성원 간 자율적이고 민주적인 협의를 통해 수립한 평가 계획에 따라 교육과정 편성·운영 및 교육과정 지원체제의 적절성, 실효성 등을 평가하여 교육과정 질 관리 및 환류를 담보한다. • 유치원에서는 참여, 소통, 협력을 기반으로 하는 유아 놀이 실천-평가-환류가 체계적으로 운영되고 있다.

영역	평가지표	평가 문항
Ⅰ. 유아중심 교육과정 및 방과 후 과정	교원의 전문성 신장 지원	• 유치원에서는 교육과정 수립 및 구체적인 교육 실천에 관한 사항을 교육공동체의 토론과 협의를 통해 공동으로 개발하여 적용하고 있다. • 교사들은 교원 공동의 성장과 전문성 신장을 위해 교원학습공동체에 참여하면서 교육 활동 경험과 어려움, 정보 등을 공유하고 있으며, 개선을 위한 토의, 토론이 지속적, 정기적으로 이루어지고 있다. • 교사는 놀이중심 교육과정 구성, 놀이 지원, 놀이 상호작용, 놀이 관찰 중심 평가 등에 대한 연수 및 연수 활동에 활발히 참여하여 교원의 전문적 역량 함양을 위해 노력하고 있다. • 수업 공개를 통한 수업 나눔, 연수 참여, 다양한 형태의 교원학습공동체 운영 등을 통해 교사의 전문성 향상을 위한 노력이 협력적이고 자발적으로 이루어지고 있다.
Ⅱ. 민주적 유치원 운영	돌봄과 쉼이 있는 방과 후 과정	• 유치원에서는 유아의 발달, 정서적 안정감, 체력 등 개별적 요구를 고려하여 놀이와 쉼을 기반으로 하는 방과 후 과정 계획을 수립·운영하고 있다. • 유아의 놀 권리와 쉴 권리를 보장해 주는 안정적인 방과 후 과정을 위해 시설 확보 및 시설관리, 담당 인력 등에 대한 계획을 수립하고 체계적이고 지속적으로 지원한다.
	우리 유치원의 비전공유	• 유치원에서는 교육공동체의 참여·소통·협력을 기반으로 목표를 함께 수립하고 있다. • 유치원의 비전과 목표를 유치원 교육에 적극 반영하고 있다. • 교육공동체의 구성원이 유치원 비전과 목표에 대해 잘 인식하고 있으며, 비전을 추구하는 활동에 적극 참여하고 있다.
	참여와 소통의 교육 자치	• 교직원 간의 의사소통이 원활하고 민주적인 의사결정이 이루어지며, 상호 협력이 잘 이루어지고 있다. • 민주적인 참여와 소통을 바탕으로 교직원회의가 이루어지고 있으며, 회의에서 합의된 결과를 유치원 운영에 실질적으로 반영하고 있다. • 교직원은 공동의 책임감을 가지고 유치원 교육에 참여하고 있다. • 교직원의 업무가 효율적으로 구조화되어 있어 교사가 교육활동에 전념할 수 있다. • 행정업무 경감, 전시성 행사 감축 등의 노력으로 교사가 교육활동에 전념할 수 있다. • 교직원을 위한 시설 및 직무공간을 위한 설비를 설치하여 교직원을 배려하는 환경을 조성하고 있다. • 교직원의 처우에 대한 규정에 따라 교직원의 복지를 향상시키기 위한 노력이 이루어지고 있다. • 유치원 공동체 간 갈등을 해결하기 위한 지원방안 및 갈등 예방과 치유를 위한 참여를 지원하고 있다.

영역	평가지표	평가 문항
Ⅲ. 안전하고 쾌적한 교육환경 및 유아를 위한 건강 · 안전	협력 공동체 형성	• 학부모 연수, 유치원 교육활동 참여 기회 제공, 학부모회 운영 등 학부모 참여를 활성화하여 상호이해와 협력을 높이기 위해 노력하고 있다. • 학부모가 유치원 교육활동에 적극적으로 참여하고 의견을 반영할 수 있도록 개방적인 시스템을 갖추고 있다. • 지역사회의 인적·물적 자원을 유치원 교육활동에 활용하고 있다. • 지역사회와의 협력적 체제 구축을 통하여 마을과 함께하는 다양한 교육프로그램을 운영하고 있다.
	안전한 시설설비와 쾌적한 공간	• 실내외 시설설비와 공간은 유아에게 안전하며 유아가 쉽게 사용할 수 있도록 갖추고 있다. • 실내외 놀이공간, 놀이시설, 놀이자료의 안전관리 및 점검이 효율적으로 이루어지고 있다. • 유아를 위한 안전시설이 설비되어 있으며, 실내외 쾌적한 환경이 조성·유지되고 있다.
	안전한 등 · 하원	• 유치원은 교육과정 내에서 유아의 안전한 등·하원 환경 조성을 위한 안전교육을 계획-반영-실시하며 지속적으로 지원하고 있다. • 통학차량을 이용하는 유아를 위하여 통학차량의 지속적인 관리와 안전운행을 위한 노력이 이루어지고 있다.

출처: 서울특별시교육청유아교육진흥원(2020). 제5주기('20~'22년) 유치원 평가 기본 계획.

평가방법은 5점 척도를 활용한 자체평가와 정량평가를 활용한 서면평가를 병행함으로써 유치원 자율성 강화 및 공공성을 동시에 확보하고 있다. 서면평가는 각 평가 문항별로 충족 여부를 체크한 후 '충족' 개수에 따라 평가등급을 우수, 적합, 개선 필요 등 3개 등급으로 평가한다.

9장

건강교육 운영 및 교사의 역할

건강은 개인이 모든 차원에서 평안한 상태를 유지하기 위해 주어진 환경적 조건에서 사회적인 임무와 신체적인 기능을 발휘하여 수행할 수 있는 최적의 상태를 의미한다(임미혜 외, 2011). 따라서 교사는 영유아의 건강을 유지·증진시키기 위한 건강교육 운영을 위해 필요 사항을 이해하고, 영유아가 건강에 대한 지식이나 태도를 학습하도록 교육과정을 운영하여야 한다.

1 건강교육 운영 및 교수·학습방법

1) 건강교육 운영

(1) 2019 개정 누리과정 및 제4차 어린이집 표준보육과정

유아놀이 중심 교육과정을 편성하고 운영하기 위해 고려해야 할 공통적인 기준

가. 1일 4~5시간을 기준으로 편성한다.
나. 일과 운영에 따라 확장하여 편성할 수 있다.
다. 누리과정을 바탕으로 각 기관의 실정에 적합한 계획을 수립하여 운영한다.
라. 하루 일과에서 바깥놀이를 포함하여 유아의 놀이가 충분히 이루어지도록 편성하여 운영한다.
마. 성, 신체적 특성, 장애, 종교, 가족 및 문화적 배경 등으로 인한 차별이 없도록 편성하여 운영한다.
바. 유아의 발달과 장애 정도에 따라 조정하여 운영한다.
사. 가정과 지역사회와의 협력과 참여에 기반하여 운영한다.
아. 교사 연수를 통해 누리과정의 운영이 개선되도록 한다.

① 1일 4~5시간을 기준으로 편성한다

유치원과 어린이집에서 편성해야 할 누리과정 운영 시간은 유아가 중심이 되고 놀이가 살아나는 유아·놀이 중심 교육과정의 운영시간을 의미한다.

② 일과 운영에 따라 확장하여 편성할 수 있다

유치원과 어린이집의 운영 시간에 대한 기준이 다르므로, 각 기관의 실정과 지역적 특성을 반영하여 융통성 있게 편성·운영한다.

③ 누리과정을 바탕으로 각 기관의 실정에 적합한 계획을 수립하여 운영한다

개정 누리과정은 계획안 수립에 있어서 기관과 교사의 자율성을 강조하였다. 계획안을 작성할 때에는 교육과 보육 모두를 포괄하여 유아의 경험이 교육적 가치를 가지도록 놀이를 중심으로 기록하고 교사의 지원 방안을 기술할 필요가 있다.

④ 하루 일과에서 바깥놀이를 포함하여 유아의 놀이가 충분히 이루어지도록 편성하여 운영한다

유아·놀이 중심 교육과정에서는 교사가 미리 계획하여 하루 일과를 운영하기보다는 유아의 흥미와 관심에 따라 놀이를 충분히 즐길 수 있도록 탄력적으로 편성·운영하는 것이 중요하다.

⑤ 성, 신체적 특성, 장애, 종교, 가족 및 문화적 배경 등으로 인한 차별이 없도록 편성하여 운영한다

교사는 성별, 신체적 특징 및 장애 유무에 따라 유아를 비교하고 평가하거나 불이익을 주지 말아야 하며 유아에게 고정적인 성 역할과 특정 종교를 강요해서는 안 된다. 또한 유아들에게 다양한 가족 형태 및 문화적 배경을 이해할 수 있는 경험을 제공하여 다양성을 존중하고 배려할 수 있도록 지원한다.

⑥ 유아의 발달과 장애 정도에 따라 조정하여 운영한다

교사는 특별한 요구를 가진 유아가 차별 없이 또래와 더불어 생활하고 함께 놀이하도록 지원해야 한다. 교사는 모든 유아가 보편적인 환경에 접근하고 참여할 수 있도록 교육환경, 교육내용, 교육방법 등을 조정하여 운영할 수 있다.

⑦ 가정과 지역사회와의 협력과 참여에 기반하여 운영한다

유치원과 어린이집에서는 부모 참여, 간담회, 워크숍, 상담 등 다양한 기회를 마련하여 부모의 역할을 지원할 필요가 있다. 또한, 유아들이 지역사회의 여러 기관이나 장소를 직접 경험하면서 지역사회에 관심을 가질 수 있도록 지원해야 한다.

⑧ 교사 연수를 통해 누리과정의 운영이 개선되도록 한다

교사연수는 교사가 참여하는 다양한 유형의 교육, 배움 공동체, 소모임 등을 포함한다. 교사는 누리과정에 대한 이해 필요 정도에 따라 자발적으로 연수에 참여하여 누리과정 운영을 개선해 가도록 한다.

2) 교수 · 학습

(1) 2019 개정누리과정 및 제4차 어린이집 표준보육과정

교수·학습은 유아가 즐겁게 놀이하며 스스로 배울 수 있도록 교사가 지원할 때 고려해야 할 사항이다.

교사는 다음 사항에 따라 유아를 지원한다.

가. 유아가 흥미와 관심에 따라 놀이에 자유롭게 참여하고 즐기도록 한다.
나. 유아가 놀이를 통해 배우도록 한다.
다. 유아가 다양한 놀이와 활동을 경험할 수 있도록 실내외 환경을 구성한다.
라. 유아와 유아, 유아와 교사, 유아와 환경 간에 능동적인 상호작용이 이루어지도록 한다.
마. 5개 영역의 내용이 통합적으로 유아의 경험과 연계되도록 한다.
바. 개별 유아의 요구에 따라 휴식과 일상생활이 원활히 이루어지도록 한다.
사. 유아의 연령, 발달, 장애, 배경 등을 고려하여 개별 특성에 적합한 방식으로 배우도록 한다.

(2) 교수·학습의 기본원리

〈표 9-1〉 영유아 건강교육을 위한 교수·학습의 기본원리

구분	교수 · 학습의 기본원리 내용
놀이중심 원리	놀이를 통해 건강교육이 이루어지도록 한다.
생활중심 원리	영유아를 둘러싼 환경 및 친구들과의 일상생활경험을 통해 건강교육이 이루어지도록 한다.
개별화 원리	영유아의 흥미, 이해 정도에 따라 활동을 선정하고 학습 속도에 맞게 제시·적용한다.
집단역동성 원리	영유아 간, 영유아와 교사 간에 서로 역동적인 힘과 영향을 주고받으며 활동에 상승적인 효과를 가지며 건강교육이 이루어지도록 한다.
자발성 원리	영유아 스스로 배우고자 하는 자발적인 의욕을 가지도록 동기유발과 수용적인 분위기를 만들어 주도록 한다.
융통성 원리	상황에 따라 적절하게 유아들의 흥미나 욕구, 우발적인 사태 등을 고려하여 활동내용이나 방법, 자료 등을 변경하고 건강교육의 필요를 반영하도록 한다.

교육과학기술부(2009).

(3) 교수·학습실천

① 놀이공간

유치원과 어린이집에서 환경으로서의 공간은 실내와 실외 공간 또는 유아가 이용하는 기관 밖의 지역사회 공간까지 포함한다.

놀이공간을 융통성 있게 배치해 보거나 공간을 넓혀 본다. 또한, 유아에게 공간배치의 주도권을 주어 보고, 다른 놀이공간을 찾아본다.

[사진 9-1] 실외공간에서 놀이하는 유아

② 놀이자료

유치원과 어린이집에서는 교사가 준비한 자료에 더하여 유아가 매일 마주치게 되는 일상의 사물들, 자연물이나 자연현상 등 모든 것이 자료가 될 수 있다.

유아가 결정한 자료활용 방법을 격려한다. 자연물이나 자연현상, 다양한 일상의 사물을 놀이자료로 활용한다. 기존의 자료나 자료가 없어도 놀이할 수 있다.

[사진 9-2] 숲에서 자연물을 관찰하는 유아들

③ 상호작용

[사진 9-3] 상호작용하며 놀이하는 유아들

유아와 교사와의 상호작용은 놀이의 시작과 지속, 새로운 놀이로의 전이와 확장, 마무리 등 놀이의 흐름을 관찰하고 유아의 흥미와 의도를 이해하는 과정에 기반해야 한다.

교사가 유아와 상호작용하는 방법은 비언어적·언어적 소통방법을 모두 포함한다. 교사는 관찰하기, 질문하기, 제안하기, 함께 참여하기, 정서 지원하기와 같은 방법으로 유아와 상호작용하면서 놀이를 간접적 또는 직접적으로 지원한다. 유아와 유아, 유아와 환경의 상호작용을 지원하고 놀이지원을 위해 관찰한다. 또한, 놀이에 함께 참여하고 질문해 가며 정서적으로도 지원한다.

④ 놀이와 안전

[사진 9-4] 안전하게 놀이하는 방법을 습득해 나가는 유아

교사는 안전한 놀이를 보장하기 위하여 물리적 환경의 안전성을 점검하고 위해를 가할 수 있는 사물이나 물질을 사전에 차단하여야 한다. 또한, 유아와 함께 어떻게 안전하게 놀이할 것인가에 대해서 토의하고 놀이를 제한하지 않는 범위에서 규칙을 정해 볼 수 있는데, 위험한 요소가 있는지 유아 스스로 살펴볼 시간과 기회를 준다.

⑤ 통합학급에서의 놀이지원

유치원과 어린이집은 실정에 따라 특수학급(반) 또는 통합학급(반)을 편성하여 운영하고 있다. 특수교사(또는 장애영유아를 위한 보육교사)는 개별화 교육계획을 수립하여 장애 유아가 가진 각기 다른 개별적 요구를 잘 파악하고, 장애 정도와 개개인의 특성에 적합하게 교육내용을 구성하며, 개별 특성을 고려하여 적절한 교수·학습 방법으로 지원한다.

(4) 다양한 교수·학습 방법 유형

영유아 건강교육을 실시할 때는 영유아의 연령과 발달적 특징에 따른 요구와 흥미를 고려하여 건강교육에서 다루어야 할 내용들을 선택해야 한다(이순형 외, 2013). 그리고 좋은 건강습관과 태도를 형성하도록 세심한 건강관리와 지도가 필요하다(임미혜 외, 2010).

① 일상생활에서의 방법

등원에서 귀가에 이르기까지 하루 일과 속에서 영유아의 건강 관련 경험은 계속적으로 자연스럽게 이루어진다. 등원하기, 손 씻기, 이 닦기, 배변 후 뒤처리하기, 옷 입고 벗기, 낮잠 자기, 휴식하기, 간식 및 식사하기, 요리하기, 동·식물 기르기, 동물 돌보기 등과 같은 일상생활에서의 활동을 통해 통합적으로 경험하도록 지원한다.

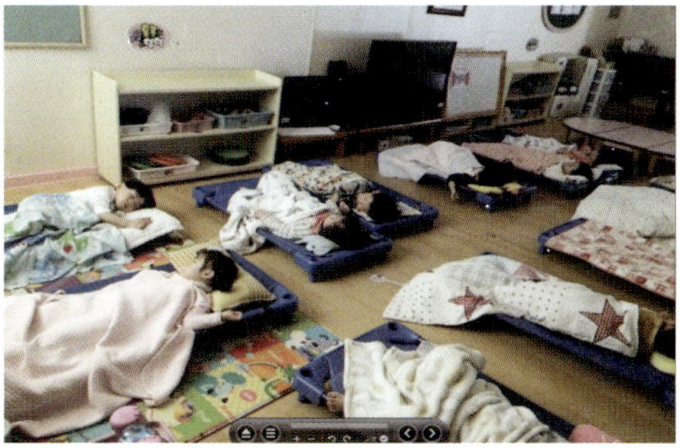

[사진 9-5] 낮잠 자는 모습

영아의 경우 심리적 안정감을 가질 수 있도록 하며 만 2세 영아는 자조기술을 익히는 시기로서 스스로 시도하고 경험하도록 하고 비언어적 표현을 민감하게 관찰하여 필요한 도움을 제공해야 한다(보건복지부, 2013a).

스스로 주변을 깨끗이 하고, 즐겁게 식사하며, 자신의 신체리듬에 맞게 휴식을 취하고 질병을 예방하도록 지원한다.

② 통합적 접근 방법

영유아는 정해진 주제에 관해 자유선택활동, 대·소집단활동을 통해 통합적으로 학습할 수 있다.

[사진 9-6] '건강하게 생활하기'에 대한 이야기 나누는 모습

■ 이야기 나누기를 통한 방법

영유아는 주변 정리정돈 및 청결, 올바른 식습관과 영양, 적당량의 음식 골고루 먹기, 몸에 좋은 음식 구별하기, 규칙적인 수면과 알맞은 휴식, 하루 일과에 즐겁게 참여하기, 바른 배변습관 등을 이야기 나누고, 건강한 생활습관이 질병을 예방한다는 사실을 이해하고 실천하도록 지원한다.

■ 실외(바깥놀이)를 통한 방법

영유아는 실내에서뿐 아니라 햇볕과 바람, 흙이 있는 실외에서 하루 중 한 시간 이상을 놀이하며 계절에 따른 자연의 변화를 쉽게 경험할 수 있다. 바깥 온도나 날씨 변화에 따라 놀이하는 시간을 융통성 있게 조정하고 다양한 놀잇감이나 놀이기구로 놀이하며 자연환경을 직접 탐색하고 관찰하며 모래놀이, 동화듣기, 그림 그리기와 같은 정적인 활동과 휴식 등을 경험할 수 있도록 지원한다.

■ 동화·동시·동극을 통한 방법

[사진 9-7] '사물놀이'동화 듣고 동극하는 모습

영유아는 건강과 관련된 생활동화, 창작동화, 전래동화 등을 통해 병원, 질병, 올바른 생활습관 등 건강생활에 관한 정보와 관련된 경험을 나누며 생각과 느낌을 동시나 동극으로 표현한다. 영유아는 동화를 듣거나 스스로 그림책을 보는 것을 좋아하므로 조용하고 편안한 분위기에서 그림책을 반복적으로 읽고 또한, 융판동화, 앞치마동화, 테이블동화, 자석동화, 막대동화, 슬라이드동화, 텔레비전동화 등의 다양한 자료를 통해 건강의 실제 상황을 동극놀이로 경험한다.

■ 역할 및 극화놀이를 통한 방법

[사진 9-8] 병원 놀이하는 모습

[사진 9-9] 의사선생님과 간호사선생님 역할놀이하는 모습

영유아가 자신의 경험에 기초하여 참여자나 관찰자로서의 역할을 하는 것으로서 교구·교재, 실물, 모형 등을 활용하여 병원놀이, 슈퍼마켓놀이, 소방서놀이, 119구급대, 교통놀이를 즐겁게 경험하도록 지원한다.

■ 요리활동을 통한 방법

영유아가 바른 식생활을 경험하고 안전하게 도구를 사용하는 방법을 배우도록 지원한다. 요리활동은 계절을 고려하며 요리 순서표에 따라 재료와 도구를 탐색해 보고, 일정한 순서로 요리를 해 보는 과정에서 음식이 건강에 미치는 영향, 재료의 모양, 색, 맛의 변화와 청결, 영양, 위생, 안전 등 참여를 통한 즐거움을 경험하도록 지원한다. 송편만들기, 화전만들기, 주스만들기, 콩나물 무치기, 김장하기 등의 과정을 통해 음식의 맛과 우리 몸에 좋은 음식을 안다.

[사진 9-10] 친구들과 요리하는 모습

■ 게임을 통한 방법

즐겁고 자유롭게 이루어지는 게임활동을 통해 건강교육을 실시한다. 연령, 발달, 흥미, 수준에 적합한 게임을 선정하여 또래 친구들과 규칙이나 질서를 지키고 협동하며, 끝까지 게임에 참여하는 경험을 가지도록 지원한다. 이에 좋은 음식과 나쁜 음식 분류하기, 식품구성 자전거 게임하기, 손 씻기, 순서 끼워 맞추기, 계절과 옷 연결하기, 숲에서 게임하기 등 게임에 적극적이며 즐겁게 참여하도록 지원한다.

[사진 9-11] 보물찾기 게임을 하는 모습

■ 미술을 통한 방법

적절한 시간, 공간, 자료를 활용하는 미술을 통해 건강교육을 실시한다. 안정된 분위기에서 다양한 재료를 활용하여 자신의 생각과 느낌, 경험을 표현해 보거나 제작해 보는 과정을 가지도록 한다. 건강포스터 만들기, 환경캠페인, 병원놀이를 위한 간호사 모자 만들기, 약국 구성하기,

[사진 9-12] '건강 책' 만들기하는 모습

시장놀이 준비하기 등 대·소근육을 마음껏 움직여 보며 표현하는 즐거움을 갖도록 지원한다.

■ 음악과 동작활동을 통한 방법

건강 관련 개념을 멜로디를 통해 즐겁게 공감하고, 노래, 음악 감상, 동작 등을 통해 반복적으로 불러 봄으로써 관심과 흥미를 느끼도록 지원한다. 음식광고송 듣기, 노래말을 바꾸어 광고송을 만들기, 목욕하기 신체표현 등으로 다양하게 표현하며 즐거움을 느끼도록 지원한다.

[사진 9-13] 음악에 맞추어 신체표현하는 모습

[사진 9-14] '둥글게 둥글게' 모양만들기하는 모습

■ 현장학습을 통한 방법

[사진 9-15] 보건소 현장체험에서 '치아건강'이야기듣는 모습

효과적인 현장학습을 진행하기 위해 사전답사와 과정에 대한 체계적인 계획을 세우고 영유아와는 현장학습 기관 방문 전 건강과 관련한 기관의 역할에 대해 이야기 나눌 수 있다. 방문 시 궁금한 사항 질문 목록 만들기와 질문하기, 방문 후 현장에서 보고 듣고 느낀 것의 경험과 개념을 확장시켜 보는 다양한 활동을 위한 지원을 한다. 또한, 보건소, 병원 등 건강관리를 해 주는

시설물을 돌아보고 건강관리에 대해 알아본다. 현장학습 후 안내책자, 건강관리에 관한 책, 영상 또는 사진 등으로 평가하도록 지원한다.

③ 상황을 활용한 방법

실제 상황을 활용하는 방법으로 건강교육을 실시한다. 건강교육은 실제상황 즉, 정기적인 신체검사, 간식이나 점심시간, 식중독, 전염병 또는 질병 발생 등의 실제적인 상황에서 이해하고 대처할 수 있도록 지원한다. 그림자료를 이용하여 다치거나 아팠던 경험 이야기 나누기, 여러 가지 상황에 알맞은 옷 입히기, 다양한 상황에서 즐거운 감정을 유지하기 등 상황에 따라 적절히 행동을 조절하는 등 놀이가 활성화되도록 돕는다.

[사진 9-16] 감자 캐는 모습과 관찰하는 모습

④ 시범과 실험을 통한 방법

영유아가 건강에 적절한 상황과 해로운 상황을 관찰하거나 예측하고 실험을 통해 효과적으로 건강 관련 지식을 개념화해 나가도록 한다. 식물 싹내기, 가을 곡식 관찰하기, 가을열매 수확하기, 숲 체험에

[사진 9-17] 텃밭에서 옥수수 수확하는 모습

서 가져온 자연물 관찰하기, 온도나 습도에 따른 변화 실험해 보기, 탄산음료와 이 실험하기, 예방주사 맞기, 청소하기, 분리수거하기 등 관찰, 시범, 실험을 통해 경험해 볼 수 있도록 지원한다.

⑤ 부모교육과 가정통신, 자원 인사활용을 통한 방법

일상생활에서 부모의 신념이나 정보, 태도, 실천을 위해 부모교육과 가정통신을 통해 건강교육을 실시한다. 영유아교육기관은 부모의 건강교육 관련 기본 지식과 정보, 태도를 존중하고 영유아의 건강을 위한 가정에서의 환경과 실천에 대한 건강 관련 정보를 홈페이지나 가정통신문, 부모교육 등을 통하여 알리고 부모가 직접 유아의 활동에 참여할 수 있는 기회를 가지도록 한다. 영유아의 건강한 습관 형성을 위하여 부모가 영유아교육기관에서 실시하는 교육행사에 참여하거나 현장학습이나 정기 신체검사 등을 실시할 때 부모가 보조역할을 수행할 수 있다. 또한, 자원 인사로서 소방대원, 구급대원, 의사, 간호사, 체육인, 영양사 등의 전문 직업인으로서 기관으로 견학할 수 있도록 연결하거나 자신들이 하고 있는 일을 영유아에게 시연, 토의하는 등의 기회를 가질 수 있다.

[사진 9-18] 부모교육 시 다도하는 모습

실제 상황을 활용하는 방법으로 건강교육을 실시한다. 건강교육은 실제상황 즉, 정기적인 신체검사, 간식이나 점심시간, 식중독, 전염병 또는 질병 발생 등의 실제적인 상황에서 이해하고 대처할 수 있도록 지원한다. 그림자료를 이용하여 다치거나 아팠던 경험 이야기 나누기, 여러 가지 상황에 알맞은 옷 입히기, 다양한 상황에서 즐거운 감정을 유지하기 등 상황에 따라 적절히 행동을 조절하는 등 놀이가 활성화되도록 돕는다.

⑦ 교육행사를 통한 방법

어린이집과 유치원의 교육행사 즉, 수업관찰이나 참여수업, 운동회 등의 교육행사에 유아와 부모가 함께 참여하여 건강과 관련한 자신의 생각을 표현하고 체험하며 전시하는 과정을 가진다. 영유아는 자신이 계획한 활동이나 작품을 설명하고 완성된 구성물에 대해 이야기하는 과정을 통해 건강에 대한 필요성과 기초지식을 친구와 부모들과 공유하고 생명체는 물론 자신이 살고 있는 환경과 자연을 소중하게 여기는 마음과 태도를 가질 수 있다.

[사진 9-19] 창포로 머리감는 모습

[사진 9-20] 열매 수확하는 모습

2 건강교육에서의 교사의 역할

영유아교육기관은 건강교육, 건강서비스, 건강한 환경구성의 역할을 통해 영유아의 건강을 향상시킬 수 있다. 영유아교육기관의 교사들은 우선적으로 영유아들에게 건강한 생활환경을 제공하는 데 필요한 지식과 기술을 갖추어야 하며 영유아의 기본적인 물리적, 정서적, 생리적인 기본 욕구를 충족시켜 주어야 한다.

영유아 건강을 위한 교사의 역할을 구체적으로 제시하면 다음과 같다.

1) 관찰자로서의 역할

관찰자로서 교사는 건강에 관한 기초지식을 가지고 영유아들을 관심과 주의를 기울여 관찰하도록 한다. 따뜻하고 수용적이며 정신적·신체적으로 안정적인 환경을 제공하여 영유아의 정신적인 건강을 도모하도록 한다. 특히 아픈 유아의 경우 병의 징후를 미리 파악하고 민첩하게 반응하여 상황에 대처할 수 있도록 한다. 아픈 유아의 특징은 다음과 같다(조경자 외, 2010).

아픈 유아의 기본적인 특징	
• 식욕부진이 나타남	• 열이 나거나 땀을 많이 흘림
• 졸음과 힘이 없어 보임	• 머리, 배가 아프다고 호소함
• 주의집중이 안 됨	• 얼굴이 빨갛게 달아오르거나 입술이 마름
• 기대거나 누우려고 함	• 호흡이 거칠어짐

2) 계획 및 안내자로서의 역할

영유아의 건강교육은 영유아의 발달수준 범위 내에서 건강에 대한 개념을 형성하도록 지원되어야 하는데 이를 실천하기 위해서 건강교육계획을 세울 때 고려해야 할 기본원리는 다음과 같다.

건강교육계획을 세울 때 고려해야 할 기본원리

- 바람직한 건강습관을 정착시키려면 조기에 반복적으로 실시해야 한다.
- 건강교육의 내용은 영유아의 신체적, 지적 발달에 적합한 것으로 선정한다.
- 건강교육은 일관성이 있어야 한다.
- 영유아의 바람직하지 못한 식생활 행동에 대해서는 즉각적이고 구체적 지도를 위한 계획을 세운다.
- 일상생활에서 교사가 구체적인 모델을 보이도록 한다.

영유아기는 건강한 체질과 올바른 식습관이 형성되는 기초 단계이므로 양적·질적으로 충분한 식사를 균형 있게 하는 것이 중요하다(김영심 외, 2011). 따라서 교사는 영유아가 간식이나 점심을 즐겁고 편안하게 먹을 수 있도록 아늑하고 편안한 환경을 제공하고 위생적인 배식을 위해 노력해야 한다.

위생적인 배식요령

- 영유아가 사용하는 식탁은 급·간식 전후로 닦아 항상 청결하게 관리한다.
- 교사는 각각의 음식마다 집게 또는 일회용 장갑을 사용하여 위생적으로 배식관리를 한다.

안내자 역할로서 교사는 영유아의 건강과 관련된 문제에 대하여 부모와 사전에 협의하여 원칙을 정하고 부모의 이해와 동의를 구한다. 건강검진이나 영유아의 건강과 예방접종 등에 관하여 유아와 부모에게 수시로 안내·전달하여 건강하고 안전한 환경이 되도록 한다.

3) 환경구성과 상호작용자로서의 역할

교사는 영유아가 개별적인 휴식을 취할 공간을 마련하고, 매일 일정하게 휴식 시간을 정하되 하루 일과의 특성, 날씨 등을 고려하여 휴식하도록 지도한다. 영유아의 개별적인 낮잠습관을 파악하고 영유아에게 건강과 관련한 질문을 하거나 또래와 아이디어를 나누도록 지지하며, 건강을 위한 예방교육을 강조하고 건강 관련 경험을 이야기 나누도록 격려한다. 또한, 교사는 영유아의 건강상태를 확인하고 스스로 자신의 건강을 일상생활에서 유지하기 위한 기본지식과 태도를 기르도록 하고 정신 건강도 중요하다는 것을 인식할 수 있도록 상호작용과 적절한 환경구성자로서의 역할을 한다.

보건실에 갖추어야 하는 시설 및 기구의 구체적인 기준

- 일반시설 및 기구 등
  - 사무용 책상의자, 건강기록부 및 서류보관장, 약장기기 보관함, 소독(멸균)기, 냉·온장고, 물 끓이는 기구, 손전등, 가습기, 수도시설 및 세면대, 냉·난방시설, 통신시설, 컴퓨터 프린트기, 칠판 교육용 기자재 등
- 환자 안정용 기구
  - 침대 침구류 및 보관장, 칸막이(가리개), 보온기구 등
- 건강진단 및 상담기구
  - 신장계, 체중계, 좌고계, 비만측정기, 시력표, 조명장치, 눈가리개, 시력검사용 지시봉, 색각검사표, 청력계, 혈당측정기, 스톱워치, 검안경, 검이경, 비경, 펜라이트, 치과용 거울, 탐침, 핀셋, 상담용 의자 및 진찰용 의자
- 응급처치용 기구
  - 체온계, 핀셋, 핀셋통, 가위, 농반, 소독접시, 드레싱카, 부목, 휴대용 구급기구, 구급낭, 들것, 목발, 세안수수기, 찜질기, 켈리, 휴대용 산소기 및 구급처치용 침대 등
- 환경위생 및 식품위생검사용 기구
  - 통풍건습계, 흑구온도계, 조도계, 가스검지기, 먼지측정기, 소음계 및 수질 검사용 기구 등

출처: 교육부·충청남도교육청(2015). 행복한 안전한 유치원 생활 건강·안전관리 길라잡이.

NASA가 정한 10대 공기정화식물(실내 오염물질의 효율적 관리)

1. 아레카 야자－톨루엔카실렌 제거율1위
2. 관음죽－암모니아 제거율1위
3. 대나무야자－포름알데히드 제거율 6위
4. 인도고무나무－포름알데히드 제거율 8위
5. 드라세나－포름알데히드 제거율 5위
6. 아이비(헤데라)－포름알데히드 제거율 9위
7. 피닉스야자－톨루엔, 키실렌 제거율 2위
8. 피쿠스아리－병충해 제거
9. 보스턴 고사리－포름알데히드 제거율 1위
10. 스파티필름－공기 중 독성물질 제거

4) 평가자로서의 역할

평가자로서의 역할은 교육과정 운영의 장·단점을 확인하고 개선이 필요한 분야를 점검하여 교육의 효과를 높이는 것이라 할 수 있다. 이는 지속적인 영유아의 태도와 행동변화를 관찰하고 측정하여 기록하고 평가함으로써 이루어진다. 영유아 건강을 위한 교육과정 계획과 실행·평가는 연계되어 이루어지며, 영유아 건강을 위한 개선사항 등을 피드백하도록 한다.

5) 건강교육 활동의 실제

(1) 일일보육계획안(만 2세)

초롱반(만 2세)					담임	원장
기간		7/15 월 (맑음)	7/16 화 (맑음)	7/17 수 (맑음)	7/18 목 (맑음)	7/19 금 (맑음)
일과 및 시간		**계획 및 실행**				
등원 및 오전 간식 (07:30~09:30)		친구들과 자유롭게 이야기 나누며 오전 간식 맛있게 먹기				
오전 실내놀이 (09:30 ~10:40)	쌓기	여름 옷 가게 만들기	------------〉	패션쇼장 만들기	빨래방 구성하기	----------〉
	역할	여름 옷 가게 놀이	-------------〉	패션쇼 놀이	빨래놀이	-----------〉
	언어	기상캐스터가 전하는 여름철 날씨	------------〉	------------〉	------------〉	-----------〉
	언어	-	여름에 볼 수 있는 옷 이름 따라 쓰기	------------〉	------------〉	-----------〉
	수·조작	여름에 필요한 물건 분류하기	------------〉	-----------〉	가위바위보 게임	-----------〉
	조작	-	여름 옷차림 퍼즐 맞추기	------------〉	------------〉	------------〉
오전 실내놀이 (09:30 ~10:40)	과학	-	여름 날씨에 변화하는 얼음 관찰하기	------------〉	------------〉	------------〉
	미술	신문지로 여름 모자 만들기	------------〉	신문지로 옷 만들기	------------〉	------------〉
	음률	여름의 소리 들으며 부채질하기	------------〉	부채춤 추기	------------〉	------------〉
	안전교육	(실종·유괴의 예방·방지교육) 낯선 사람을 따라가지 않아요.				
정리정돈 및 손 씻기 (10:40~10:50)		함께 정리정돈 후 화장실 다녀오기(손 씻기)				
바깥놀이(대체) (10:50~12:00)		여름 하늘 구름 보며 산책하기/꽃과 나무에 물 주기 (대체활동) 누구의 부채가 시원할까?				

기간	7/15 월 (맑음)	7/16 화 (맑음)	7/17 수 (맑음)	7/18 목 (맑음)	7/19 금 (맑음)
점심식사 및 화장실 다녀오기 (12:00~13:10)	화장실에서 손을 씻은 후 점심 맛있게 먹기 도시락을 정리한 후 개별적으로 양치질하기				소방대피훈련 (12:40~13:00) (유희실에 불이 났어요)
활동 (13:10~13:30)	이야기 나누기 (여름 옷 차림)	안전교육 (실종·유괴의 예방·방지교육) 낯선 사람을 따라가지 않아요.	특별활동 (음악)	특별활동 (체육)	동화 (빨래하는 날)
낮잠 및 휴식 (13:30~14:30)	이불을 스스로 펴고 편안하게 음악을 들으며 낮잠 자기				
오후 간식 (14:30~15:00)	개별 침구를 바르게 정리한 후 화장실에서 손 씻기 오후 간식 맛있게 먹기				
※ 파란색 표기는 계획하지 않았으나 영유아의 흥미로 인하여 실행된 놀이					
오후 실내놀이 (15:00~16:00)	오전과 연계하여 자유롭게 놀이하기				
연장보육 – 놀이 및 휴식 (16:00~19:30)	기본보육 아동은 하원하고 연장보육 아동은 연장반으로 이동하기 연장반에서 자유롭게 놀이하거나 휴식 취하기 부모님이 오시면 순차적으로 귀가하기				
놀이 실행 기록 – 월	• 역할영역 교구장에 비치되어 있는 반바지를 살펴보던 유아들이 "선생님 저 집에 이런 바지 있어요, 저두요"라고 하자 "그렇구나. 어디 가서 샀어요?"라고 하며 유아들과 옷 가게에서 여름옷을 사 보았던 경험에 대해 이야기를 나누어 보고 옷가게를 만들어 '주인과 손님'이 되어 '여름 옷 가게놀이'가 진행됨 • 언어 영역 벽면에 부착되어 있는 기상 캐스터 화보를 보고 지민이가 마이크를 꺼내어 오늘의 날씨를 전하는 흉내를 내기도 함. "오늘의 날씨가 어때?"라고 물으니 "더워요.", "얼마나 더워?, 몇 도야?"라고 다시 묻자 "온도는 몰라요."라고 하며 아쉬워함. 내일은 날씨의 온도를 알 수 있게 온도계와 기상캐스터가 날씨를 전하는 동영상을 제공하여 놀이가 활발하게 이루어지도록 지원해야겠음 [특이사항] 〈건강 및 영양교육〉 오후 간식으로 나온 고구마를 배식하며 '고구마는 우리 몸속 장의 운동을 도와 방귀가 잘 나오게 하고 대변을 잘 누게 하는 음식'임을 이야기하고 변이 잘 나오지 않는 친구들은 고구마를 잘 먹도록 지도하였음				

<table>
<tr><th colspan="2">기간</th><th>7/15 월 (맑음)</th><th>7/16 화 (맑음)</th><th>7/17 수 (맑음)</th><th>7/18 목 (맑음)</th><th>7/19 금 (맑음)</th></tr>
<tr><td rowspan="2">놀이
실행 기록</td><td>화</td><td colspan="5">• 어제의 활동평가를 반영하여 언어 영역에 온·습도계 하나를 비치해 두니 ㅇㅇ이가 관심을 보이며 온도계를 어떻게 보는 것인지, 바깥의 온도가 얼마인지 궁금해하기도 하였음. 유아의 요구를 즉시 반영하여 자료실에 있는 온·습도계를 한 개 더 가지고 와서 실외놀이터에 두고 얼마 후 보육실로 가지고 와서 실내외 온도를 비교해 보기도 하였음. 기상 캐스터가 전하는 날씨 동영상을 재미나게 시청하는 유아도 많았음
• 신문지로 여름 모자 만들기 활동에 관심을 보이기는 했으나, 만들기를 어려워하는 유아는 친구가 만든 모자에 사인펜 등으로 색칠해 보는 활동으로 진행되기도 하였음
• 미세먼지 농도가 높아 실내유희실에서 부채를 이용하여 친구에게 부채 부쳐 주기 대체활동을 진행함
[특이사항]
〈건강교육〉 미세먼지가 나쁠 경우에는 실외활동을 자제하고 부득이한 경우 마스크를 착용해야 함을 강조하였고 바깥놀이를 가지 못해서 아쉬워하는 유아들과 실내유희실에서 부채를 이용하여 대체활동을 진행함
〈안전교육〉 별도의 안전교육일지 참조</td></tr>
<tr><td>수</td><td colspan="5">• 이발을 하고 등원한 친구에게 관심을 보인 몇몇 유아가 역할영역 미용놀이 소품으로 계획하지 않은 미용실놀이가 진행되기도 하였음. 한 유아는 음률영역에 비치되어 있는 보자기를 들고 와서 손님의 어깨에 걸치고 미용사처럼 머리 손질을 해 주는 흉내를 내며 다른 영역의 자료와 연계하여 놀이가 진행되기도 하였음
• 일부 유아들이 역할영역에 비치되어 있는 여름옷을 입어 보며 서로 뽐내기를 함. 교사가 "모델같네."라고 하자 "모델들은 무대에 천천히 걸어와서 자세를 취하면 누가 사진을 찍어줘요."라고 하며 패션쇼에 대한 사전 경험을 이야기하고 패션쇼 놀이를 하자고 친구들에게 제안하기도 함. 블록으로 모델이 올라서는 무대를 만들기도 하고 교사는 모델이 되는 친구들의 사진을 찍어 주기도 하였음
• 한 유아가 신문지 한 장을 꺼내더니 옷을 만들 수 있다며 친구들에게 자랑을 하자 친구들이 같이 만들자며 미술영역에 모여 신문지 옷을 만드는 모습이 관찰됨. 이후 신문지 옷을 입고 번개맨 놀이가 진행되기도 하였음
• 부채를 이용하여 부채춤을 주는 유아가 있어 교사가 음악을 틀어주자 리듬에 맞추어 부채춤을 춰 보도록 지원하였음
• 어제에 이어 오늘도 미세먼지가 '나쁨'이라 실내유희실에서 부채를 이용하여 종이 날리기 게임을 진행함</td></tr>
</table>

<table>
<tr><td colspan="2">기간</td><td>7/15 월 (맑음)</td><td>7/16 화 (맑음)</td><td>7/17 수 (맑음)</td><td>7/18 목 (맑음)</td><td>7/19 금 (맑음)</td></tr>
<tr><td rowspan="2">놀이
실행 기록</td><td>목</td><td colspan="5">• 언어 영역에 다양한 날씨 음향을 들을 수 있도록 비치해 두니 "천둥 소리가 무서워요. 저번에 태풍이 왔을 때 비도 많이 오고 바람도 많이 불고 창문이 많이 흔들려서 엄청 무서웠어요."라고 이야기를 하며 관심을 보여 재난안전교육에 대해 자연스럽게 연계하였음
• 수·조작 영역에 비치해 둔 '여름에 필요한 물건 분류하기' 그림카드를 이용하여 두 친구가 가위바위보를 하여 이긴 친구가 그림카드 가져가기 놀이를 진행하기도 하였음
• 유아들이 옷 가게 놀이, 패션쇼 놀이를 하다가 "옷에 냄새가 나서 빨래를 해야겠네."라고 말하며 빨래놀이를 하는 유아가 있었음. 빨래를 해 본 경험은 없으나 세탁기에 빨래가 돌아가는 모습을 본 경험과 빨래방에 가 본 경험에 대해서도 이야기를 나누며 놀이가 진행되었음. 유아들이 빨래놀이 중 옷걸이, 빨래집게, 건조대 등의 자료가 있으면 좋겠다고 요구하여 내일은 활동자료를 더 추가해서 제공할 예정임
• 실외놀이 시간에 놀이터에서 놀이 중 나무와 꽃에 물을 주는 활동을 함. 분무기 개수가 충분하지 않아 기다리는 유아가 많았으며 내일은 인근 공원에 있는 나무와 꽃에 물을 주자는 의견이 있어 공원으로 이동할 예정이며 오늘보다 좀 더 충분하게 분무기를 준비해서 가져가야겠음
[특이사항]
〈특별활동〉 평균대 걷기 체육활동 중 일부 유아들이 평균대 중간지점에서 바닥으로 떨어지는 경우가 있어 교사가 손을 잡아 주고 끝까지 걸어 보도록 도와주기도 하였음. 유아들의 개별적 발달 특성을 고려하여 보육실 내 바닥에 색 테이프로 다양한 선을 만들어 중심을 잡고 걸어 보는 활동을 반복적으로 해 볼 수 있도록 제공해 줄 계획임
〈건강 및 영양교육〉 점심식사 후 이를 서둘러서 대충 닦고 실내놀이를 하려는 유아가 늘어나고 있음. 음식을 먹은 후 이 닦기의 중요성과 이를 닦는 방법, 유의점에 대해 이야기하면서 매일매일 이를 청결하게 관리하고 습관화되도록 지도하였음</td></tr>
<tr><td>금</td><td colspan="5">• 어제 유아들의 요구를 반영하여 빨래집게, 건조대 등을 제공해 주었더니 놀이가 더 적극적으로 이루어졌음. 빨래하는 활동보다 빨래를 다 한 후 건조대에 빨래를 널어보는 놀이에 더 흥미를 보이기도 하였음. 한 유아는 집에서 완구용 다리미를 가지고 와서 세탁이 끝난 옷을 다림질하는 놀이로 진행되기도 하였음. 빨래놀이가 다양하게 확장되고 활발하게 이루어져 다음 주에도 연장하여 빨래놀이가 진행될 수 있도록 고려할 계획임
• 어제 유아들의 의견을 반영하여 어린이집에 있는 분무기를 모두 가져가 개별적으로 사용할 수 있도록 지원해 주었음. 인근 공원에 있는 나무와 꽃에 물을 주며 나무와 꽃의 이름을 물어보는 유아가 있어 알려 주기도 하고 이름을 모르는 나무와 꽃은 사진을 찍어서 추후에 알아보자고 이야기 나누기도 하였음
[특이사항]
〈소방대피훈련〉 유희실에 전선합선으로 화재가 발생했다는 가정하에 주 출입구와 비상구를 통해 대피훈련을 실시하였음. 모든 원아가 옥외놀이터로 집결하였으며 전체원아가 대피하는 데 5분 정도 소요되었음</td></tr>
</table>

출처: 부산광역시·부산광역시육아종합지원센터 2020년 부산광역시 맞춤형 보육장학제 발췌, 일부수정.

(2) 일일계획안 실제(만 5세)

♥ 즐거운 미소반의 한 주 이야기 ♥

19-37호

미소반 (만5세) 서혜지 교사

<table>
<tr><td>놀이주제</td><td colspan="2">동식물과 자연</td><td>기간</td><td colspan="2">11월 3주(2019. 11. 18. ~ 11. 22.)</td></tr>
<tr><td>기대되는 모습</td><td colspan="5">• 플라스틱 환경오염에 관심을 가진다.
• 생명과 자연환경을 소중히 여긴다.</td></tr>
<tr><td>날짜</td><td>18일(월)</td><td>19일(화)</td><td>20일(수)</td><td>21일(목)</td><td>22일(금)</td></tr>
<tr><td>일과의 흐름</td><td>자유놀이 및 간식
→ 아침모임(5분 안전교육)
→ 동영상(플라스틱으로 아파하는 고래를 구해 주세요)
→ 이야기 나누기(고래가 무엇 때문에 아파하나요?)
→ 점심식사
→ 바깥놀이</td><td>자유놀이 및 간식
→ 아침모임(5분 안전교육)
→ 이야기 나누기(플라스틱 오염에 대해 궁금해요)
→ 언어(플라스틱 오염에 대해 질문 목록지 작성하기)
→ 점심식사
→ 바깥놀이</td><td>자유놀이 및 간식
→ 아침모임(5분 안전교육)
→ 미술(플라스틱 바닷속 동물들은 어떤 모습일까?)
→ 점심식사
→ 바깥놀이
→ 체력증진(줄로 모양 만들어 걷기)</td><td>자유놀이 및 간식
→ 아침모임(5분 안전교육)
→ 음악(고래의 노래)
→ 신체(플라스틱 바닷속 동물들 되어 보기)
→ 점심식사
→ 바깥놀이</td><td>자유놀이 및 간식
→ 아침모임(5분 안전교육)
→ 동영상(플라스틱 파도가 밀려온다)
→ 신체(우리 생활 속 플라스틱 찾아보기)
→ 점심식사
→ 바깥놀이
→ 체력증진(줄로 모양 만들어 걷기)</td></tr>
<tr><td>놀이 흔적 남기기</td><td colspan="2">18일(월)

</td><td colspan="3">"고래랑 거북이가 아프겠어요."
교실 문 앞에 있는 포스터를 발견한다.
영재: "고래를 구해주세요"라고 적혀 있네? 왜 구해달라는 거지?"
여정: "음…… 바다에 가고 싶어서 그런 거 아닐까?"
지후: "선생님한테 물어보자."
교실 문 앞에 있는 포스터를 보며 고래에 대해 궁금증을 가진다.
이야기 나누기를 나눌 때 '플라스틱으로 아파하는 고래를 구해주세요' 영상을 보며 문 앞에 있는 포스터의 의미에 대해 알아본다.
윤주: "고래가 비닐을 왜 먹어? 물고기인지 알았나보다."
도윤: "해파리인 줄 안거 아니야?"
승제: (거북이 코에 빨대가 빠지는 영상을 보며) "거북이 코에서 피가 나."
승현: "거북이가 코피 흘려."</td></tr>
</table>

<table>
<tr>
<td rowspan="3">놀이 흔적
남기기</td>
<td>19일(화)

</td>
<td>"여기 봐! 동물들 배 속에 뭐가 있어."
과학영역에 있는 사진 속 동물들에게 관심을 가진다.
세인: 야, 야~ 이것 봐.
서은: 으~ 이거 다 쓰레기잖아.
지후: 쓰레기 엄청 먹었다.
영재: 야~ 이거 봐봐. 바다에 쓰레기가 엄청 많아. 와~이렇게 쓰레기가 많은 거 봐.

</td>
</tr>
<tr>
<td>20일(수)

</td>
<td>"우리 거북이 만들어서 놀까?"
미술활동 때 플라스틱으로 아파하는 바닷속 동물들을 그림으로 표현해 본다.
영재: 선생님~ 여기에 플라스틱 그물에 달아주세요.
교실에 있는 플라스틱 쓰레기통을 들고 온다.
교사: 왜?
영재: 고래가 왜 아픈지 다른 친구들도 알 수 있잖아요.
승제: 어? 선생님 저 집에서 가져와도 돼요?
바깥놀이 시간에 모래 위에 거북이를 만들어서 노는 아이들.
강림: 나 거북이 만들 거야.
민성: 그럼 난 등껍질 모양 만들게.</td>
</tr>
<tr>
<td>21일(목) - 이야기 나누기
</td>
<td>"비닐 뜯어야 돼."
요구르트를 다 마시고 빈 통을 정리한다.
지후: 서은아, 우리 이거 비닐 뜯자.
서은: 왜 뜯어야 돼?
지후: 분리수거 해야 하잖아. 어제 엄마한테 물어봤는데 비닐 있으면 안 된다고 했어.
서은: 아~ 알겠어. 얘들아, 비닐 뜯어.</td>
</tr>
</table>

<table>
<tr>
<td>놀이 흔적
남기기</td>
<td>22일(금) - 자유놀이

</td>
<td>

"여기에도 빨대가 있어요!"
유치원 주변을 산책하며 우리 주변에 플라스틱 쓰레기가 얼마나 있는지 알아본다.

강림: 여기에 병뚜껑이 있어!
서은: 거북이 코에 있던 빨대야.
세인: 난 음료수 찾았어.

산책길에 찾은 여러 가지 종류의 쓰레기들을 검은 색지에 다 같이 붙여, 길에 버려진 쓰레기 양과 종류들에 대해 알아본다.

점심식사 후 자유놀이 중에 영재가 "난 우리 반 플라스틱 다 모을 거야."라며 바구니에 바닥에 떨어진 플라스틱을 담는다.

강림이가 "어? 여기도 있어~"하며 영재가 들고 있는 바구니에 우유 뚜껑을 넣는다.</td>
</tr>
</table>

출처: 미소유치원 주간기록.

유아의 놀이 경험 - 교사의 놀이 이해	
주간 기록(해석) 및 반영사항	18일(월) 교사가 계획한 '아기고래를 살려 주세요' 주제를 유아들이 관심을 가지며 궁금해 하였다. 플라스틱으로 아파하는 고래와 바다 생물 영상을 보여 주며 포스터의 의미를 알아보았다. 바닷속 생물들이 플라스틱과 비닐 등의 쓰레기를 먹이로 착각하고 있다는 것을 알 수 있었고, 거북이 코에서 피가 흘린 장면이 동물도 우리와 똑같이 아파한다는 것을 느낄 수 있었던 것 같다. 유아들이 관심을 가져하는 이 주제의 확장을 위해 무엇이 필요한지 유아들의 대화를 잘 들어보고, 환경구성으로는 과학영역에 플라스틱으로 고통받는 동물들의 사진을 붙여 자료를 더 제공해 주어야겠다. [자연탐구 - 자연과 더불어 살기 - 주변의 동식물에 관심을 가진다.]
	19일(화) 과학영역에 붙어 있는 '플라스틱 쓰레기로 인해 고통받는 동물들의 사진'을 세인이가 먼저 발견한다. 사진 속 장면을 보며 왜 플라스틱을 먹었는지에 대한 궁금증과 쓰레기들이 바다 위에 많다는 것 등을 이야기를 나누는 모습을 볼 수 있었다. 유아들의 궁금증이 확장될 수 있도록 이야기 나누기 시간에 플라스틱 환경오염의 궁금한 점을 나누어 볼 수 있었다. 궁금한 점을 이야기 나누다 시연이가 "고래만 쓰레기 때문에 아파요?"라며 물어보았다. 이 질문에 대한 답을 '사람에게도 영향이 있으며 미세플라스틱이라는 것이 있다'는 정보를 주었다. 미세플라스틱에 대한 다양한 정보와 자료를 제공해야겠다. [자연탐구 - 탐구과정 즐기기 - 주변 세계와 자연에 대해 지속적으로 호기심을 가진다.]
	20일(수) 플라스틱 바닷속 동물들의 모습은 어떤 모습일지 상상하며 그림을 그려 보았다. 아이들의 작품을 교실에 전시했는데 영재가 교실에 있는 플라스틱을 그물에 달아 주자는 의견을 제안했다. 그래서 교실에 있는 플라스틱 쓰레기를 깨끗이 씻어 그물에 달아 주었다. 승제나 시연이 등 다른 아이들이 집에 있는 플라스틱을 들고 와서 그물에 달고 싶다고 하였다. 바깥놀이터에서 강림이와 민성이가 모래 위에 거북이를 만든다. 유아들의 놀이 속에 거북이와 고래가 등장하여 놀이의 확장을 발견할 수 있었다.

주간 기록(해석) 및 반영사항	21일(목) 항상 우유급식을 할 때, 요구르트 통에 붙은 라벨을 떼지 않고 버렸었다. 그런데 이 주제에 흥미가 많았던 지후는 집에서 엄마와 이야기를 나누었나 보다. 플라스틱에 붙은 라벨을 떼서 버려야지 분리수거가 된다는 것을 알고 친구들에게 떼자고 제안한다. 그 전에 교사에게 "선생님, 이거(라벨) 뜯어서 버려도 되요?"라며 물어봤었다. 지후의 제안으로 오늘은 우리 반 아이들 전체가 라벨을 뜯어서 분리수거를 하였다. 어제 교실환경에 전시한 그물에 달 플라스틱을 집에서 가져온 아이들이 있었다. 케첩 통, 과자 봉지, 빈 화장품 통 등등. 학부모님께 아이들이 가정에 가서도 부모님께 이야기를 한다거나 유치원에 플라스틱을 가져가고 싶어 한다는 이야기를 전해 들어 유치원뿐만 아니라 가정으로까지 연계가 되고 있다는 것을 알 수 있었다. 이번 주 주말에는 가정과 연계하여 교육활동이 이루어질 수 있게 가정연계 활동들을 찾아보고 가정으로도 제공해 줘야겠다.
	22일(금) 밖에 나가서 우리 생활공간 주변에도 플라스틱 쓰레기들이 버려져 있는지 찾아보았다. 교사는 유아들이 버려진 플라스틱 쓰레기를 찾는 과정을 관찰하였다. 유아는 플라스틱을 주우면서 이번 주 동안 알아보았던 내용이나 동영상 장면을 회상하며 친구들과 이야기를 나누었다. 교실로 돌아와서 우리가 주운 플라스틱 쓰레기를 색지에 붙여 한눈에 볼 수 있게 하였다. 이 쓰레기들이 바닷속 동물들의 배 속으로 들어간다는 이야기를 나누었다. 우리 반에도 버려진 플라스틱이 있다며 사인펜 뚜껑을 주워온다. "이것도 여기에 붙여요."라며 말한다. 이러한 활동은 일시적으로 나타났다가 사라질 수 있었던 우리 생활 속 쓰레기 찾아보기 활동을 유아들의 관심을 이어 활동을 할 수 있었다.
다음 주 예상 관심과 놀이	플라스틱 환경오염에 대해 관심을 가지고 있어서 다음 주에도 놀이와 활동이 이어질 것으로 예상된다. 교사가 계획한 주제였지만 그 주제에 유아들의 흥미와 관심이 있었고, 유아들이 궁금해하는 것들을 그 당시나 다음 날에 자료를 제공하여 놀이 및 활동이 이번 주 동안 확장될 수 있었던 것 같다. 다음 주는 플라스틱 환경오염의 문제가 우리의 식탁에도 올라와서 사람에게도 영향이 있으며, 유아들과 질문지 작성한 항목 중 하나인 플라스틱 환경오염의 대처 방안을 주제로 해당 자료와 정보를 제공해야겠다.

출처: 미소유치원 주간기록.

11월의 놀이 계획

미소반 11월 1주~11월 4주

반(연령)	미소반 (만5세)	기 간	2019. 11. 04. ~ 11. 29. (4주간)
놀 이 주 제	동·식물과 자연		
예 상 주 제	·식물과 우리 생활 ·아기 고래를 살려 주세요		
기대 되는 모습	·생명과 자연환경을 소중히 여긴다. ·플라스틱 환경오염에 대한 우리 생활 속의 대처방안을 알고 실천한다.		

자유놀이 — 동식물과 자연

- ·작은 책 만들기-여러 가지 차 나무
·플라스틱 환경 오염 관련 신문 읽기
- ·전통 찻집 놀이
·바다 쓰레기 낚시하기
- ·수 그래프-내가 좋아하는 차
·분리 수거를 해요
- ·플라스틱 표시에 대해 알아보기
플라스틱 환경오염 때문에 동물들이 아파요
- ·색종이 접기 – 고래
·우리 반 재활용품으로 만들기를 해요
- ·'고래의 노래' 부르며 악기 연주하기

	놀이/주	1주	2주	3주	4주
모임놀이	이야기 나누기	·우리가 먹을 수 있는 꽃과 풀이 있어요 ·차를 왜 마실까요?	·차는 어떻게 만들어 질까요? ·어떤 차를 만들어 보고 싶나요?	·고래가 무엇 때문에 아파 하나요? ·플라스틱 오염에 대해 궁금해요	·고래만 쓰레기를 먹나요? ·우리가 쓰는 플라스틱 사용이 달라진데요
	미술	·재활용품으로 한지 찻잔 만들기	·티백 연상그림 그리기 ·국화꽃을 그려요	·플라스틱 바다 속 동물들은 어떤 모습일까?	플라스틱 사용의 달라진 점을 알려요
	음악	노래) 차의 향기	노래) 조그만 꽃에도 저마다 빛깔이 있지요	노래) 고래의 노래	노래) 지구 사랑 씨앗
	신체·게임	게임) 차 잎을 찾아라!	신체)찻잔 속에 들어간 국화 표현하기	신체) 우리 생활 속 플라스틱 찾아보기	재활용품 분리 배출함
	동화·동시 동극	동화) 신농이야기	동화)먹을 수 있는 열매	동영상)플라스틱으로 아파하는 고래를 구해주세요/ 플라스틱 파도가 밀려온다	동영상)편리한 플라스틱의 불편한 진실 동화)바다야 미안해
	바깥놀이	녹차 잎과 비슷한 잎을 찾아요	나무를 만나러 가요	유치원 주변 쓰레기를 주워요	

인성교육	·1유치원 1인성 – 책임 – 열심히 하겠습니다. ·인성교육 – 환경오염에 대해 알아보아요
안전교육	·재난대피(소방대피)훈련 – 땅이 흔들려요! ·성교육 – 서로의 몸을 보호하는 약속 ·폭력예방 및 신변 보호 – 생명은 소중해요 ·11월 인사말 – 열심히 하겠습니다
중점교육	·(미디어) 전자파에서 멀리 멀리 ·(지속발전) 물과 전기를 아껴서 사용해요 **·(건강·영양) 싱겁게 먹어요! – 나트륨 왕국 통통 임금님의 변신 / 눈을 비비면 안돼요**
미소반 소식	●이번 달은 우리 생활 속 접할 수 있는 동식물에 대해 알아보려고 합니다. 동식물이 살아가기에 좋은 환경에 대해 관심을 가지고, 이를 생명체로서 소중히 여기도록 합니다. 식물에 대해서는 우리가 즐겨 마시는 여러 가지 차의 종류에 대해 알아보며 식물이 우리에게 주는 이로운 점을 알아보고자 합니다. 동물에 대해서는 올해 부산광역시 역점주제인 환경 살리기 운동 '아기 고래를 살려주세요'를 하려고 합니다. 아이들이 환경보호의 필요성을 알고 생활 속에 실천할 수 있도록 가정에서도 많은 관심을 주시길 바랍니다. 건강하고 씩씩하게 즐거운 유치원 생활이 되도록 좋은 습관을 기르도록 합시다.

플라스틱 바닷속 동물

놀이의 배경

놀이를 위한 교육적 지원

놀이

마무리와 새로운 시작

10장

가정 및 지역사회와의 연계

최근 맞벌이 부부의 보편화와 빨라진 취원 시기로 인해 과거보다 더 많은 영유아가 교육기관에서 생활하며 그 시간도 점차 늘어나고 있다. 따라서 영유아들을 보다 안전하고 건강하게 교육하고 보호할 수 있도록 영유아교육기관과 가정이 연계하는 것은 중요하다. 누구보다 영유아의 발달상태와 성격의 특성, 능력을 가장 잘 파악하고 사랑과 정성이 많은 사람은 부모이다. 영유아는 신뢰감이 형성되어 있고 친근한 부모에게서 바람직한 삶의 태도와 행동의 기초를 가장 잘 배운다. 영유아의 건강을 위하여 가정과 협력할 수 있는 가정연계프로그램을 소개하면 다음과 같다.

1 가정연계 프로그램 운영

1) 일상생활을 통한 연계

부모가 영유아에게 어떠한 환경을 제공하느냐 하는 것은 중요하다. 부모는 아이를 팔에 안고 바라보며 말을 걸기도 하며 모유나 우유를 먹이고, 아이도 부모를 바라보며 사랑과 감정을 교류한다. 부모는 아이의 단서를 민감하게 살피고 즉시 그에 적절한 반응을 해야 한다. 예를 들면, 아이가 울거나 어떤 신호를 보낼 때 즉각적으로, 그리고 일관적으로 반응하는 것이다. 부모는 아이가 신뢰형성과 자율감을 기를 수 있도록 먹을 것, 입을 것 등에 대해 스스로 선택해 보도록 하고 안전한 범위 내에서 마음놓고 탐색할 수 있는 환경을 만들어 준다.

또한, 유아는 편안하고 즐겁게 식탁 앞에 앉아 부모와 함께 음식을 먹으며 부모님을 관찰하고 대화하는 과정에서 바른 식습관, 식사예절, 편식에 대해 관심을 가질 수 있다.

교사는 부모와 등·하원 만남 시 안전한 놀잇감, 아침식사의 중요성, 영양가 있는 간식에 대한 개념, 운동의 이로움, 청결, 날씨에 맞는 옷차림, 구강위생, 규칙적인 잠과 휴식, 예방접종과 정기검진 등을 안내하여 가정에서도 일관성 있게 지속적으로 습관화될 수 있도록 한다.

유아기의 적절한 영양은 유아의 건강뿐만 아니라 유아의 신체 발달, 뇌발달, 언어 발달, 사회정서 발달의 기초를 마련하는 토대가 되므로(김희정, 2014), 모든 영양소가 충분히 섭취되어야 하며, 정상적인 발육을 위해 칼슘, 단백질, 철분 등의 영양소의 섭취가 충분해야 한다(이미남, 2005). 비만은 섭취에너지가 소비에너지보다 많아 남은 에너지가 지방조직에 과잉 축적되는 것(질병관리본부, 2007)을 뜻한다. 소아비만의 경우 성장 및 육체적, 심리적인 문제가 동반되는데 성장점의 패쇄, 소아 고혈압, 자신에 대한 부정적인 신체상을 가지거나 삶에 대한 부정적인 태도를 가지는 등의 문제를 일으킬 수 있다. 비만을 예방하기 위해서는 출생 후부터 사회적으로 배워지는 식습관 형성에 부모의 역할이 필요하다. 부모는 유아가 편식과 아침결식이 되지 않도록 일관성 있는 식생활 관리를 해 주어야 한다.

또한, 부모의 식생활 습관은 영유아에게 영향을 미치게 되는 데 영유아가 자신의 건강을 잘 유지하도록 노력하고 하루의 일과 속에서 안정된 태도를 갖고 건강한 생활을 할 수 있도록 어른이 먼저 행동으로 실천하는 모습을 보여 주어야 한다.

부모는 영유아의 지켜야 할 것에 대한 온정적이고 수용적인 태도를 갖도록 한다. 또한, 영유아가 스스로 성장하고 발달하는 능력이 있는 존재라는 믿음과 존중의 신뢰와 감정을 표현한다.

가정에서는 영유아의 건강과 안전을 위하여 다음의 내용으로 환경을 구성하고 안전점검을 할 수 있다.

- 뾰족한 가구 모서리에 보호대 설치
- 창문의 안전망과 난간
- 현관문에 도어체크
- 가스레인지 주변에 커튼, 종이 등의 주의
- 가스누설 탐지기 설치와 매달 점검
- 세척제나 표백제는 본래의 용기에 담아서 안전한 곳에 정리
- 술, 화장품, 약은 어린이 손에 닿지 않는 곳에 정리
- 욕실 바닥은 물기를 없애고 미끄럼 방지 매트 깔기
- 어린이 손이 쉽게 닿는 곳에 비닐봉지 두지 않기
- 칼이나 가위는 어린이 손이 닿지 않는 곳에 두기

출처: 한국소비자원(2010). 우리 집 안전점검 체크리스트.

2) 부모교육프로그램을 통한 연계

교사는 부모가 부모교육프로그램에 참여하도록 일정과 내용을 계획할 수 있다. 알레르기, 천식, 주의력 결핍 관리, 습진, 피로, 납중독, 발작, 유전성빈혈 등 건강에 영향을 주는 질병 등에 대한 내용과 정보를 안내하여 부모가 영유아를 보호할 수 있도록 한다. 건강교육프로그램에 부모가 참여하는 것은 유아의 건강의 중요성과 목적을 좀 더 잘 이해할 수 있는 기회가 되며 건강에 대한 습관과 태도를 더욱 일관성 있게 유지할 수 있도록 도와줄 수 있다.

- 안전한 장난감
- 아침식사의 중요성
- 영양가 있는 간식에 대한 개념
- 운동의 이로움
- 청결
- 날씨에 맞는 옷차림
- 구강위생

출처: 이기현 · 이은상 역(2002). 영유아를 위한 건강 · 안전 · 영양. 정민사.

3) 가정통신, 홈페이지 등을 통한 연계

가정통신문, 홈페이지, 인터넷 정보 안내 등을 통해 자연스럽게 영유아의 건강정보를 공유할 수 있다. 가정통신문은 건강과 관련하여 자녀에 대한 부모의 참여의 중요성을 지속적으로 알려 주는 매개체가 된다. 홈페이지 건강정보는 부모가 영유아의 건강 관련 내용을 쉽게 이해할 수 있는 최근의 정보를 제공하고, 건강과 관련하여 가정에서도 함께할 수 있는 활동을 소개할 수 있다.

[사진 10-1] 유치원 홈페이지 건강체조 안내 모습

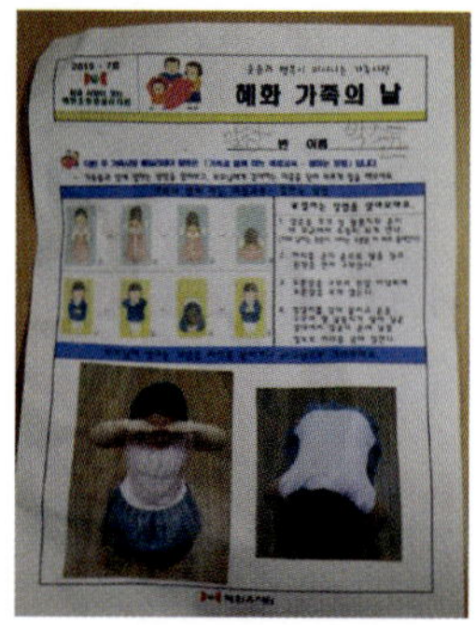

[사진 10-2] 가정에서 할 수 있는 신체활동 안내 모습

건강 및 안전 인터넷 사이트 목록	
산업재해예방 안전보건공단(꼬마천사지지 시청각자료)	http://www.kosha.or.kr
EBS교육방송 꾸러기 안전일기	http://home.ebs.co.kr/home0290
식품의약품안전처	http://www.mfds.go.kr
중앙육아종합지원센터	http://central.childcare.go.kr
어린이집안전공제회	http://www.csia.or.kr
보건복지부(2012년 어린이집 건강관리 매뉴얼)	http://www.mohw.go.kr
질병관리본부KCDC(영아돌연사증후군 예방 홍보내용)	http://www.cdc.go.kr
국민건강보험공단(영유아 건강관리와 생활안전)	http://www.mohw.go.kr
에어코리아(미세먼지 예·경보 관련)	http://www.airkorea.or.kr
꼬마안전짱	http://ccoma.redcross.ac.kr
엔비키드(어린이 건강과 안전을 위한 환경위원회)	http://www.envikid.ccej.or.kr
키즈노트(투약의뢰서 등 부모와의 소통)	http://www.kidsnote.com

4) 부모 참여 교육행사를 통한 연계

(1) 가족 건강 등반

영유아 건강습관을 위하여 가까운 산으로 부모와 함께 등반을 개최할 수 있다.

활동예시1

<table>
<tr><th colspan="3">행사명</th><td colspan="3">아빠와 함께하는 건강 체험</td></tr>
<tr><th colspan="3">목표</th><td colspan="3">아빠와 함께 신나는 등반을 통해 건강한 생활을 실천한다.</td></tr>
<tr><th colspan="3">날짜</th><td>20ㅇㅇ년 ㅇㅇ월 ㅇㅇ일 (토) /
A.M 08시 20분~10시 15분</td><th>소요
시간</th><td>약 1시간 35분 소요</td></tr>
<tr><th colspan="3">장소</th><td colspan="3">ㅇㅇ공원 ㅇㅇ산</td></tr>
<tr><th colspan="6">행사내용</th></tr>
<tr><th>위치</th><th>구간</th><th>시간</th><th>활동내용</th><th>준비물</th><th>담당</th></tr>
<tr><td>공원
입구</td><td>출석
체크
및
준비
체조
후
출발</td><td>08:20
~
08:55</td><td>⊙ 행사 시작 전 준비사항
• 행사 당일 1시간 전에 도착하여 코스별 표시 및 준비물 세팅을 확인한다.
• 현수막 부착(아빠와 함께하는 건강체험)
⊙ 출석체크
• 도착 순서대로 출석 판에 이름을 적는다.
⊙ 원장님 인사말씀
• 무선마이크를 준비한다.
⊙ 준비체조
• 음악에 맞추어 '우리 아빤 슈퍼맨' 준비 체조를 한다.
⊙ 출발
• 징 소리에 맞추어 등반대회를 시작한다. (징은 제일 일찍 오신 아버님)
• 반별로 2~3분 간격을 두고 출발한다.</td><td>• 반별 팻말
• 비상약품(출발지점 · 도착지점)
• CD플레이어 · 무선 마이크
• 현수막
• 현수막 설치도구(노끈, 가위, 5cm 테이프)
• 네모책상 3개(목걸이 세팅)</td><td></td></tr>
<tr><td>두 번째
벤치</td><td>1
지점</td><td>08:40
~
09:05</td><td>⊙ 사랑의 안마를 해요.
• 유아가 아빠에게 손을 이용하여 안마를 해드린다.
- 한 벤치에 3명의 아빠가 앉고 유아가 뒤에서 안마해 준다.
- 아빠들끼리 1줄 아이들끼리 1줄씩 서서 서로 안마를 해 준다.</td><td>• 삼각뿔, 1지점표
• 안마 활동방법 판, 이젤 1개
• 5cm 테이프 1개, 가위</td><td></td></tr>
</table>

행사내용					
위치	구간	시간	활동내용	준비물	담당
네 번째 벤치	2 지점	08:50 ~ 09:15	⊙ **시원하게 부채질해요.** • 유아와 아빠가 번갈아 가며 부채질을 해 준다. - 한 벤치에 3명씩 앉아 번갈아 가며 부채질한다.	• 삼각뿔, 2지점표 • 부채 • 분홍색 바구니 1개	
약수터 앞 정자	3 지점	09:00 ~ 09:25 25'	⊙ **갈증 해소! 맛있는 오이를 먹어요.** • 아삭아삭한 오이를 아빠와 함께 맛있게 먹는다.	• 삼각뿔, 3지점표 • 오이 • 국통 2개, 도마, 칼, 일회용 비닐장갑 • 우드락설명판(위치: 5cm 공 굴려 붙임-거울下) • 5cm 테이프 1개, 가위	
약수터 지나 공터	4 지점	09:10 ~ 09:35 25'	⊙ **나뭇잎을 관찰해 보아요.** • 여러 종류의 나뭇잎을 관찰하며 만져 보고 나뭇잎을 그려 본다(감 나뭇잎, 무궁화 나뭇잎).	• 삼각뿔, 4지점표 • 나뭇잎 이름택(3개)	

(2) 수업참여

부모가 직접 영유아교육기관에서의 활동에 함께 참여하여 영유아의 건강, 발달 정도, 태도 등에 대한 객관적인 자료를 얻을 수 있도록 한다. 수업참여를 통해 차를 마심으로써 건강생활에 도움이 되는데(박인선, 2012) 유치원 건강교육의 사례를 살펴보면 다음과 같다.

<table>
<tr><th>날짜</th><td>20○○년 5월</td><th>주제</th><td>나와 가족</td></tr>
<tr><th>연령</th><td>만 5세</td><th>활동명</th><td>녹차가 우리 몸에 주는 도움 알기</td></tr>
<tr><th>활동자료</th><td colspan="3">• 신체운동·건강: 건강하게 생활하기-몸에 좋은 음식에 관심을 가지고 바른 태도로 즐겁게 먹는다.
• 자연탐구: 자연과 더불어살기-생명과 자연환경을 소중히 여긴다.</td></tr>
<tr><th>교육과정 관련</th><td>• 의사소통: 듣기-동요, 동시, 동화 듣고 이해하기
• 자연탐구: 탐구하는 태도 기르기-호기심 유지하고 확장하기</td><th>인성 덕목</th><td>배려</td></tr>
<tr><th>활동 목표</th><td colspan="3">• 녹차 나무의 생김새를 구별한다.
• 녹차가 되는 과정에 대해 알고 체험해 본다.
• 녹차가 우리 몸에 주는 도움을 알고 건강한 생활을 실천한다.</td></tr>
<tr><th>구분</th><th colspan="3">활동내용</th></tr>
<tr><td>활동 방법</td><td colspan="3">• 녹차를 먹어 본 경험에 대해 이야기 나눈다.
- 녹차를 먹어 본 적이 있나요?
- 언제 먹어 보았나요? 어떤 맛인가요?
• 녹차를 딸 때 지켜야 할 약속에 대해 알아본다.
- 녹차를 따러 갈 때 지켜야 할 약속은 어떤 것들이 있을까요?
- 녹차를 딸 때 어떤 약속들을 지켜야 할까요?
• 녹차 잎을 따는 방법을 알고, 차례대로 녹차를 따 본다.
- 녹차 잎은 어떻게 생겼나요?
- 어떻게 따야 할까요?
• 친구들과 함께 딴 녹차를 말리는 과정을 체험해 본다.
- 우리가 딴 녹차 잎을 마시는 차로 만들려면 어떤 과정이 필요할까요?
(뜨거운 팬에 녹차 잎 볶기→볶은 녹차 잎 식히며 비비기→채반에 널어 말리기)
• 녹차가 우리 몸에 주는 도움에 대해 알아본다.
- 녹차는 우리 몸에 어떤 도움을 줄까요?
• 녹차와 다과를 먹는다.
- 녹차를 마실 때에는 찻잔을 어떻게 잡아야 할까요?
- 다과를 먹을 때에는 어떻게 먹어야 할까요?
• 활동 후 평가한다.
- 녹차 잎을 직접 따 보니 어땠나요?
- 차로 만드는 일을 우리가 직접 해 보니 느낌이 어땠나요?</td></tr>
<tr><td>평가</td><td colspan="3">• 녹차 나무의 생김새에 대해 알아보았는가?
• 녹차가 되는 과정에 대해 알고 체험해 보았는가?
• 녹차가 우리 몸에 주는 도움을 알게 되었는가?</td></tr>
</table>

출처: 부산혜화초등병설유치원.

2 지역사회연계 프로그램 운영

영유아교육기관과 지역사회는 서로 도움을 주고받는 상호 협력적 관계로 지역사회의 역사적·문화적 배경이나 특성에 대한 이해 없이 영유아 및 가정과 효과적으로 협력하는 것은 어렵다. 따라서 영유아교육기관은 지역사회 단체 및 주민들과 원만한 관계를 형성하고 인적·물적 자원을 교류함으로써 질 높은 교육활동이 가능하도록 상호 협력적 관계를 유지해야 한다. 따라서 지역사회와 협력의 방안으로 지역사회 인사의 유치원 참여, 지역사회 기관의 활용, 지역사회에 대한 봉사를 통하여 영유아의 건강교육을 진행할 수 있다.

1) 지역사회 인사의 영유아교육기관 프로그램 참여 및 의사 결정자

지역사회의 주민들이 영유아교육기관의 자원봉사자 또는 의사 결정자로 참여함으로써 도움을 제공할 수 있다. 영유아교육기관장, 교사 부모 지역사회 인사를 포함한 운영위원회를 구성하고 정기적으로 회의를 개최하여 기관의 정책을 세울 때 부모와 지역사회의 입장이 반영되고 기관과 가정 및 지역사회가 서로 협력하도록 돕는 역할을 한다. 예를 들면, 학부모운영위원회 구성과 운영을 통하여 식단표의 공개와 제공 및 급·간식 운영에 대한 학부모 참여를 유도할 수 있다. 또한, 급식 운영관리 지침서 등을 기본으로 체계적인 관리 즉, 시설, 설비, 조리, 종사자 건강검진, 전용도구와 복장, 먹는 물 관리, 식자재 검수 및 음식의 보온성, 식기구의 청결, 급식장소의 청결 등을 참관 또는 참여할 수 있다.

2) 자원봉사자

건강교육을 위하여 지역의 인적 자원을 자원봉사자로 활용하는 계획을 수립하여 지역사회의 주민들이 영유아의 교육에 자발적으로 봉사할 수 있는 기회를 제공하고 도움을 받을 수 있다. 대학의 유아교육과 학생회나 동아리, 교회, 고등학교, 시민단체뿐 아니라 영유아교육기관의 교육활동과 관련하여 도움을 줄 수 있는 개인은 모두 자원봉사자로 참여할 수 있다. 예를 들면, 텃밭 가꾸기를 할 때 지역에서 농사를 짓거나 농사를 지어 본 적이 있는 부모, 할머니, 할아버지 등을 자원봉사자로 활용할 수도 있고, 현장 학습이나 캠프, 운동회 등을 실시할 때 지역 대학의 유아 교육과 학생을 자원봉사자로 참여하게 할 수도 있다.

3) 지역사회 활용

영유아교육기관은 영유아 건강교육을 위하여 지역사회를 활용한다. 영유아의 건강을 위한 예방 및 보호적 조치를 위한 지역사회의 공감과 정보를 공유한다. 영유아교육기관의 주제 전개에 따라 영유아가 지역사회기관을 방문하여 직접 듣고, 느끼고, 체험할 수 있는 공간 즉, 병원, 농장, 과수원, 보건소 등을 현장 체험학습할 수 있도록 기회를 마련한다. 또한, 특별한 보호나 지원을 필요로 하는 영유아의 경우에도 지역사회의 관심이나 보호, 활용으로 영유아가 신체적·정신적 건강과 안정된 생활을 유지하도록 영유아교육기관은 다양한 위협요인을 지속적·체계적으로 제거하고 예방에 기여하도록 한다.

4) 영유아교육기관의 지역사회 봉사

영유아교육기관은 지역사회 봉사를 지역사회가 필요로 할 때 기관을 활용할 수 있도록 개방하는 것, 지역민을 대상으로 한 다양한 건강프로그램을 운영하는 것, 영유아들이 지역의 다양한 시설을 방문하여 봉사 활동을 하는 것, 교직원이 지역사회의 여러 조직에 참여하여 활동하는 것 등이 있다. 건강한 영유아를 양육하는 일과 관련된 강좌 등을 직접 주관하거나 장소를 대여해 주는 것 등이 있을 수 있다. 또한, 건강 관련 기관장과 교사가 지역 시회의 전문가 모임, 회의, 연수 등에 적극적으로 참여하는 것 등이 있을 수 있다.

HEALTH EDUCATION

제5부

영유아교육기관의 질병관리 및 응급처치

11장

질병관리

1 영유아의 질병관리

'질병관리'란 질병을 예방하는 것을 포함하여 이미 질병이 발생한 영유아는 조기에 발견해 치료를 가함으로써 심신의 기능장애를 최소한으로 머물게 하면서 치료로 이끌어 사회생활에 복귀시키며, 회복자에게는 필요한 간호와 관찰을 통하여 재발을 예방하고 조기에 발견하는 등의 모든 활동을 총칭한다(간호학대사전, 1996. 3. 1., 한국사전연구사).

과거에는 영유아의 질병관리는 전적으로 가정의 책임이었다. 하지만 영유아교육기관 입학 연령이 낮아지고 영유아교육기관에서 생활하는 시간이 길어짐에 따라 영유아교육기관에서의 영유아의 질병관리에 대한 비중이 커지게 되었다.

영유아기는 계속적인 성장과 발달이 이루어지는 시기로서 신체적 정신적으로 성숙되는 단계이다. 따라서 영유아의 건강을 유지하고 질병을 예방하고 통제하기 위한 교육계획을 수립하여야 한다(곽노의 외, 2010).

영유아교육기관 교사는 영유아의 질병관리에 대한 내용과 방법을 잘 이해하여 영유아가 건강하게 생활하는 데 도움이 될 수 있어야 할 것이다.

1) 신규입소 영유아에 대한 건강진단 및 예방접종

영유아가 신규로 입소하게 될 경우, 영유아교육기관에 건강진단서를 제출하여야 하는데 국민건강보험공단에서 실시하는 영유아 건강검진결과통보서(○○개월용)를 제출하면 된다. 단, 「국민건강보험법」에 의한 영유아 건강검진기간에 해당하지 않는 시기에 입소할 경우에는 먼저 입소를 하도록 한 후 검진기간 내 검진을 받고 결과를 제출하도록 안내(영유아 건강검진은 생후 71개월까지 생일 전후 받도록 검진기간이 정해져 있음)하여야 한다.

또한, 입소일로부터 30일 이내에 「감염병의 예방 및 관리에 관한 법률」 제33조의 제2항에 따른 예방접종통합관리시스템을 활용하여 영유아의 예방접종에 관한 사실을 확인하여야 하며, 확인 결과 예방접종을 받지 않은 영유아에게는 필요한 예방접종을 받도록 보호자를 지도하고 영유아의 예방접종 여부 확인 및 관리를 위하여 생활기록부에 예방접종 여부 및 내역에 관한 사항을 기록하여 관리하여야 한다(보육사업안내, 2020). 단, 2015년 3월부터는 영유아교육기관 원장이 재원 아동의 예방접종 여부를 확인할 수 있도록 영유아교육기관 「보육통합정보시스템」과 「예방접종등록관리 정보시스템」 간 시스템 연계를 시행하였으므로 예방접종 전산등록이 완료된 경우에는 영유아교육기관 입소 시마다 예방접종 증명서를 별도로 제출하지 않아도 된다.

2) 재원 중인 영유아의 건강진단 및 조치

「영유아보육법」 제31조 및 같은 법 시행규칙 제33조에 의하여 영유아교육기관 원장은 영유아에 대하여 매년 1회 이상 정기적으로 건강진단을 실시하는 등 건강관리를 해야 한다.

다만, 「국민건강보험법」 제52조, 같은 법 시행령 제25조 및 「의료급여법」 제14조의 규정에 의한 영유아 건강검진이나 보호자가 별도로 건강검진을 실시하여 그 검진 결과 통보서를 제출한 영유아에 대해서는 해당 연도 건강진단을 실시한 것으로 갈음할 수 있다. 또한, 건강검진 결과자료는 보육통합정보시스템 내 건강검진내역조회로 갈음할 수 있다(보육사업안내, 2020).

영유아 건강검진 결과 통보서의 예는 다음의 〈표 11-1〉과 같다.

〈표 11-1〉 영유아 건강검진 결과통보서(9~12개월용)

<table>
<tr><th>수검자 성명</th><th colspan="2"></th><th>주민등록번호</th><th colspan="2"></th></tr>
<tr><td rowspan="5">신체계측</td><td colspan="2">키(㎝)</td><td>몸무게(㎏)</td><td colspan="2">머리둘레(㎝)</td></tr>
<tr><td colspan="2">78.7㎝ (69백분위[1])</td><td>11.5㎏ (87백분위)</td><td colspan="2">47.5㎝ (80백분위)</td></tr>
<tr><td colspan="2">양호</td><td>양호</td><td colspan="2">양호</td></tr>
<tr><td colspan="2">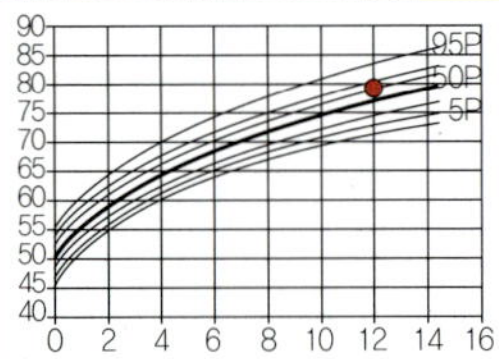</td><td>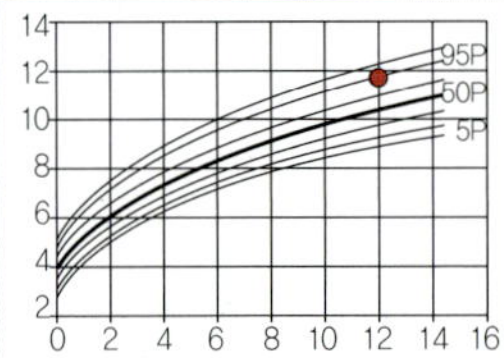</td><td colspan="2">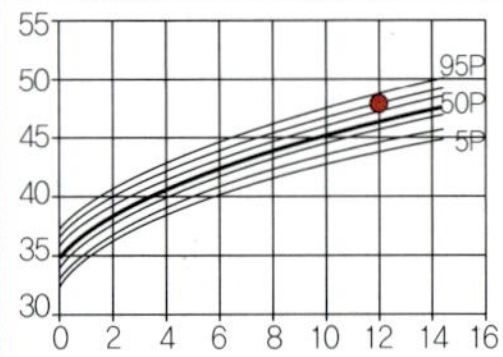</td></tr>
<tr><td colspan="5">1) 백분위수란 같은 성별과 같은 나이의 영유아 100명 중에서 작은 쪽에서부터의 순서를 말한다. 성장 도표에서 정상이었던 영유아가 다음 검진 시에 한두 급간(one or two major percentiles)의 변화가 있는 경우 정밀평가를 필요로 한다.</td></tr>
<tr><td rowspan="8">신체 진찰 소견</td><td>전신상태</td><td>양호</td><td>흉부</td><td colspan="2">양호</td></tr>
<tr><td>피부</td><td>양호</td><td>폐</td><td colspan="2">양호</td></tr>
<tr><td>머리/안면</td><td>양호</td><td>심장(심잡음 확인)</td><td colspan="2">양호</td></tr>
<tr><td>눈</td><td>양호</td><td>복부</td><td colspan="2">양호</td></tr>
<tr><td>코</td><td>양호</td><td>생식기(정류고환 및 음낭수종 확인)</td><td colspan="2">양호</td></tr>
<tr><td>귀(이개, 외이도 기형)</td><td>양호</td><td>사지</td><td colspan="2">양호</td></tr>
<tr><td>구강</td><td>양호</td><td>척추</td><td colspan="2">양호</td></tr>
<tr><td>경부</td><td>양호</td><td>신경학적 검사</td><td colspan="2">양호</td></tr>
<tr><td>시각</td><td>문진</td><td colspan="4">양호</td></tr>
<tr><td>청각</td><td>문진</td><td colspan="4">양호</td></tr>
<tr><td colspan="2">건강교육 실시</td><td colspan="4">안전사고 예방교육, 영양교육, 구강교육</td></tr>
<tr><td colspan="2">발달 평가 결과</td><td colspan="4">양호</td></tr>
<tr><td colspan="2">종합판정</td><td colspan="4">양호</td></tr>
<tr><td colspan="2">소견 및 조치사항</td><td colspan="4">정상입니다.
※ 다음 검진기간은 2017. 02. 18.부터 2017. 09. 17.까지 입니다.</td></tr>
<tr><td colspan="2">요양기관 기호</td><td></td><td>검진기관명</td><td colspan="2"></td></tr>
<tr><td colspan="2">검진일</td><td></td><td>면허번호</td><td>의사명</td><td></td></tr>
</table>

※ 유병률이 낮은 특정 질환의 경우 검진을 통해 발견되지 않을 수도 있습니다.
※ 검진 결과가 '양호'로 판정되었더라도 지속적인 건강관리를 통해 현재의 건강을 계속 유지해 주시고, 판정 결과가 '주의'나 '정밀평가 필요'인 경우는 의사와 상담하시기 바랍니다.
※ 건강검진결과통보서상 요양급여가 필요하다는 의사의 소견이 기재된 경우, 이 결과통보서를 요양급여의뢰서(진료의뢰서)로 갈음하여 상급종합병원에서 진료를 받을 수 있습니다.
※ 검진기관은 영유아 건강검진기록지로 갈음하여 사용할 수 있습니다. (검진기관은 반드시 종이인쇄물로 보관하여야 함)
※ 다음 검진 시에 결과통보서를 지침하시면 검진 결과 판정에 많은 도움이 됩니다.

2015년 3월부터는 보육아동의 건강검진일이 도래하게 되면 보육통합정보시스템 서비스를 통하여 건강검진 예정일이 매달 안내가 된다. 또한, 건강검진 후에는 시스템상으로 자동 기록이 되므로 영유아교육기관에서는 이를 확인할 수 있다.

보호자가 건강검진 거부 시 원장은 건강검진에 대한 안내를 3회 이상 고지·안내하고 3회 이상 고지·안내 후에도 보호자가 건강검진 거부 시에 원장은 건강검진 실시 여부와 거부 사유를 생활기록부 등에 기록하여야 한다.

검진 기관은 「건강검진 기본법」 제14조에 의해 영유아검진기관으로 지정된 의료기관(보건소, 의원, 병원, 종합병원) 등에 방문하여 검진을 받아야 하며(동법에 의거 2010년 3월 22일부터 영유아의 경우 출장검진 불가) 검사항목은 신체계측, 시력검사, 청력검사, 구강검사 등 영유아의 발달단계에 따라 필요한 항목을 검사하며 영유아 건강검진 검사항목(「건강검진 실시기준」 제6조 제4항)에 준한다.

건강검진 결과에 치료를 요하는 영유아에 대하여 보호자와 협의하여 필요한 조치를 하여야 하며 전염성 질환에 감염된 것으로 밝혀지거나 의심되는 영유아는 영유아교육기관으로부터 격리·치료하도록 조치해야 한다.

3) 재원 중인 영유아의 예방접종

재원 중인 영유아의 예방접종일은 표준보육통합정보시스템 서비스를 통하여 예방접종명과 예정일이 매달 안내가 되며, 영유아교육기관의 원장은 이를 학부모에게 고지·안내한다. 예방접종을 거부하는 보호자가 있을 경우 원장은 예방접종 거부 사유를 생활기록부 등에 기록하여야 하고 보호자의 사유서를 받아서 보관해야 한다.

4) 영유아교육기관에서의 감염병 발생 시 조치

영유아교육기관의 장은 보육 아동에게 식중독 및 감염병으로 의심되는 증상 발견 시 즉시 시·군·구청 보육담당부서에 보고하며, 「감염병 예방 및 관리에 관한 법」에 따른 제1급 감염병부터 제3급 감염병까지에 해당하는 감염병 중 보건복지부령으로 정하는 감염병이 발생한 경우 또는 의심되는 증상 발견 시 및 관할 보건소에 신고해야 하며, 보고서의 양식은 다음의 〈표 11-2〉와 같다.

〈표 11-2〉 보육통합정보시스템 감염병 발생 보고서 양식

〈작성 방법〉
- 보고 질환: 수족구병 등 12가지 감염병 외 기타 감염병
  ※ 질병종류는 유행정도에 따라 변경될 수 있음
- 보고대상자: 해당질병으로 **'의사진단을 받은 아동'**에 **한하여 연령별 아동 수 기재**
- 보고시기: 매주 월요일에 보고(지난주 월~토에 발생한 현황을 집계하여 보고)

보고대상기간	년 월 주(전주 월~토까지)					
연령별 / 질병명	0세	1세	2세	3세	4세	5세 이상
수족구병	명	명	명	명	명	명
풍진	명	명	명	명	명	명
유행성 결막염	명	명	명	명	명	명
인플루엔자(유행성 독감)	명	명	명	명	명	명
장염	명	명	명	명	명	명
홍역	명	명	명	명	명	명
유행성이하선염(볼거리)	명	명	명	명	명	명
전염성농가진	명	명	명	명	명	명
수두	명	명	명	명	명	명
무균성수막염	명	명	명	명	명	명
결핵	명	명	명	명	명	명
성홍열	명	명	명	명	명	명
기타 감염병	명	명	명	명	명	명

보고대상기간	년 월 주(전주 월~토까지)
아동상태	□ 자택격리 중: ○명 □ 등원 중: ○명 □ 사망: ○명 □ 기타 ( ) 직접입력
조치사항	(해당사항을 모두 체크) □ 어린이집 소독실시 □ 타아동의 감염 여부 확인(검진실시 등) ※ 의심 증상 아동은 즉시 병원내원 조치 □ 각 가정에 감염병 발생사실 공지 □ 기타 ( ) 직접입력
조치계획	(해당사항을 모두 체크) □ 어린이집 소독실시 □ 타아동의 감염 여부 확인 □ 각 가정에 감염병 발생사실 공지 □ 기타 ( ) 직접입력

출처: 보건복지부(2020b). 2020년도 보육사업안내(부록), p. 358.

영유아교육기관에서 영유아의 감염병 의심 등 이상 징후 발견 시 즉시 보호자에게 알려 의료기관의 진료를 받도록 안내해야 하고, 의사 진단 결과 전염성 질환에 감염된 것으로 밝혀지거나 의심되는 영유아는 영유아교육기관으로부터 격리 치료토록 조치해야 한다. 단, B형 바이러스는 공동생활 공간에서 일상적인 접촉을 통해 타인에게 감염의 가능성이 없으므로 B형 간염 바이러스 보균자로 판명된 아동의 경우 격리대상이 아니다.

수두, 수족구병 등과 같은 질환은 영유아교육기관 내 다른 아동에게 감염되기 쉬운 질환이므로 휴원을 요하게 되는데 다음의 〈표 11-3〉은 휴원을 요하는 질병의 종류이다.

〈표 11-3〉 휴원을 요하는 질병

병명	초기 증상	잠복기간	격리기간
농가진	· 얼굴이나 수족에 쌀알 크기의 발진, 수포가 생김	2~5일	딱지가 떨어질 때까지
뇌막염	· 고열, 두통, 구토, 전신에 보라색 반점, 의식의 혼동이 옴	14~21일	증상이 사라질 때까지
백일해	· 열이 없고 밤에 기침이 심함	7~14일	특유의 기침이 사라질 때까지
수두	· 발열, 발진, 물집이 생김	10~21일	딱지가 떨어질 때까지
수족구병	· 38℃ 정도의 고열, 1~2일간에 입속, 손바닥, 발바닥에 수포가 생김	3~6일	주요 증상이 없어질 때까지
유행성 감기	· 발열, 기침, 목이 아픔, 뼈마디 아픔	1~3일	주요 증상이 사라질 때까지
유행성 결막염	· 눈이 붓고 흰자위가 충혈되며 눈곱이 많이 생김	7일	급성 기염 증상이 없어질 때까지
유행성 이하선염 (볼거리)	· 발열, 귀밑이 부어오름	7~21일	귀밑 부기가 다 빠질 때까지
장티푸스	· 두통, 헛소리, 혀의 백태, 혈변, 장 출혈이 발생	1~3주	완치될 때까지
전염성 설사증	· 설사의 횟수가 많고, 변이 물 같고, 열과 감기 증상을 동반함	2~4일	주요 증상이 없어질 때까지
전염성 홍반	· 열은 별로 없으나 때로는 37℃의 열이 남 · 얼굴과 뺨에 발진이 생김	7~14일	급성 증상이 없어질 때까지
콜레라	· 열, 구토, 허연 물설사, 탈수 증세 있음	6시간~5일	완치될 때까지
풍진	· 가벼운 감기 같고, 발열과 발진이 일어남	10~21일	증상이 없어질 때까지
홍역	· 발열, 재채기, 결막염, 발진이 일어남	9~13일	발진이 없어질 때까지
디프테리아	· 미열, 인후염, 기침, 쉰 목소리, 두통, 편도선 비대, 회색반점	2~4일	배양검사가 2회 이상 음성이 나올 때까지
간염(A형)	· 식욕부진, 두통, 열, 황달, 관절통	10~15일	주요 증상이 사라질 때까지

출처: 보육사업안내(2020).

〈표 11-4〉 영유아기에 발생 가능한 법정 감염병

<table>
<tr><th rowspan="2">병명</th><th rowspan="2">증상</th><th colspan="4">예방대책</th></tr>
<tr><th>예방접종</th><th>환자격리</th><th>격리기간</th><th>유의점</th></tr>
<tr><td>세균성 이질 -제1군</td><td>· 고열과 구역질, 때로는 구토, 경련성 복통, 후중기(*변이 남은 느낌)를 동반한 설사가 주요 증상이며, 전형적인 경우는 대변에 혈액이나 고름이 섞여 나옴
· 경련, 두통, 기면, 경부 강직, 환각 등 중추신경계 증상이 나타날 수 있음</td><td>×</td><td>○</td><td>· 항생제 치료 종료 48시간 후부터 24시간 간격으로 2회 대변배양 검사가 음성일 때까지</td><td>· 배변 후 손 씻기의 중요성을 충분히 교육·홍보
· 환자, 보균자의 배설물에 오염된 물품소독(크레졸 3%)</td></tr>
<tr><td>디프테리아 -제2군</td><td>· 발열과 함께 코, 인두, 편도, 후두 등의 상기도 침범 부위에 염증과 위막을 형성하고, 드물게 피부, 결막 등을 침범함</td><td>○</td><td>○</td><td>· 항생제 치료 후 24시간 이상 경과한 다음, 24시간 이상의 간격으로 채취한 비강 및 인두 부위의 검체에서 모두 균이 음성일 때까지</td><td>· 환자가 사용하였거나 분비물에 오염된 물품 소독</td></tr>
<tr><td>백일해 -제2군</td><td>· 전구기: 콧물, 눈물, 경한 기침 등의 상기도 감염 증상이 1~2주간 나타남
· 경해기: 이후 2~4주간 발작적인 기침이 나타나고 기침 후에 구토를 보임
· 회복기: 1~2주에 거쳐 회복기에 이르는데 이때 상기도 감염에 이환되어 다시 발작성 기침이 재발되는 경우도 있음</td><td>○</td><td>○</td><td>· 치료를 받지 않는 경우: 기침이 멈출 때까지 최소한 3주
· 항생제 치료 중인 경우: 치료 5일 후까지</td><td>· 환자의 비인두, 분비물에 오염된 물품 소독</td></tr>
</table>

병명	증상	예방대책			
		예방접종	환자격리	격리기간	유의점
홍역 -제2군	· 전구기(3~5일): 전염력이 강한 시기로 발열(38℃ 이상), 기침, 콧물, 결막염, 특징적인 구강 내 병변 등이 나타남 · 발진기: 홍반성 구진성 발진(비수포성)이 목 뒤, 귀 아래에서 시작하여 몸통, 팔다리, 순서로 퍼지고, 손바닥과 발바닥에도 발생하며 서로 융합됨. 발진은 3일 이상 지속되고, 발진이 나타난 후 2~3일간 38℃ 이상의 고열을 보임 · 회복기: 발진이 사라지면서 색소 침착을 남김	○	○	· 전구증상이 나타난 후부터 발진 후 5일까지	
일본뇌염 -제2군	· 전구기(2~3일), 급성기(3~4일), 아급성기(7~10일), 회복기(4~7주)의 임상증상을 보임 · 현성감염인 경우 급성으로 진행하여, 고열(39~ 40℃), 두통, 현기증, 구토, 복통, 지각 이상 등을 보임	○	×		· 모기를 매개로 하는 질환으로 모기 박멸이 중요
유행성이하선염(볼거리) -제2군	· 전구기(1~2일): 발열, 두통, 근육통, 구토 등을 보임 · 이하선을 침범하는 경우가 대부분이고(85%), 악하선도 흔히 침범 하나 설하선은 드물게 침범함 · 발병 초기에는 한쪽 이하선에서 시작하여 2~3일 후에는 양측을 다 침범함 · 약 10~15%는 한쪽만 침범 · 통상 1~3일째 최고조에 도달하였다가 3~7일 이내에 점차 호전	○	○	· 이하선염이나 다른 증상 발현 후 9일까지	· 환자의 코나 목의 분비물로 오염된 물품 소독

병명	증상	예방대책			
		예방접종	환자격리	격리기간	유의점
풍진 -제2군	· 귀 뒤, 목 뒤, 후두부의 림프 절이 통증을 동반하며 종대 됨 · 발진: 얼굴에서 시작하여 신체의 하부로 퍼지는 홍반성 구진으로 서로 융합되지 않으며 색소침착도 없음. 첫날에는 홍역의 발진과 비슷하며, 둘째 날에는 성홍열의 발진과 비슷하고, 셋째 날에는 사라지는 경우가 많음 · 발열, 피로, 결막염, 비카타르 등	○	○	· 발진 후 7일까지	
수두 -제2군	· 전구기: 전구기는 발진이 발생한 지 1일 내지 2일 전에 발생할 수 있으며 권태감과 미열이 나타남. 전구기 증상이 없는 경우도 있음 · 발진기: 발진은 주로 몸통, 두피, 얼굴에 발생하며 24시간 내에 반점, 구진, 수포, 농포, 가피의 순으로 빠르게 진행되며 동시에 여러 모양의 발진이 관찰됨. 수포는 매우 가려움	○	○ (격리 권장)	· 모든 피부 병변에 가피가 생길 때까지 · 예방접종을 시행한 사람에게서 수두 발병 시 가피가 생기지 않을 수 있으므로 이 경우 24시간 동안 새로운 피부 병변이 생기지 않을 때까지	
인플루엔자 -제3군	· 38℃ 이상의 갑작스러운 발열, 두통, 근육통, 피로감 등의 전신증상과 기침, 인후통, 가래 등의 호흡기 증상을 보임	○	×		
수족구병	· 발열, 식욕부진, 인후통 등으로 시작됨 · 일반적으로 열이 나기 시작한 1~2일 후 구강 내 통증성 피부병변이 혀, 잇몸, 뺨의 안쪽에 발생하며, 작고 붉은 반점으로 시작하여 물집이 되고, 종종 궤양으로 발전하기도 함 · 가려움이 없는 피부발진이 주로 손바닥과 발바닥에 나타나며 엉덩이와 외음부에 나타날 수도 있음 · 대개 증상이 경미하여 대부분 의학적 치료 없이 7~10일 안에 회복	×	○ (격리 권장)	· 발병 후 1주일까지	· 특별한 예방법은 없으나, 손 씻기를 통해 개인위생을 철저히 하고, 장난감이나 놀이기구 등 청결유지와 환자와 접촉을 피하는 등 감염의 위험을 감소시키기 위해 활동이 중요

출처: 보건복지부 질병관리본부 대한의사협회(2010). 「2013 법정감염병 진단신고 기준」을 참고하여 작성.

5) 영유아교육기관 코로나바이러스 감염증-19 발생 시 조치

코로나 바이러스 감염병 관리를 위해 먼저 어린이집 원장은 보육교직원 또는 영유아에 대하여 발열 또는 호흡기 증상이 있는 경우 출근 또는 등원을 하지 않도록 사전에 적극적으로 안내하고 관리해야 하며, 어린이집 출입 시 감염관리를 위한 전담직원을 지정 배치하여 방역 관리 강화를 하여야 한다.

재원 아동 및 보육교직원 등은 1일 2회 이상 발열체크를 의무화하고, 개인위생 준수(마스크 착용, 손 씻기, 손소독, 발열체크) 후 영유교육기관을 출입할 수 있다. 또한 이용자에 대하여 발열 또는 호흡기 증상이 있거나 코로나19 관련 여행력이 있는 경우 이용이 제한될 수 있음을 고지하고 게시판 등에 안내하여야 한다.

어린이집기관 등원 후 의심환자 발견 시 관할 보건소에 즉시 신고하고 영유아의 경우 보호자에게도 즉시 통보하여야 한다. 보건소에서의 조치가 있기 전까지, 의심환자에 대해서는 마스크를 씌우고, 확보된 격리공간에 대기하도록 하여야 한다. 의심환자의 보건소 이송 이후에는 알코올, 락스 등의 소독제를 이용하여 환자가 머물렀던 격리 장소를 소독하여야 한다.

※ 어린이집 내 코로나 바이러스 환자 및 접촉자가 발생하여 어린이집 일시 폐쇄 또는 휴원 시 소독업체 또는 방역당국(보거소 등)에 의뢰하여 즉시 소독 실시(보건복지부 보육정책관, 2020).

6) 아프거나 다친 영유아에 대한 처리 절차

영유아교육기관에서 장시간 생활하는 영유아는 아프거나 다치는 경우가 간혹 발생할 수 있다. 따라서 영유아의 건강상태는 교사들이 빠르게 파악해야 하며, 초기에 질병을 발견해 낼 수 있도록 영유아교육기관에서도 적절한 건강진단을 계획하고 수행해야 한다(정미라 외, 2012). 영유아가 아픈 경우에는 일상적인 활동에 활발하게 참여하지 못하게 되는데, 이때 영유아교육기관에서는 영유아를 양호실이나 휴식 영역 등의 조용한 곳에 격리시켜 보호하면서 안정을 취할 수 있도록 돌보아 주어야 한다. 응급처리가 필요한 위급한 사태가 발생한 경우에도 미리 준비된 절차에 따라 신속하게 이송 조치를 취하는 것은 영유아의 안전을 위해 매우 중요한 일이다. 또한, 아동이 접근할 수 없는 안전한 장소에 응급조치를 위한 비상약품 및 간이 의료기구 등을 비치해야 한다. 영유아교육기관의 장이 「영유아보육법」 제31조에 따른 건강검진을 실시하지 않거나 응급조치를 하지 않은 경우 「영유아보육법」 제56조에 따라 과태료를 부과한다.

교사는 아동의 증상을 잘 관찰하며 상태를 지켜보고 구체적으로 기록하여 부모와 원장에게 보고하도록 한다. 만약 감염병의 위험이 있는 경우에는 격리하여 휴식을 취하도록 하고 보호자에게 연락해 귀가하도록 한다.

[사진 11-1] 영유아교육기관의 휴식영역

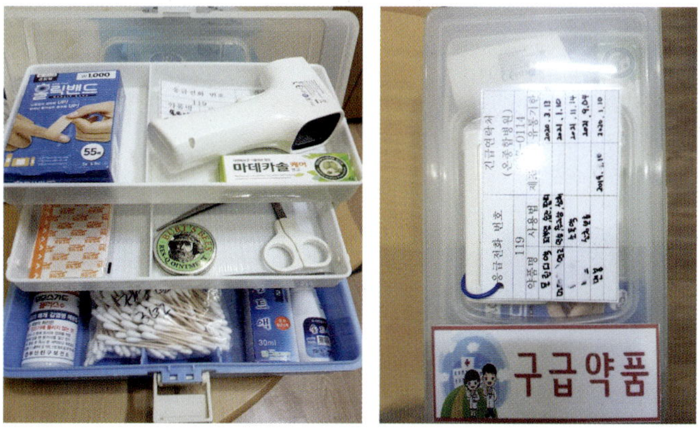

[사진 11-2] 비상약품 및 간이 의료기구

영유아교육기관의 장이 「영유아보육법」 제31조에 따른 건강검진을 실시하지 않거나 응급조치를 하지 않은 경우 「영유아보육법」 제56조에 따라 과태료를 부과한다.

교사는 아동의 증상을 잘 관찰하며 상태를 지켜보고 구체적으로 기록하여 부모와 원장에게 보고하도록 한다. 만약 감염병의 위험이 있는 경우에는 격리하여 휴식을 취하도록 하고 보호자에게 연락해 귀가하도록 한다. 영유아교육기관에서는 의사의 처방 없이 해열제 등을 임의로 투여할 수 없으며 반드시 처방된 약을 투약할 수 있도록 학부모의 협조를 구해야 한다. 투약의뢰서가 없는 경우에는 약을 투약하지 않으며 투약의뢰서는 지정된 양식으로 정확하게 기록하도록 한다.

7) 영유아교육기관 건강 주치의 제도

영유아교육기관 건강 주치의 제도의 추진 목적은 지역사회 보건소 및 의료기관의 재능기부를 활용하여 질환 조기발견, 질병 예방교육, 예방접종 및 정기 건강검진 등을 통해 영유아교육기관 영유아의 건강증진을 도모하기 위함이다. 영유아교육기관에서는 보호자의 의견을 수렴하고, 접근성 등을 고려하여 의료기관(주치의) 선정 및 상호협약을 체결하며 의료기관(주치의)에서는 질병예방을 위한 영유아·교직원 교육을 실시하고 의료법 등 관련 법령 규정 범위 내에서 영유아에 대한 건강검진 등 서비스를 제공한다(보건복지부, 2016).

〈표 11-5〉 업무협약서(예시)

영유아교육기관 건강 주치의를 통한 '영유아 건강증진' 업무협약서(예시)

○○○어린이집과 ○○○병원(의원, 한의원)은 어린이의 건강증진과 질병예방을 도모하고, 안전사고 등 응급상황 발생 시 신속히 대처하기 위하여 아래와 같은 내용으로 업무협약을 체결한다.

1. ○○○어린이집은 ○○○병원(의원, 한의원)이 추천하는 의사(한의사)를 건강 주치의로 위촉하여 입소한 어린이들이 건강하고 안전하게 성장할 수 있도록 노력한다.
2. ○○○병원(의원, 한의원)은 ○○○어린이집 건강 주치의를 지정하고 주기적 방문 진찰, 예방접종, 정기 건강검진 실시 및 올바른 건강정보 제공 등으로 영유아의 건강증진 및 질병예방에 이바지할 수 있도록 협력한다.
3. ○○○어린이집과 ○○○병원(의원, 한의원)은 감염병 집단 발생 및 응급상황 발생 시 신속한 대처를 위하여 적극 협력한다.

이 협약의 시행에 따른 세부사항은 상호 간의 신의와 성실의 원칙에 입각하여 협의·시행하기로 하고 이 협약서에 서명한다.

20 년 월 일

○○○어린이집	**○○○병원(의원, 한의원)**
원장 □□□	**원장 □□□**
________	________

출처: 보건복지부(2016).

2 교직원의 질병관리

1) 신규채용 교직원의 건강진단

신규 채용된 교사는 채용 신체검사(공무원채용 신체검사)를 실시하여 결과를 영유아교육기관에 제출하면 영유아교육기관의 원장은 임용보고 시에 구청에 제출한다. 단, 영양사, 조리사, 조리원은 「식품위생법」 제40조 제1항 및 같은 법 시행규칙 제49조에 의한 건강 진단(장티푸스, 폐결핵, 전염성 피부질환) 내용을 포함하여 실시하여야 한다.

2) 교직원의 건강진단 및 조치

교사 및 영유아교육기관에서 근무하는 직원은 연 1회 이상 건강진단을 실시해야 하는데 「국민건강보험법 시행령」 제25조에 의한 일반건강검진으로 한다. 검사항목은 영유아교사 및 영유아교육기관에 함께 거주하는 자의 건강진단 시 일반건강검진 검사항목(「건강검진 실시기준」 제6조 제1항)에 준한다.

국민건강보험공단에서는 사무직 근로자는 2년에 1회 비사무직 근로자는 매년 실시한다. 영유아교사는 비사무직 근로자에 해당되어 연 1회 건강검진실시 대상이다(「국민건강보험법 시행령」 제25조 제3항).

건강진단 결과 감염병에 감염된 것으로 의심되거나 판명된 자는 완치 시까지 휴직시키거나 면직시키는 등의 조치를 하여야 하며 원장은 교직원에 대한 건강진단 실시 관련 증빙서류 등을 비치하여 건강관리에 철저를 기하여야 한다(보건복지부, 2016).

감염이 의심되는 영유아교육기관 교사의 격리

- 감염병이 의심되는 교사는 보육 업무를 하지 않도록 한다.
- 영유아에게 적용되는 격리 기준은 교사에게도 동일하게 적용된다.
- 교사 스스로 몸이 좋지는 않지만 일을 할 수 있다고 여겨지면 손 씻기를 자주 하고, 영유아들과 접촉은 가능한 한 줄인다.
- 영유아교육기관 교사를 고용할 경우 피고용자에게 영유아교육기관의 격리 지침을 미리 알려 주어야 한다.
- 감염과 관련된 지침은 문서화되어 있어야 한다.

※임신 중인 영유아교육기관 교사는 다음의 바이러스에 의한 질병을 특별히 주의하여야 한다.

- 수두(chickenpox): 걸린 적이 없을 때 걸릴 수가 있으며 만약 임신 첫 20주 또는 마지막 3주에 수두 바이러스에 노출이 되었으면 즉시 산부인과 의사의 진료 상담을 받도록 한다.
- 풍진(german measles, rubella): 만약 임산부가 풍진에 대한 면역이 없을 때 임신 초기 태아에 영향이 갈 수 있으므로 영유아교육기관의 영유아들은 반드시 MMR 접종을 하여 노출 위험을 줄이도록 하여야 한다. 만약 면역이 없는 임산부가 풍진에 노출된 경우 즉시 산부인과 의사의 진료 상담을 받도록 하여야 한다.
- 제5병(감염홍반, 따귀뺨병): 드물게 태아에게 영향을 줄 수 있다. 만약 임신 20주 전에 노출이 되었을 때 태아에 대한 산전 진찰을 즉시 받아야 한다.
- 거대세포바이러스(cytomegalovirus, CMV): 대부분 어린 시기에 자기도 모르게 감염이 되며 손 씻기 등의 개인 위생관리를 잘할 때 감염을 예방할 수 있다. 만약 임산부가 거대세포바이러스 감염에 노출되었다면 태아에 대한 산전진찰을 받도록 하여야 한다.

출처: 보건복지부 · 대한 소아과 학회(2011). 영유아교육기관 건강관리 매뉴얼.

★일반 건강검진 검사 항목을 알아보아요

◆ 1차 건강진단(검진기관)

1. 진찰, 상담, 신장, 체중, 허리둘레, 체질량지수, 시력, 청력, 혈압측정
2. 총 콜레스테롤, HDL콜레스테롤, LDL콜레스테롤, 트리글리세라이드
3. AST(SGOT), ALT(SGPT), 감마지티피
4. 공복혈당
5. 요단백, 혈청크레아티닌, 혈색소
6. 흉부방사선촬영
7. 구강검진
8. KDSQ-P 선별검사(치매 선별 검사: 만 70, 74세만 해당)

◆ 1차 건강진단 결과 통보(검진기관)

- 1차 건강검진 후 15일 이내 검진기관에서 주소지로 발송
- 건강위험평가(HRA)
- 1차 검진 결과 질환 의심자에게 2차 검진 실시

◆ 2차 건강진단(검진기관)

1. 공통-건강검진 진찰, 상담
2. 고혈압-1차 검진 결과 고혈압 질환 의심자: 혈압측정
3. 당뇨병-1차 검진 결과 질환 의심자: 공복혈당 측정
4. 인지기능장애-1차 검진 수검자 중 인지기능장애
   - 고위험군: KDSQ-C 선별검사 및 상담

출처: 국민건강보험 건강 in 홈페이지.

12장

응급처치

이 장에서는 영유아교육기관에서 발생하는 생활안전 사고에서 나타나는 응급 상황에 대처하기 위해 응급처치의 개념 및 기본 원칙, 심폐소생술, 상황에 따른 응급처치 방법에 관하여 살펴볼 것이다.

1 응급처치의 개념 및 기본 원칙

1) 응급처치의 개념

우리나라 「응급의료에 관한 법률」에서는 '응급처치'란 '응급의료행위의 하나로서 응급환자의 기도를 확보하고 심장박동의 회복, 그 밖에 생명의 위협이나 증상의 현저한 악화를 방지하기 위하여 긴급히 필요로 하는 처치'라고 하였다. 즉, 영유아들에게 예상하지 못한 사고나 질병이 발생했을 때 병원에서 치료를 받기 전까지 영유아를 안전하게 보호하면서 상처나 질병의 악화를 방지하고 추가적인 손상을 예방하기 위해 행해지는 즉각적이고 임시적인 처치인 것이다. 응급처치를 적절히 하였느냐, 그러지 못하였느냐에 따라 삶과 죽음, 빠른 회복과 장기간의 입원, 일시적인 손상과 영구적인 불구를 가져올 수 있다. 그러므로 평소 교사들은 영유아들이 경험할 수 있는 여러 가지 사고에 대한 기본적인 이해와 응급처치에 대한 올바른 지식을 가지고 있어야 한다.

2) 응급상황을 위한 준비

영유아교육기관에서는 예상하지 못한 응급상황에 대비해야 한다. 응급상황을 위한 준비는 다음과 같다(중앙보육정보센터, 2009).

첫째, 모든 교사는 기도 확보와 심폐소생술 등의 응급처치법과 상해예방, 전염병 질병 예방에 관해 훈련을 받는다. 응급처치는 지역별 대한적십자사 등 가까운 전문기간에서 손쉽게 배울 수 있다.

둘째, 모든 영유아교육기관에는 필요한 물품이 갖추어진 구급상자를 영유아의 손이 닿지 않는 찾기 쉬운 곳에 놔둔다. 구급상자에는 구급약품 이외에 응급전화번호, 긴급연락처 전화번호, 약품 사용 요령 등이 제시되어 있어야 한다. 또한, 약품의 유통기한을 확인하여 구비해 둔다. 구급상자에 기본적으로 갖추어야 할 구급의약품은 〈표 12-1〉과 같다.

〈표 12-1〉 구급상자에 갖추어야 할 구급의약품

의료용 재료	외용제	내용제
붕대 거즈, 소독솜 삼각붕대, 탄력붕대 칼, 가위 핀셋, 족집게 반창고 일회용 장갑 일회용 반창고 부목류	과산화수소수, 베타딘, 항생제 외용 연고, 근육용 마사지 연고, 화상용 바셀린 거즈, 관장약, 생리식염수, 벌레 물린 데 바르는 연고, 카라민 로션	해열제, 소화제, 제산제

셋째, 영유아의 비상연락망, 응급 시 도움을 요청할 수 있는 기관의 전화번호(119, 1339)와 응급절차과정 목록이 비치되어야 하고, 응급절차과정은 영유아교육기관 벽면에 붙여 둔다.

넷째, 교사는 야외로 나갈 때 휴대용 구급상자와 비상연락망 카드를 준비한다.

다섯째, 응급상황 발생 시 조치에 대한 부모 동의서 〈표 12-2〉를 준비한다.

여섯째, 사고보고서 〈표 12-3〉을 준비하여 사고발생 시 작성한다.

3) 응급처치의 기본 원칙

영유아교육기관에서 사고가 일어났을 경우 교사들은 당황하지 않고 침착성을 유지해야 한다. 교사가 당황하면 사고를 당한 영유아나 나머지 영유아들이 함께 당황하고 더 불안해지기 때문이다. 그리하여 사고 발생 시 교사들은 응급처치의 기본 원칙에 따라 맡은 역할을 차분히 수행하여야 한다. 응급처치의 기본 원칙은 다음과 같다.

첫째, 침착하고 신속하게 사고 상황을 파악한다.

둘째, 영유아의 생명에 직접적 위험이 되는 의식 상태, 맥박과 호흡의 유무를 조사한다.

셋째, 의식, 호흡, 맥박을 확인한 후 출혈 정도를 관찰한다.

넷째, 몸의 다른 부위에 상처가 없는지 조사한다.

다섯째, 응급처치와 구조요청을 동시에 한다.

여섯째, 부모에게 연락한다.

일곱째, 나머지 영유아를 안심시킨다.

여덟째, 사고 보고서를 작성한다.

〈표 12-2〉 응급처치 동의서

반 이름		생년월일	
성별	남 / 여	성명	

사고 발생 시 응급처치는 부모의 동의를 얻어야 합니다.
영유아교육기관에서 다음의 절차에 따라 응급처치를 하는 경우
그 권한을 영유아교육기관에 위임할 것을 동의합니다.

20 . .

부모: ○ ○ ○ (서명 또는 인)

〈응급 처치 절차〉

1. 사고 발생 시 가장 먼저 부모님께 연락합니다.

(시간 / 기간) (전화번호)

어머니와의 ____________ 동안에 ____________로 연락할 수 있습니다.
____________ 동안에 ____________로 연락할 수 있습니다.
아버지와의 ____________ 동안에 ____________로 연락할 수 있습니다.
____________ 동안에 ____________로 연락할 수 있습니다.

2. 부모님과 신속하게 연락되지 않을 경우 부모님이 정해 주신 다음의 사람들에게 연락합니다.

__________는 ____________ 로 연락할 수 있습니다.
영유아와의 관계는 ____________ 입니다.
__________는 ____________ 로 연락할 수 있습니다.
영유아와의 관계는 ____________ 입니다.

3. 필요한 경우 119 구조대에 연락할 것이며(기관에서 지정하는 의료기관이나, 부모님이 정하신 ______________ 의료기관)으로 응급 수송할 것입니다.

4. 의료기관 수송 후에는 다음의 의료보험 관련 정보를 주어 신속한 치료를 받을 수 있도록 합니다.

의료보험 종류 ________________________
번호 ________________________
기관 ________________________

○ ○ 어린이집

출처: 임미혜 외(2013). 아동건강교육, pp. 118-119 내용 재구성.

〈표 12-3〉 사고보고서

어린이집명 (유형)	( ) *전담지정종류 포함		인가일	최초: 년 월 일 변경: 년 월 일	
주소				연락처	
어린이집 현황	정원( )명, 현원( )명, 보육교직원( )명				
반별 현황	0세반( )명, 1세반( )명, 2세반( )명, 3세반( )명, 4세반( )명, 5세반( )명, 시간제( )명, 방과 후( )명 야간연장( )명, 24시간( )명				
사고아동명		성별	남 · 여	생년월일	년 월 일
사고일자	년 월 일	목격자명		사고시간	오전/오후
사고 당시 원장 및 담임교사 근무상황					
부모연락사항					
연락시간	오전/오후	119 신고 여부	□ 안함 □ 신고함 (오전/오후 시)		
사고발생 장소	□ 수송 중 □ 견학 중 □ 실외놀이장 □ 실내놀이실 □ 화장실 □ 복도 □ 주방 □ 대근육활동실(유희실) □ 교사실 □ 식당 □ 계단 □ 기타( )				
사고 당시 활동내용	□ 목욕 및 배변시간 □ 교실활동 □ 계단 오르내리기 □ 실내자유놀이 □ 점심/간식/수유시간 □ 실외자유놀이 □ 계획된 실외놀이 □ 놀이시설 설비 □ 물놀이 □ 견학 □ 낮잠 □ 기타( )				
상해를 입은 시설 설비	□ 오르기시설 □ 평균대 □ 크롤(기어나가는 시설) □ 장애설비 □ 현관문/교실문 □ 실외고정물 □ 회전대 □ 놀이집 □ 시소 □ 미끄럼틀 □ 그네 □ 바퀴달린 탈 것 □ 바퀴달린 장난감 □ 잘 모르겠음 □ 기타( )				
상해의 유형	□ 화상 □ 쇼크/질식 □ 추락/강타 □ 물체에 끼임 □ 찢어짐 □ 뼈가 부러지거나 탈구 □ 압박, 눌림 □ 베임 □ 찰과상(벗겨짐) □ 삠 □ 물림 □ 찔림 □ 식중독 □ 기타 중독 □ 호흡곤란 □ 기타( )				

출처: 보육통합정보시스템(2020).

2 심폐소생술

심폐소생술은 호흡이나 심장박동이 멈추었을 때 인공적으로 호흡을 유지하고 혈액 순환을 유지하게 해 주는 응급처치법이다. 심폐소생술은 심장이 마비된 상태에서도 혈액을 순환시켜 뇌 손상을 지연시키고 심장이 마비된 상태로부터 회복하는 데 결정적인 도움을 준다.

심정지가 발생하는 그 순간부터 시간이 경과하면 매분마다 사망률이 증가하게 된다. 5분 이상이 경과되면 뇌 손상이 시작되고, 10분 이상 경과되면 소생 가능성이 희박해진다. 그러므로 영유아교육기관에서 심정지가 발생하는 것을 목격한 사람이 심폐소생술을 즉시 실시하면 소생 가능성을 2~3배 늘릴 수 있다. 특히 영유아 심정지는 호흡 문제로 인하여 뇌, 심장으로 충분한 산소가 전달되지 못하여 발생하는 경우가 대부분이므로 초기에 효과적인 심폐소생술을 시행하는 것이 매우 중요하다고 할 수 있다(중앙보육정보센터, 2009).

심폐소생술은 자격을 갖춘 사람이 실시해야 하며 응급 상황에 대비하기 위하여 영유아교육기관 교사들은 반드시 심폐소생술 기본 교육을 받고 자격을 갖추어야 한다.

1) 만 1세 이하의 심폐소생술

(1) 의식 확인

영아의 발바닥을 자극하여 반응을 보면서 의식을 확인한다.

(2) 도움 요청

빨리 1339 또는 119에 연락한다.

(3) 기도 확보

머리를 뒤로 심하게 젖히면 오히려 기도가 폐쇄된다. 따라서 코-입을 잇는 선이 수평이 되도록 한다(대전육아종합지원센터, 2016).

(4) 호흡 확인

눈은 영아 가슴 움직임을 보고, 영아 얼굴에 귀를 대고 호흡함을 듣고, 뺨으로 숨결을 느끼는 방법으로 호흡이 있는지 확인한다.

(5) 인공호흡

영아인 경우 영아의 입과 코를 처치자의 입으로 막고 한 번에 1초씩 살살 천천히 숨을 불어넣어야 한다. 숨을 불어 넣을 때 가슴이 올라오는지를 확인해야 한다(대전육아종합지원센터, 2016).

(6) 흉부압박법

먼저 영아를 딱딱한 바닥에 눕힌다. 양측유두를 이은 가상의 선 바로 아래의 흉골과 만나는 지점에 두 손가락을 댄 후 분당 100회의 속도로 흉곽의 1/3~1/2 깊이로 압박한다. 구조자가 한 사람인 경우, 흉부압박과 인공호흡은 30:2의 비율로 하고, 구조자가 두 사람 이상의 응급의료종사자나 심폐소생술 교육을 받은 사람의 경우, 15:2의 비율로 한다. 이는 119 구급대가 도착할 때까지 실시한다(중앙보육정보센터, 2009).

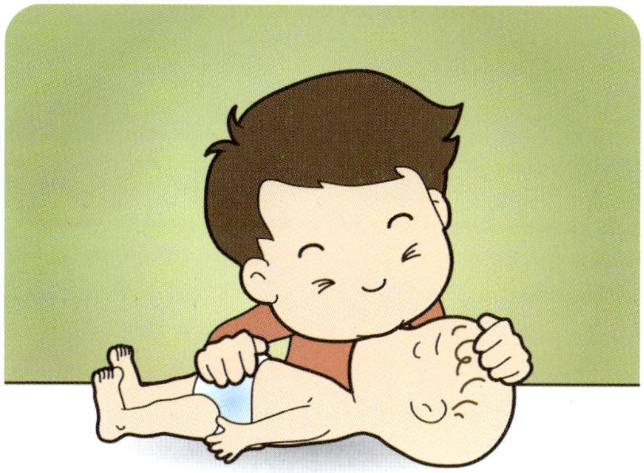

글 출처: 중앙보육정보센터(2009). 내용 재구성.
그림 출처: 국민안전처 국가재난정보센터(2016). 동영상 재구성.

2) 만 1~8세의 심폐소생술

(1) 의식 확인

영유아의 양쪽 어깨를 가볍게 두드리거나 흔들면서 괜찮은지 물어봐 의식 상태를 확인한다.

(2) 도움요청

주변에 있는 교사에게 큰소리로 119에 전화해 달라고 부탁한다. 주변에 아무도 없다면 직접 119에 전화한다.

(3) 자세 바로잡기(통나무 굴리기 법)

인공호흡이나 흉부압박을 하고자 영유아를 바로 눕힌다. 외상이 의심되면 더 주의하여 영유아의 머리, 목, 몸을 통나무 굴리듯 동시에 굴려 바르게 눕혀야 한다.

(4) 기도 열기

머리를 뒤로 젖히며 턱을 들어 올린다. 입안의 이물질을 확인하여 이물질이 확실하게 보이면 손가락으로 이물질을 쓸어낸다. 그리고 영유아의 입이 닫히지 않도록 한다.

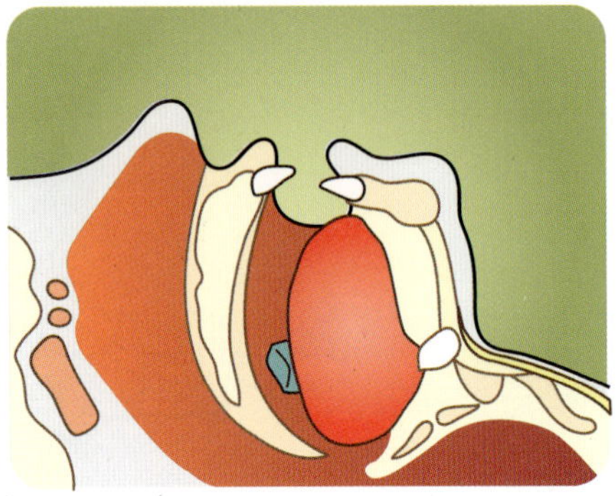

(5) 호흡확인(5~10초간)

눈으로 영유아의 가슴 움직임을 보고, 영유아 얼굴에 귀를 대고 호흡소리를 들으며, 뺨으로 숨결을 느낀다.

(6) 우선 인공호흡 2회 실시(구강 대 구강법)

호흡이 없는 경우, 영유아의 입을 처치자의 입으로 막고 영유아의 가슴이 올라오도록 2회(한 번에 1초의 시간) 천천히 숨을 불어 넣어 준다. 이때 큰 어린이라면 코를 손가락으로 막고 입에만 숨을 불어 넣는다(대전육아종합지원센터, 2016).

(7) 흉부압박

양쪽 유두를 이은 가상선 흉골의 중심부를 압박한다. 양손은 평행하게 깍지를 끼고 손꿈치를 압박점에 댄다. 압박과 이완 시 힘의 비율은 50:50으로 하고, 팔꿈치는 곧게 뻗어 어깨 힘이 압박점에 수직으로 실리도록 한다. 압박 속도는 분당 100회, 압박 깊이는 흉곽의 1/3~1/2이 들어갈 정도로 한 손 또는 두 손으로 압박한다.

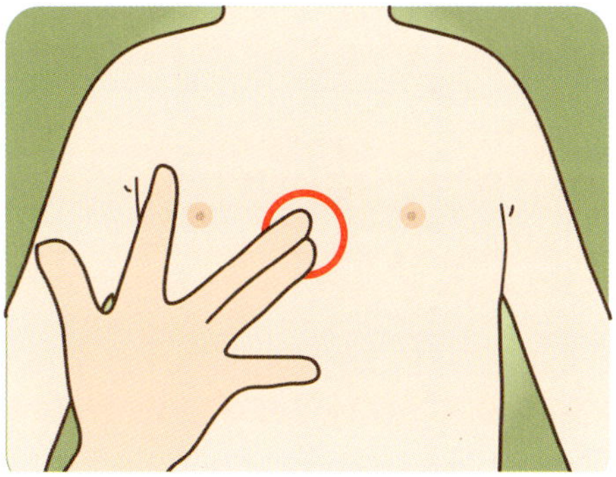
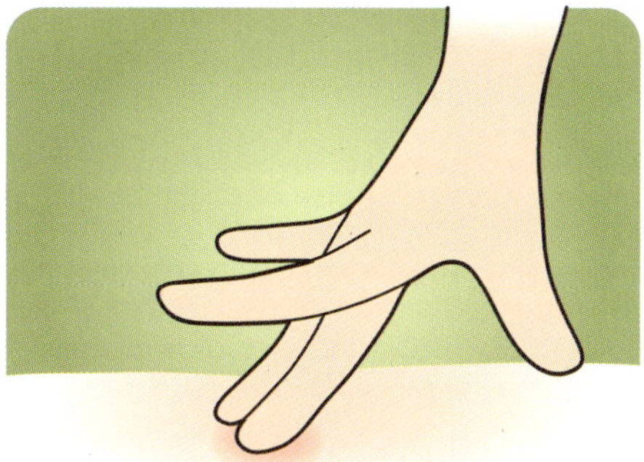

글 출처: 중앙보육정보센터(2009). 내용 재구성.
그림 출처: 국민안전처 국가재난정보센터(2016). 동영상 재구성.

(8) 심폐소생술의 시행

1인 또는 2인 이상의 구조자가 심폐소생술을 하는 경우 가슴압박 대 인공호흡의 비율은 30:2를 유지한다. 기관내삽관 등 전문기도가 유지되고 있는 경우에는 더 이상 30:2의 비율을 지키지 않고 한 명의 구조자는 분당 최저 100회(최고 120회)의 속도로 가슴압박을 계속하고 다른 구조자는 백-밸브 마스크로 6~8초에 한 번씩(8~19회/분) 호흡을 보조한다. 두 명 이상의 구조자가 심폐소생술을 할 때에는 2분마다 또는 5주기(1주기는 30회의 가슴압박과 2회의 인공호흡)의 심폐소생술 후에 가슴압박 시행자를 교대해 준다. 임무를 교대할 때에는 가능하면 가슴압박이 5초 이상 중단되지 않도록 한다. 두 명의 구조자가 환자의 양편에 위치하는 경우에는 교대할 사람이 미리 준비하고 있다가 교대한다. 여러 명의 구조자가 있다면 2분마다 돌아가면서 가슴압박을 시행한다(한국심폐소생술 지침 완성판, 2011).

3 상황에 따른 응급처치

응급상황이 발생하였을 때 올바르고 신속한 응급처치를 하면 영유아의 고통을 줄이고 병이 악화되는 것을 막을 수 있다. 영유아교육기관에서 많이 발생하는 응급상황으로는 이물질 흡입, 상처, 출혈, 골절 및 염좌, 화상 등이 있다. 이러한 응급상황을 중심으로 교사들이 해야 할 응급처치법은 다음과 같다.

1) 이물질

(1) 이물질에 의한 기도 폐쇄

기도는 숨 쉴 때 공기가 폐로 들어가는 길이다. 평상시 열려 있다가 음식물을 삼킬 때 닫힌다. 이러한 기도로 이물질이 흡입되면 기도 폐쇄가 일어나고, 이물질 흡입은 걸음마 시기에 가장 빈번하게 발생한다. 기도를 막을 수 있는 이물질로는 떡, 땅콩, 사탕, 젤리 등의 음식물, 풍선, 장난감 등이 있다.

이물질에 의해 기도가 폐쇄되면 두 손으로 목 부분을 쥐면서 기침을 하려고 하거나, 목에서 심한 천명음('쌕-쌕' 소리)이 들릴 수 있다. 기도를 꽉 막고 있으면 호흡이 곤란하여 얼굴이 파랗게(청색증) 변한다. 기도가 완전히 폐쇄된 경우에는 3~4분 이내에 의식을 잃게 되고 4~6분이 경과하면 뇌세포의 영구적인 손상이 발생하여 생명이 위험할 수 있으므로 빠른 시간 내에 응급처치를 시행하여야 한다.

만 1세 이상에게는 하임리히법(Heimlich manuever, subdiaphragmatic abdominal thrust)으로 응급처치를 한다. 하임리히법은 다음과 같다. 응급처치자가 영아의 등 뒤에서 양팔로 허리를 감싼다. 한 손은 주먹을 쥐고 주먹 쥔 손을 배꼽과 명치 사이의 복부에 위치시킨다. 반대 손으로 주먹쥔 손을 감싸 안고 후상 방향으로 강하게 밀어 올린다. 이 동작은 영아가 기침을 하거나 숨을 쉴 수 있을 때까지 반복한다. 하임리히법을 시행하여 이물질을 제거한 경우에는 반드시 병원으로 이송하여 복부 장기 손상 여부를 확인해야 한다.

① 의식이 있는 상태

말을 할 수 있는 경우, 기침을 유도한다. 조금이라도 말을 할 수 있다면 기침을 유도하는 것이 가장 바람직하다. 말을 할 수 없는 경우, 119나 1339에 신고하며 하임리히법으로 이물질이 나올 때까지 반복 실시한다.

② 의식은 있으나 일어설 수 없는 경우

평편한 바닥에 영아를 눕히고 영아의 위로 걸터앉아 두 손을 깍지 낀 상태로 배꼽과 명치 사이 부분을 강하게 위로 친다. 이물질이 나올 때까지 계속 시행하고 중간에 반응이 없어지면 심폐소생술을 바로 시행한다.

③ 의식이 없어 심정지가 의심되면 심폐소생술 시행

인공호흡 전에 입을 열어 보아 이물질이 있는지 확인한다. 눈에 보이지 않는 이물질을 손가락으로 잘못 건드리면 이물질을 더 깊숙이 밀어 넣을 위험이 있기 때문에 이물질이 보이는 경우에만 이물질을 제거하도록 한다.

만 1세 이하의 경우는 하임리히법을 사용하지 않는다. 만 1세 이하의 영아가 이물질에 의해 기도가 폐쇄되면 등을 5회 두드리고, 흉부압박법을 5회 반복한다. 이 방법을 통해 입안의 이물질이 확인되면 제거하고, 이물질이 확인되지 않으면 이 두 동작을 반복한다. 만약 의식이 없으면 심폐소생술을 실시한다.

영아의 호흡이 있고 외상의 흔적이 없으며 의식이 혼미한 경우 구토나 분비물로부터 기도가 폐쇄되는 것을 최소화하고자 회복자세를 취하도록 해야 한다. 이상적인 회복자세는 영아의 한쪽 팔을 영아의 머리 아래에 넣고 영아 다리를 굽혀주어 호흡을 방해할 수 있는 압력이 가슴에 가해지지 않게 영아가 옆으로 누운 자세이다.

회복자세를 취할 경우 구강 내 분비물이 자연스럽게 나올 수 있도록 해야 하고, 호흡기능에 장애를 초래하지 않도록 가슴에 압박이 가해지지 않아야 한다. 기도가 유지되고 있는지 쉽게 확인할 수 있는 자세, 심장 정지를 대비하여 바르게 눕힐 수 있는 자세여야 한다. 또한, 30분 이상 회복자세를 취해야 하는 경우는 반대편으로 자세를 바꿔 준다(중앙보육정보센터, 2009).

(2) 눈에 이물질이 들어갔을 때

영유아의 눈 표면에 먼지가 붙어 있으면 눈꺼풀을 뒤집어 보풀이 없는 부드러운 천으로 닦아 낸다. 모래나 조금 더 큰 이물질이 눈에 들어가면 우선 문지르지 않도록 하고 눈 안의 이물질이 움직이고 있는지 살펴본다. 이물질이 움직이고 있을 때에는 눈을 감고 있으면 눈물이 나서 저절로 빠져나올 수 있다. 또는 눈꺼풀을 벌려 눈의 안쪽에서 바깥쪽으로 약 15분간 물을 흘려 씻어 낸다. 눈에 스프레이를 뿌렸다면 비비지 않도록 하고 정수된 물이나 생리식염수를 흘려 눈의 안쪽에서 바깥쪽으로 5분 이상 헹궈 낸다. 씻어 낸 후에도 영아가 통증을 호소하면 병원으로 데리고 간다. 그때 깨끗한 거즈수건으로 영유아의 눈을 가리고 눈은 감게 하여 병원으로 간다.

(3) 귀에 이물질이 들어갔을 때

영유아의 귓구멍 속에서 돌아 나올 수 있는 정도의 작은 벌레가 아니라면 계속 고막 쪽으로 파고 들어갈 수 있기 때문에 바로 병원으로 간다. 핀셋이나 면봉으로 벌레 제거를 시도하는 것은 자칫하면 벌레를 더 자극할 수 있으므로 하지 않는다.

(4) 코에 이물질이 들어갔을 때

영유아의 반대편 콧구멍을 막고 세차게 코를 풀어 보도록 한다. 면봉으로 제거하려고 시도할 경우, 더 깊이 밀어 넣거나 코피를 유발할 수 있으므로 병원에 가서 안전하게 제거하도록 한다.

(5) 목에 이물질이 들어갔을 때

생선 가시는 병원에 가서 제거한다. 큰 덩어리의 이물질은 기도 폐쇄의 위험이 있으므로 즉시 119를 호출하여 영유아가 가장 편안한 자세를 유지하도록 하여 병원으로 옮긴다(임미혜 외, 2013).

2) 상처

상처는 크게 절상(베인 상처), 자상(찔린 상처), 찰과상(긁힌 상처)으로 나누어 볼 수 있다. 절상은 칼 등의 날카로운 물체에 베인 상처, 자상은 못과 같이 끝이 뾰족한 물건에 찔린 상처, 찰과상은 마찰에 의해 피부가 벗겨져 나간 상처를 말한다.

상처가 생기면 상처 부위를 흐르는 물에 씻어 주고 소독약을 바른 다음 깨끗한 거즈나 밴드로 상처를 덮어 보호하는 응급처치를 해 준다.

(1) 손을 베인 경우

손을 칼이나 가위에 베이면 출혈이 생기므로 상처를 소독한 다음 깨끗한 거즈나 붕대로 상처 부위를 눌러 출혈을 멈추게 해 준다.

(2) 이물질에 찔린 경우

출혈은 적지만 상처가 깊다면 내출혈이 발생한다. 상처가 좁고 깊어 소독하기 힘들므로 세균이 침입할 가능성이 높다. 그러므로 이물질을 뽑은 다음 흐르는 물에 깨끗이 씻어 내고 깨끗한 거즈나 천으로 지혈한다. 팔이나 다리가 큰 나무 조각 등에 깊숙이 찔리면 박힌 물체를 빼지 않고 움직이지 않게 고정하여 빨리 병원으로 옮긴다.

(3) 피부가 긁히거나 찢어진 경우

상처 부위에 더러운 먼지나 흙이 묻어 있으면 흐르는 물이나 생리식염수로 깨끗이 씻어 준다. 작은 상처이면 밴드를 붙이지 않는 것이 좋고, 상처가 깊지 않으면 연고를 자주 얇게 펴 발라 준다. 상처가 깊으면 깨끗한 거즈로 상처 부위를 보호하여 신속히 병원으로 가서 치료를 받는다(교육부, 2016).

3) 출혈

출혈이란 혈관의 손상으로 인해 혈액이 혈관 밖으로 나오는 현상을 말하며, 출혈 부위에 따라 외부 및 내부 출혈로 구분할 수 있다. 아주 심한 출혈일 경우 호흡과 맥박이 빨라지고, 피부가 창백해지며 체온이 떨어진다. 그리고 갈증을 느끼면서 불안감을 갖는다.

출혈이 있으면 지혈을 해야 하는데 직접압박지혈 방법은 출혈 부위를 압박하여 출혈을 멈추게 하는 것으로 가장 보편화된 지혈 방법이다. 출혈이 멈추지 않으면 더 강하게 압박해 보고, 사지에서 출혈이 있는 경우에는 출혈부위를 심장

보다 높여 준다. 출혈이 멈춘 후에 소독거즈를 덮고 압박붕대로 감아 준다.

동맥점 압박 지혈은 팔이나 다리에서의 출혈이 직접 압박으로 지혈되지 않으면 동맥의 근위부를 압박하는 것을 말한다. 상지 출혈일 경우 위팔동맥을 압박하고, 손의 출혈일 경우 요골동맥을 압박하며, 하지 출혈일 경우는 대퇴 동맥을 압박한다.

지혈대를 이용하여 지혈하는 방법은 다른 방법으로 출혈을 멈출 수 없을 때 사용한다. 신경이나 혈관에 손상을 줄 수 있고 팔이나 다리에 생체 세포, 조직의 일부가 죽거나 죽어가는 상태인 괴사를 초래할 수 있으므로 시간마다 지혈대를 풀어 괴사를 방지하는 것이 중요하다고 할 수 있다. 지혈이 어려운 상황에서 최후의 수단으로 지혈대를 이용한 방법을 활용한다(중앙보육정보센터, 2009).

4) 코피

코피가 나는 영유아가 있으면 앉은 자세를 유지하고 머리를 약간 앞으로 숙이게 하여 혈액이 목으로 넘어가지 않고 코 앞부분으로 흘러나올 수 있게 한다. 목 뒤로 코피가 넘어가게 되면 질식하거나 메스꺼움, 구토 등을 일으키기 때문이다. 지혈을 위해서는 엄지와 다른 두 손가락으로 코를 쥐고 5분간 서서히 압박한다. 코피 나는 영유아의 윗입술과 잇몸사이에 둥글게 말은 거즈를 넣고 압박할 수 있다. 또한, 코와 뺨 주위에 얼음물 주머니를 올려 지혈을 도울 수 있다.

단, 코피가 나면서 몸의 다른 곳에서도 출혈이 있을 때, 너무 많은 피를 흘렸을 때, 얼굴이 창백해질 때, 식은땀을 흘릴 때, 의식이 흐려질 때, 코가 자주 막히면서 코피가 자주 날 때, 입으로 피를 토할 때, 머리를 부딪친 후에 코피를 흘릴 때는 병원으로 데리고 가야 한다(중앙보육정보센터, 2009).

5) 골절과 염좌

골절은 외부의 힘에 의하여 뼈의 연속성이 완전 혹은 불완전하게 소실된 상태를 말한다.

골절은 폐쇄성 골절과 개방성 골절로 크게 두 가지로 나눌 수 있다. 폐쇄성 골절은 피부가 손상되지 않고 골절부위 근처에 전혀 상처가 없지만, 개방성 골절은 뼈가 피부 밖으로 빠져나오거나 골절 시 피부에 가해진 직접적인 충격으로 상처가 있는 것이다.

개방성 골절이더라도 생명이 위험한 경우는 드물기 때문에 즉시 119에 신고한 후 주위가 위험한 상황이 아니라면 영유아를 가급적 움직이지 않게 한다. 그리고 다친 곳의 옷은 조심스럽게 벗기는데 필요에 따라 옷을 잘라낼 수도 있다. 그다음 발가락이나 손가락을 가볍게 만져서 감각이 있는지 물어보는데 만약 감각이 없다면 신경계나 척추손상의 우려가 높으므로 주의해야 한다. 부러진 곳이 있다면 부목으로 고정시킨다. 부목으로 고정하는 이유는 골절된 부위에 의한 근육, 신경, 혈관 손상을 방지할 뿐만 아니라 골절된 부위에 의한 피부의 열상을 방지해 주기 때문이다. 이와 같이 해 주면 폐쇄성 골절이 개방성 골절로 이행되는 것을 방지할 수 있다. 또한, 부목으로 고정해 주면 혈관이 압박되는 것, 혈액 순환이 차단되는 것을 방지할 수 있으며 손상부위 조직에서 과도한 출혈이 일어나는 것을 막을 수 있다.

다친 부위가 시간이 지나면서 점점 붓고 멍이 든 것처럼 시퍼렇게 되는 것은 골절이 아니고 염좌(삔 것)이다. 염좌의 응급처치 방법은 다음과 같다. 먼저 염좌 관절 부위와 연결된 건강한 부위까지 부목을 대어 염좌된 관절이 움직이지 않도록 한다. 염좌 부위는 다른 부위보다 높은 곳에 위치하도록 하고 얼음주머니나 찬찜질을 해 주어 붓지 않도록 한

다. 그리고 병원으로 이송한다(중앙보육정보센터, 2009).

6) 화상

화상은 불이나 뜨거운 물, 화학물질 등에 의해 피부 및 조직이 손상된 상태를 말한다. 일반적으로 화상은 증상의 정도에 따라 1도 화상에서 3도 화상으로 구분한다. 화상은 적절하게 치료하지 않으면 심각한 후유증을 남길 수 있기 때문에 영유아가 화상을 입으면 가능한 한 빨리 병원으로 가서 치료를 받도록 한다.

(1) 화상의 종류

① 1도 화상

피부 표면만 약간 덴 정도의 가벼운 화상으로 피부색이 빨갛게 변하고 화끈거리며 약간 아프지만 물집은 잡히지 않는다. 보통 일주일이 지나면 화상 부위가 벗겨지면서 아물게 된다.

② 2도 화상

피부 표피층과 내피층 모두 화상을 입은 경우로 피부가 빨갛게 부어오르고 수포가 생기며 통증이 심하다. 2도 화상은 병원에서 치료를 받는 것이 후유증을 최소화할 수 있다.

③ 3도 화상

피부 조직뿐만 아니라 피하지방, 근육층까지 화상을 입은 경우로 신경에 손상을 입어 만져도 아픔을 느끼지 못할 수 있다. 피부가 회백색이나 검은색의 가죽

처럼 변한다. 3도 화상 역시 병원에서 치료를 받아야 한다.

(2) 화상 치료

① 열상 화상(뜨거운 물, 증기, 뜨거운 액체에 의한 화상)

덴 부위를 흐르는 차가운 물에 10~15분 정도 식혀 준다. 옷을 입고 있는 경우 무리해서 옷을 벗기지 말고 가위로 잘라내야 하며 옷이 떨어지지 않는 경우에는 억지로 떼지 말고 그대로 식힌다. 소독한 거즈로 상처부위를 되도록 넓게 덮어 주거나 가볍게 감는다. 병원으로 갈 때는 감염을 막기 위해 이불 홑청으로 영유아를 덮고 그 위에 담요를 덮어 보온해 준다.

② 화학 화상(화학약품에 의한 화상)

응급처치를 하기 전 처치자는 고무장갑이나 타월로 손을 보호한 후 처치를 시도해야 한다. 옷을 벗긴 다음 흐르는 차가운 물이나 생리식염수로 화학약품을 모두 씻어 준다. 그다음 열상 화상의 응급처치를 한다. 약품을 씻어 낸 물은 안전하게 처리하여 그 물에 의한 화상이 일어나지 않도록 주의한다.

③ 흡입 화상(뜨거운 공기 또는 연기에 의한 화상)

가장 먼저 신선한 공기를 마실 수 있는 장소로 옮기고 의복을 느슨하게 열어 영유아가 충분히 호흡할 수 있도록 돕는다. 호흡 또는 심장 정지가 발생한 경우에는 심폐소생술을 시도하며, 되도록 빨리 병원으로 이송한다.

④ 전기 화상(방사선, 전기에 의한 화상)

상처 부위가 크고 작은 것과 상관없이 전기 화상은 주로 3도 화상을 입게 되는 경우가 많다. 전기 감전 발생 시 함부로 영유아를 직접 떼어내지 말고 먼저 전기 스위치를 내려 전기 공급을 중단하여야 한다. 전기로 인한 화상은 외견상 보이는 화상보다 심한 내상을 흔히 동반하므로 치료를 받기 전 반드시 피부 내적 화상검사를 받도록 한다.

화상을 치료할 때 알코올이나 과산화수소 등의 자극성 소독제로 상처 부위를 소독하는 것은 삼간다. 또한, 화상부위에 간장을 바르거나, 감자를 붙이는 경우, 치약을 바르는 등의 민간요법은 2차 감염을 일으키거나 창상 감염을 일으켜 패혈증과 같은 심각한 합병증을 초래할 수 있으므로 피해야 한다(교육부, 2016; 임미혜 외, 2013).

7) 경련

경련이란 몸 전체나 일부의 근육들이 자기의 의지와는 관계없이 급격히 수축되거나 떠는 현상을 말한다.

열성경련은 생후 9개월에서 만 5세 사이의 영유아가 발열을 동반한 경련을 하는 것을 말한다. 열성 질환 초기의 열이 갑자기 오르는 시기에 잘 나타나며 대개 전신형 발작으로 의식이 없어지면서 전신이 뻣뻣해지고 떨게 된다. 발작은 수분 이내 멈추게 되고 15분을 넘는 경우는 드물다. 열만 떨어져도 대부분 경련을 멈추기 때문에 경련을 하는 영유아가 있으면 옷을 벗기고 시원하게 해 주거나 미지근한 물로 전신을 골고루 닦아 열을 떨어뜨려 준다.

분노경련은 호흡정지발작이라고도 하며 영유아에게 욕구불만이나 경악, 분노의 반응으로 나타난다. 큰소리로 울고, 입술이나 얼굴에 청색증이 나타나고 무호흡과 때로는 경련을 일으킨다. 발작이 끝난 후 또 울거나 축 늘어진다. 분노성, 자극성 경향이 있는 영유아에게 일어나기 쉽고 만 6세 정도에서 대체로 사라지게 된다.

영유아가 경련을 일으키면 편안하게 눕히고 주의의 위험한 물건을 치우고, 고개를 옆으로 기울여 분비물에 의해 기도가 막히지 않도록 한다. 의복을 헐렁하게 하고 되도록 부드러운 것을 머리 밑에 대 주어 머리를 보호한다. 경련을 멈추면 회복자세를 취하게 해 준다(중앙보육정보센터, 2009).

8) 물렸을 때

(1) 다른 영유아에게 물린 경우

다른 영유아에게 물려 피가 나면 먼저 피를 멈추게 하고 흐르는 물이나 생리식염수에 상처부위를 씻어 낸다.

(2) 개나 고양이에게 물린 경우

개나 고양이에게 물린 상처 부위는 흐르는 물에 씻어 내고 소독한 거즈로 상처 부위를 눌러 지혈한 다음 병원으로 간다.

(3) 뱀에 물린 경우

뱀에 물리면 바로 119에 신고를 하고 도움을 요청한다. 쇼크를 예방하기 위해 영유아를 옆으로 눕히고 진정시켜 주는데 상처 부위는 흐르는 물이나 생리식염수로 씻어 낸다. 물린 부위의 위쪽에서 가까운 신체 부위를 5㎝ 이상의 넓은 천으로 압박하거나 손가락 한 개가 들어갈 수 있을 정도로 압박 붕대를 감아 준다. 그리고 상처 부위를 심장보다 낮게 하여 병원으로 데리고 간다(교육부, 2016).

(4) 벌에 쏘인 경우

독을 가진 여러 종류의 벌레는 사람을 쏘거나 물어버림으로써 심각한 증상을 유발할 수 있기 때문에 영유아교육기관은 실외활동 시 더욱 주의해야 한다. 벌에 쏘임을 예방하거나 대응 방법은 다음과 같다. 산책 시 벌을 자극하는 향수와 화장품, 밝은 색 계통의 옷은 피한다. 실수로 벌집을 건드렸을 경

우 가능한 한 낮은 자세, 엎드린 자세를 취하여 스스로 물러갈 때까지 기다린다.

벌에 쏘였을 경우 침이 박힌 피부 주위를 핀셋이나 집게로 벌침을 제거하려고 하면 벌독을 짜는 효과가 있어 독이 더 깊숙이 침투할 수 있으므로 손톱이나 신용카드 등으로 피부를 밀어 벌침을 빼낸다. 벌침을 빼낸 후 통증을 해소하고 부기를 막기 위해서 얼음찜질을 하고 안정을 취하게 한다. 통증, 부기, 구토, 어지러움증이 계속되거나 가슴이 답답하다고 호소하는 영유아는 즉시 응급처치를 받는다(중앙보육정보센터, 2009).

9) 열사병(일사병)

열사병은 덥고 습기가 있는 장소에서 일을 하거나 격렬한 운동을 할 때, 오랜 시간 햇볕에 노출되었을 때 몸속의 수분이 많은 땀으로 잃어버릴 때 나타나는 현상이다. 열사병은 현기증, 몽롱함, 입맛 없음, 얼굴이 창백함, 피부가 차갑고 축축해짐 등의 증상이 나타난다.

열사병에서 가장 중요한 치료 원칙은 즉각적인 냉각 요법이다. 영유아를 시원하고 그늘진 곳에 옮겨 영유아의 체온을 가능한 한 빨리 낮춘다. 그리고 젖은 수건이나 시트로 영유아를 감싸고 찬물을 그 위에 붓는다. 병원에서는 얼음물에 영유아를 담그거나 냉각팬, 냉각 담요 등을 사용하기도 한다.

영유아교육기관에서 열사병을 방지하기 위해서는 정오 12시부터 오후 2시까지는 여름철 바깥놀이를 피해서 계획하고, 고온에 장시간 노출되는 상황도 피한다. 더운 환경에서 작업을 하거나 운동을 해야 할 경우는 그늘에서 자주 휴식을 취하게 해 주고 충분한 수분 섭취를 할 수 있도록 한다(교육부, 2016).

10) 동상과 저체온증

① 동상

동상은 추운 겨울에 추위에 노출된 신체 부위가 어는 것을 말한다. 동상에 걸리면 그 부위가 차갑고 창백하게 되어 색깔이 없어지거나 감각이 떨어지는 증상이 나타난다.

동상을 예방하기 위해서는 옷을 충분히 입혀 몸의 열이 식지 않도록 보호한다. 젖은 옷을 입고 있으면 다른 옷으로 갈아입혀 주거나 덮어서 체온이 유지되도록 해 준다. 동상을 입기 쉬운 부위인 손가락이나 발가락, 귀 등은 자주 움직이고 문질러 주는 것이 좋다.

부분 동상이라면 동상에 걸린 부위를 문지르지 않고 체온보다는 낮은 온도의 따뜻한 물에 동상 부위를 푹 담가 따뜻하게 한다. 손가락이나 발가락이 동상에 걸렸다면 그 사이에 탈지면이나 거즈를 댄다. 물집이 생기면 터뜨리지 않아야 하며 가능한 한 빨리 응급처치를 받는다.

오랜 시간 냉기에 노출되면 전신 동상에 걸린다. 전신 동상에 걸리면 운동이 곤란해지고 감각이 없어지며, 참을 수 없을 정도의 졸음이 온다. 걸음이 산만해지고 눈이 둔해지며 나중에는 실신하여 의식을 잃게 된다. 호흡이 없으면 구조호흡을 시작하고, 의식이 있으면 따뜻한 음료를 마시게 하고 안정시킨다.

② 저체온증

저체온증은 신체가 몸을 따뜻하게 유지하지 못하여 신체가 차가워지는(신체 체온이 35℃ 이하) 것으로 치료를 받지 않으면 죽을 수도 있다. 저체온증에 걸리면 떨림, 감각상실, 흐릿한 시력, 무관심, 의식 상실 증상이 나타날 수 있다.

저체온증 영유아가 발생하면 주변에서 빨리 인지하여 더 이상 체온을 잃지 않게 해 주며 중심 체온을 올려 준다. 즉, 영유아의 젖은 옷을 벗기고 마른 담요나 침낭으로 감싸 주거나 겨드랑이, 배 위에 핫팩이나 더운 물통을 올려 둔다. 사람이 직접 껴안아 주는 것도 효과적인 방법이다. 신체 말단 부위부터 따뜻하게 하면 중심 체온이 더 저하될 수 있으므로 흉부나 복부 등 중심부를 먼저 따뜻하게 해 주고, 영유아 체온이 35℃ 미만이면 현장 처치와 함께 119에 신고하여 병원으로 이송한다.

영유아교육기관에서는 겨울철 동상 및 저체온증을 예방하기 위해 바깥놀이를 할 때 모자, 장갑, 털신을 신고 놀이를 하도록 하며 밖에서 오랜 시간 놀지 않도록 지도한다(교육부, 2016).

참고문헌

참고문헌

국내문헌

강민정 · 유희정 · 곽정인(2010). 만 3~5세 자녀를 둔 어머니의 건강지도 실태, 한국유아교육학회, 30(5), 171-192.

고경미(2012). 유아의 편식 개선을 위한 요리활동 운영에 관한 실행연구. 이화여자대학교 교육대학원 석사학위논문.

곽금주 · 김연수(2014). 영아발달. 서울: 학지사.

곽노의 · 박대근 · 박현미(2010). 영유아 건강교육. 경기: 공동체.

곽동경(2006). 효율적인 유치원 급식운영시스템 구축방안 연구. 연세대학교 어린이 생활지도 연구원.

교육과학기술부(2009). 유치원지도서, 1-13. 서울: 두산.

교육과학기술부(2011). 학교감염병예방관리 매뉴얼.

교육과학기술부(2012). 유치원 교육과정 내실화를 위한 보건교육 프로그램 – 부모용 자료.

교육과학기술부(2012). 유치원 교육과정 운영 지원을 위한 유아 보건교육 프로그램. 서울.

교육과학기술부(2012). 유치원 기본과정 내실화를 위한 유아 보건교육 프로그램 – 부모용자료. 서울.

교육과학기술부 · 보건복지부(2013). 3~5세 연령별 누리과정 교사용 지침서.

교육부(2015). 건강 안전관리 길라잡이. 충청남도 교육청.

교육부(2016). [유치원] 학교안전교육 7대 표준안 수정본 – 응급처치.

교육부(2016). 유아 감염병 예방 · 위기대응 매뉴얼(유치원용: 상세본).

교육부 · 보건복지부(2019). 2019 개정 누리과정 해설서.

교육부 · 충청남도교육청(2015). 건강 · 안전 관리 길라잡이. 충남: 교육부.

구수연 · 최예린(2009). 또래관계 형성을 위한 2세아의 사회적 행동. 열린유아교육연구, 10(3) 27-55.

구재옥(1999). 영유아를 위한 영양교육의 방향. 대한지역사회영양학회지, 5(1), 75-94.

국민안전처 국가재난정보센터(2016). 심폐소생술 및 제세동기 사용 관련 안전교육 동영상자료-영유아 심폐소생술 따라하기.

권미량(2007). 유아건강관리 프로그램 개발 및 적용에 대한 의미 탐색-생태유아교육 접근을 중심으로-. 한국생태유아교육학회, 6(1), 65-84.

권혜진 · 김혜라 · 전숙영 · 정윤주 · 채진영 · 한유진(2012). 영유아 안전 · 건강교육. 서울: 창지사.

김나영 · 이경열 · 정욱호 · 홍계옥(2005). 영유아발달. 서울:양서원.

김난희 · 김현덕 · 김종배(2004). 유아양육부모의 계속유아구강건강관리의식에 관한 조사연구. 대한구강보건학회지, 28(3), 372-386.

김민성(2007). 영아전담 보육시설의 공간 구성에 관한 건축 계획적 연구: 부산시를 중심으로. 부경대학교 산업대학원 석사학위 논문.

김숙이 · 손수민 · 고선옥 · 신리행(2016). 아동건강교육. 경기: 정민사.

김연주 · 김연지 · 유현숙(2020). 아동건강교육–개정누리과정에 기초한 건강 · 영양 · 안전–. 서울: 창지사.

김연진 · 송주미(2009). 유아건강교육. 서울: 동문사.

김영심 · 강영옥 · 조남숙 · 한국선 · 이춘희 · 이숙희 · 김진아 · 김현옥(2010). 영유아 건강교육. 서울: 창지사.

김영희 · 김혜금 · 박애경(2009). 수원시 영유아 건강행태조사 보고서.
김은설 · 이영미 · 김문정(2012). 유치원 급식 운영 관리 실태 및 개선 방안. 육아정책연구소.
김은숙(2015). 그림책에 나타난 영유아 건강교육 내용 분석 및 그림책을 활용한 건강교육의 실태. 한양대학교 교육대학원.
김은심 · 성은영 · 윤성운 · 손미애 · 김선의(2012). 표준보육 · 누리과정에 기초한 영유아 건강교육. 서울: 파란마음.
김은지(2004). 유아들의 식생활 습관 및 음식패턴에 따른 또래관계 연구. 인제대학교 교육대학원 석사학위논문.
김은희(2005). 유치원 점심 급식 운영에 따른 식습관 지도에 관한 연구. 한국교원대학교대학원 석사학위논문.
김일옥 · 김경애 · 김영애 · 김종석 · 김호년 · 손현숙(2015). 아동건강교육. 경기: 양서원.
김일옥 · 박현정(2012). 보육교사의 영아 건강관리 실태 및 교육 요구조사. 열린유아교육연구, 17(5), 99-120.
김일옥 · 신선화(2002). 영유아 및 학령 전 아동의 안전사고 및 어머니의 응급처치 정보 접촉경험에 관한 조사 연구. 아동간호학회지, 8(2), 174-182.
김일옥 · 최경순(2013). 아동건강교육. 경기: 양서원.
김정욱 · 진보형 · 김영재 · 정세환(2007). 영유아 구강검진 매뉴얼. 서울: 국민건강보험공단.
김종배 · 이순자 · 이귀영 · 조채영 · 최연화(2010). 아동안전관리. 서울: 신광문화사.
김지수(2003). 영유아 건강관리에 관한 보육교사의 요구조사. 서울대학교대학원 석사학위논문.
김혜경(2014). 영유아건강교육. 경기: 공동체.
김혜금(2007). 기본생활 보육프로그램: 4월 연령별 기본생활 습관의 발달과 지도. 서울시보육정보센터.
김혜영(2002). 일부 예비보육교사들에 대한 건강지식실천에 관한 실태연구. 덕성여자대학교대학원 석사학위논문.
김희정(2014). 유아기 자녀를 둔 어머니의 영양지식, 영양태도, 가공식품 구매형태의 관계에 대한 연구. 중앙대학교대학원 석사학위논문.
노은호 · 김정신(2007). 유아 편식지도를 위한 통합적 요리프로그램 개발. 한국보육학회지, 7(1), 81-93
대전육아종합지원센터(2017). 자료실.
대한간호학회(1996). 간호학대사전. 한국사전연구사.
대한신경정신의학회(1988). 대한신경정신의학회 논문집. 서울: 대한신경정신의학회.
문수재 · 안홍석 · 이영미(1994). 어린이 영양과 건강. 서울: 수학사.
문정욱 · 서영숙(2008). 어린이집 점심시간의 의미와 운영에 관한 연구. 한국보육지원학회, 4(1), 51-66.
문혁준 · 권희경 · 김명애 · 김상희 · 김정희 · 김혜금 · 김혜연 · 안효진 · 이경옥 · 이윤경 · 이희선(2016). 영유아건강교육. 서울: 창지사.
문혁준 · 김경은 · 서소정 · 성미영 · 안선희 · 임정하 · 하지영 · 황혜정(2016). 영유아발달. 서울: 창지사.
민성혜 · 신혜원 · 김영애 · 김의향(2008). 보육교사론. 경기:양서원.
박미희(2011). 어린이집 보육실 내에서의 영아안전사고 경험에 따른 교사의 사고관리. 중앙대학교 사회개발 대학원 석사학위논문.
박성연 · 도연심(2005). 아동발달. 서울: 동문사.

박순영·이종인·김희경(2007). 가정환경 특성이 만 3세 유아의 성장발육에 미치는 영향. 한국아동복지학, 24, 91-119.

박유미·안연경(2012). 부모·교사의 영양지식, 식습관, 식생활지도와 유아의 영양지식, 식습관의 관계. 열린정신 인문학연구, 13(1), 67-91.

박인선(2012). 유아다례교육에 관한 어머니들의 인식과 요구도 조사. 성신여자대학교문화산업대학원 석사학위논문.

보건복지부(2011). 어린이집 건강관리 매뉴얼.

보건복지부(2013a). 어린이집 표준보육과정 및 0~2세 영아보육프로그램의 이해. 서울: 중앙보육정보센터.

보건복지부(2013b). 어린이집 표준보육과정에 기초한 영아보육프로그램 0세 1권.

보건복지부(2013c). 어린이집 표준보육과정에 기초한 영아보육프로그램 1세 1권.

보건복지부(2016). 2016년 보육사업안내.

보건복지부(2017). 2017년 보육사업안내.

보건복지부(2019). 고농도 미세먼지 대응매뉴얼(어린이집용).

보건복지부(2020a). 2020년도 보육사업안내(본문).

보건복지부(2020b). 2020년도 보육사업안내(부록).

보건복지부 보육정책관(2020). 코로나 19 어린이집 대응지침 3판

보건복지부·대한 소아과 학회(2011). 어린이집 건강관리 매뉴얼.

보건복지부·유아정책연구소(2013). 제3차 어린이집 표준보육과정 교사용 지침서. 서울: 보건복지부·육아정책연구소.

보건복지부·중앙보육정보센터(2011). 안전·급식 위생 및 아동 학대 예방교육. 보건복지부.

보건복지부·한국보육진흥원(2017). 2017 어린이집 평가인증 안내.

보육통합정보시스템(2020). 사고보고서.

부산광역시교육청(2013). 2013학년도 학교환경위생관리자 직무연수교재. 부산광역시교육청.

부산광역시유아교육진흥원(2016). 2016년 유치원 평가 매뉴얼. 부산광역시유아교육진흥원.

서울특별시 식품안전추진단(2010). 식품알레르기 교육 및 급식관리매뉴얼. 서울특별시.

서울특별시 유아교육진흥원(2014). 유치원 교육과정 내실화를 위한 연령별 누리과정 평가도구.

서주희(2013). 보육교사의 직무만족도, 교사효능감 및 유아의 사회적 능력의 관계. 전남대학교대학원 석사학위논문.

식품안전나라(2017). 식품안전이슈 20. 식중독균.

식품안전나라(2017). 식품안전이슈 20. 식품알레르기.

식품안전나라. http://www.foodsafetykorea.go.kr/main.do

식품의약품안전처(2016). 어린이식생활 안전관리 매뉴얼. 식품의약품 안전처.

식품의약품안전처·어린이급식관리지원센터(2013). 영유아 단체급식 가이드라인: 1인 1회 적정 배식량. 식품의약품안전처.

신손문(2009). 영아돌연사증후군에 대한 대책-해외동향 및 정책제언. 한국보육시설연합회 서울시가정분과위원회 세미나자료.

신은경(2005). 보육시설 유아들의 영양상태 및 영양교육 프로그램 개발과 적용. 경북대학교대학원 박사학위논문.

신은수·강금지·유희정(2009). 영유아를 위한 영양과 건강교육. 서울: 창지사.

알에이치코리아(2015). 임신 출산 육아 백과. 김성수 · 이배훈 · 박나리미 · 윤지성 감수. 서울: 알에이치코리아.

양옥승 · 최경애 · 이혜원(2015). 영유아교육과정. 서울: 학지사.

양일선 · 김온기(1997). 유아를 위한 영양교육. 서울: 다음세대.

엄옥주(2004). 유아교육기관의 건강관리 및 건강교육실태에 관한 연구. 경기대학교교육대학원 석사학위논문.

오미경 · 이은미(2016). 아동건강교육. 경기: 공동체.

오유진 · 장유경(2006). 유아의 편식실태 및 편식에 대한 학부모의 태도 조사. 한국영양학회지, 39(2), 184-191.

유구종 · 조희정(2007). 영유아교육개론. 경기: 공동체.

유니세프 한국위원회(1994). 아기에게 친근한 병원 만들기 위원회(BFHI). 성공적인 모유수유를 위한 교육지침서.

육아정책연구소(2012). 유치원급식 운영관리 지침서, 12-26.

이경숙 · 박미현 · 박진아(2008). 유아의 수면행동 양상과 성차 및 관련 변인에 관한 연구.

이광희(2007). 영유아의 구강위생관리방법 개선에 관한 연구. 대한소아치과학회지, 34(2), 264-272.

이기숙(2000). 유아교육과정. 서울: 교문사.

이기숙 · 장영희 · 정미라 · 배소연 · 박희숙(1996). 유아를 위한 안전교육. 서울: 양서원.

이기숙 · 장영희 · 정미라 · 윤선화(2014). 영유아안전교육. 경기: 양서원.

이기현(2009). 유아 영양교육 실태에 대한 교사의 인식 분석. 유아교육학논집, 13(3), 69-96.

이기현 · 이은상 역(2002). 영 · 유아를 위한 건강 · 안전 · 영양. 서울: 정민사.

이명환 · 김은숙(2009). 영유아를 위한 안전교육의 이론과 실제. 서울: 교육아카데미.

이순례 · 조인숙(2004). 유아의 건강생활과 관련한 일상생활 습관에 관한 연구. 한국유아체육학회지, 5. 75-94.

이순형 · 성미영 · 김혜라 · 김정민 · 김진경 · 이성옥 · 김유미 · 오지은 · 우현경 · 임여정 · 정하나 · 심도현 · 안혜령 (2016). 유아교육과정. 경기: 파워북.

이순형 · 이성옥 · 민하영 · 이영미 · 한유진 · 장영은 · 최나야 · 김지현 · 김진경 · 정현심(2013). 영유아 건강교육. 서울: 학지사.

이순형 · 이혜승 · 이성욱 · 황혜신 · 이완정 · 이소은 · 권혜진 · 이영미 · 정윤주 · 한유진 · 성미영(2010). 보육학개론. 서울: 학지사.

이영호(2003). 정신건강론 서울: 현학사.

이영환 · 김연주 · 김현지 · 양연숙 · 이수재(2014). 영유아 건강 · 영양과 안전. 서울: 창지사.

임미혜(2000). 영유아 보육프로그램. 서울: 동문사.

임미혜 · 정정옥(2010). 유아교육기관에서의 영유아 건강교육. 서울: 창지사.

임미혜 · 채혜선(2011). 영유아 건강교육. 경기: 양서원.

임미혜 · 채혜선 · 이순자 · 안경일 · 심은희(2013). 아동건강교육. 경기: 양서원.

임부연 · 오정희(2014). 영유아 교수 · 학습방법. 서울: 동문사.

장소영(2002). 영양교육 프로그램이 유아의 영양지식 및 식습관에 미치는 영향. 서울여자대학교 교육대학원 석사학위논문.
장영희(2007). 영아교육과정. 서울: 양서원.
전남련·김진혜·권경미·권순남·강은숙·홍은미(2010). 유아 건강·안전교육. 경기: 정민사.
전도근·조효연(2010). 우리 아이 편식이 달라졌어요: 편식을 고치는 미각교육. 경기: 교육과학사.
정미라·배소연·이영미(2004). 유아건강교육. 경기: 양서원.
정미라·배소연·이영미(2012). 영유아를 위한 건강 및 영양교육(제2판). 경기: 양서원.
정아란(2011). 아동건강 및 안전. 경기: 공동체.
정옥분(2014). 아동발달의 이해. 서울: 창지사.
정혜민(2009). 유아교육기관 급식 실태와 교사의 식생활지도 및 영양지식에 대한 연구. 성신여자대학교대학원 석사학위논문.
정혜진(2011). 가정에서의 영아의 문해 환경과 언어 발달 간의 관계. 경희대학교 교육대학원 석사학위논문.
조경자·이현숙(2010). 유아건강교육. 서울: 학지사.
조복희(2014). 아동발달. 서울: 정민사.
주영은·성영화·이숙자(2016). 아동건강교육. 경기: 공동체.
중앙보육정보센터(2009). 보육시설 응급처치 매뉴얼.
중앙보육정보센터(2011). 2011 보육시설 운영 서식 및 문서 자료집.
중앙육아종합지원센터(2013). 교육자료실.
중앙육아종합지원센터(2016). 2016년 어린이집 문서 및 서식자료 파일.
질병관리본부(2016). 2015년 전국 예방접종률 조사. 질병관리본부.
채경선·김주아(2007). 아동정신건강. 서울: 창지사.
채영란·남규·박유영·박혜정·이순자·좌승화·주은희(2011). 아동건강·안전교육. 경기: 문예미디어.
최경숙(2010). 일부 보육교사의 영양지식과 식생활태도 및 영양교육 요구 조사. 대한지역사회영양학회지, 15(1), 137-148.
최민수·정영희(2010). 아동건강교육(2판). 서울: 학지사.
최애경·좌승화·최진원(2013). 영유아교육기관운영관리. 도서출판 파란마음.
최지영(2008). 아동건강교육. 서울: 동문사.
최혜순·양은호·김계중·이미현(2013). 영유아안전교육. 서울: 신정.
충청남도교육청(2002). 유치원교육실무. 충남: 충청남도교육청.
통계청(2015). 인구주택총조사보고서.
통계청(2018). 2018년 출생통계, 국가승인통계 제10103호 출생통계.
하새봄(2014). 유아건강교육에 대한 어린이집 교사의 개념도 분석. 신라대학교 교육대학원 석사학위논문.
한국보육진흥원(2014). 어린이집 평가인증 안내(3차 지표 시범사업용).
한국보육진흥원(2016). 2016 어린이집 평가인증 안내-3. 문서자료집(문서 7).
한국보육진흥원(2017). 어린이집 평가인증지표.
한국보육진흥원 (2020). 어린이집 평가지표와 함께하는 감염병 예방을 위한 어린이집 건강 수칙.
한국소비자원(2010). 우리집 안전점검 체크리스트. 한국소비자원.
한국소아발육표준치(2014). 한국소아발육 표준치.

한국심리학회 연차 학술발표대회 논문집, 474-475.
한국영양학회(2010). 한국인 영양섭취 기준 1차 개정판.
허혜경 · 김성희(2003). 아동건강교육. 서울: 창지사.
허혜경 · 김성희(2009). 개정 유치원 교육과정에 따른 영유아 건강교육. 서울: 창지사.
허혜경 · 김성희(2011). 영유아 건강교육. 서울: 창지사.
홍길회 · 정미자(2014). 영유아 건강교육. 서울: 동문사.
홍창의(2008). 소아과학(9판). 서울: 대한교과서주식회사.

외국문헌

Brown, L. J. & Pollitt, E.(1996). *Malnutrition, poverty, and intelltetual development*. Scientific American. Guthrie.

Chadesworth, R.(2008). *Developing personal safety skills in children with disabilities*. London: Jessica Kingsley Pub.

Chan, S. C., Tsai, J. S., & King, N. M.(2002). Feeding and oral hygiene habits of preschool children in Hong Kong and their caregivers' dental knowledge and attitudes. *International Journal of Paediatric Dentistry*, *12*(5), 322-331.

Drury, T. F., Horowitz, A. M., Ismail, A. I., Maertens, M. P., Rozier, R. G., & Selwitx, R. H.(1999). Diagnosing and reporting early childhood caries for research purposes. *Journal of Public Health Dentistry*, *59*(3), 192-197.

Kagamimori, S., Yamagami, T., Sokejima, S., Numata, N., Handa, K., Nanri, S., Saito, T., Tokui, N., Yoshimura, T., & Yoshida, K.(1999). The relationship between lifestyle, social characteristics and obesity in 3-yea-old Japanese children. *Child Care Health*, *25*(3), 235-247.

Law, V. & Seow, W. K.(2006). A longitudinal controlled study off actors associated with Mutans Streptococci infection and caries lesion initiation in children 21to72 months old. *Pediatric Dentistry*, *28*(1), 58-65.

Lee, S. Y,, Kim, K. W., Lee, H. H., Lim, D. H., Chung, H. L., Kim, S, W., & Kim, K. E.(2012). Incidence and clinical characteristics of pediatric emergency department visits *of children with severe food allergy. Korean Journal of Asthma. Allergy and Clinical Immunology*, *32*(3), 169-175.

Leeper, S. H., Witherspoon, R. L., & Day B.(1984). *Good school for young children*(5th ed). New York: Macmilan Publishing Company.

Mahan, L. K. & Escott Stump, S.(2000). Krause's food, nutrition, and diet therapy. loth. WB Saunders.

Marotz, L.(2009). *Health, Safety, and Nutrition for the Young Child*(9th ed). Belmont, California: Wadsworth Publishing.

Morotz, L. R., Cross, M. Z., & Rush, J. M. (1997). *Health, Safety, and Nutrition for the Young Child*(4th ed.). New York: Delmar Publisher Inc.

Muecke, L., Simons, M. B., Huang, I. W., & Parcel, G.(1992). Is childhood obesity associated with high fat foods and low physical activity? *Journal of School Health*, *62*, 19-23.

NAEYC(1997). Position statement on licensing and public regulation of early childhood programs. http://

www.naeyc.org/resources/position_statement/pslicense.hem.

Nunn, M. E., Dietrich, T., Singh, H. K., Henshaw, M. M., & Kressin, N. R.(2009). Prevalence of early childhood caries among very young urban Boston children compared with US children. *Journal of Public Health Dentistry*, *69*(3), 156-162.

Taylor B. E., Moon, R. Y., Sachs, H. C., & Ottolini, M. C.(1998). Effect of sleep position on infant motor development Pediatrics, 102, 1135-1140.

Wright, D. E. & Radiclife, J. D.(1992). Parents' perceptions of influences on food behavior development of children attending daycare facilities. *Journal of Nutrition Education*, *24*(4), 198-201.

홈페이지 자료

교육부 학교안전정보센터 사이트. http://www.schoolsafe.kr/

국가법령정보센터. http://www.law.go.kr/ (「감염병의 예방 및 관리에 관한 법률」, 「건강검진기본법」, 「국민건강보험법 시행령」, 「국민건강보험법」, 「식품위생법 시행규칙」, 「식품위생법」, 「식품위생법」, 「어린이 식생활안전관리 특별법」, 「영유아보육법 시행규칙」, 「영유아보육법」, 「유아교육법 시행규칙」, 「유아교육법」, 「유아교육진흥법 시행령」, 「응급의료에 관한 법률」, 「의료급여법」, 「학교보건법」)

국가직무능력표준. http://ncs.go.kr/

국민건강보험. http://minwon.nhis.or.kr/

국민건강보험 건강in. http://hi.nhis.or.kr/

대한소아과학회. http://www.pediatrics.or.kr/

미국 소아과학회. https://www.aap.org/

보건복지부. http://www.mohw.go.kr/

부산광역시교육청 유아교육. www.pen.go.kr/infant/

앙쥬. http://www.ange.co.kr/

어린이 급식관리 지원센터. https://ccfsm.foodnara.go.kr/

위키백과 https://ko.wikipedia.org/wiki/식품_알레르기

중앙보육정보센터 http://central.childcare.go.kr/

중앙육아종합지원센터 http://central.childcare.go.kr/

질병관리본부. www.cdc.go.kr/

질병관리본부 예방접종 도우미. https://nip.cdc.go.kr/

질병관리본부 예방접종도우미. https://nip.cdc.go.kr/

찾기 쉬운 생활법령 정보. http://easylaw.go.kr/ (「건강검진 실시기준」)

청양군학교급식센터. http://www.lovefood.co.kr/

한국응급처치교육센터 사이트. http://www.ket.or.kr/

사진자료

부산혜화초등병설유치원. www.hye-hwa.com/

산들노인복지센터.

저자소개

좌승화

동의과학대학교 유아교육과 교수

엄세진

부산디지털대학교 아동보육학과 교수

이해정

부산여자대학교 유아교육과 교수

윤정진

동명대학교 유아교육과 교수

강현영

유원대학교 유아교육과 교수

서현아

경성대학교 유아교육과 교수

2019 개정 누리과정과 제4차 어린이집 표준보육과정을 반영한

아동건강교육

초판 1쇄 발행 2020년 8월 19일
초판 2쇄 발행 2022년 1월 12일

지 은 이 | 좌승화 · 엄세진 · 이해정 · 윤정진 · 강현영 · 서현아
펴 낸 이 | 김기섭
편 집 인 | 이초롱
펴 낸 곳 | 창지사 www.changjisa.com
08589 서울시 금천구 가산디지털 1로 83 파트너스타워 1차 9층
전화 (02)719-2211~3
팩스 (02)701-9386
등 록 | 1977년 4월 28일 · 제1-421호

ISBN 978-89-426-1346-5 (93370)

값 20,000원